Abuelo… ¿es verdad?

Luis Melnik

Abuelo… ¿es verdad?

Relatos de todos los tiempos
para todas las edades

emecé

Melnik, Luis
    Abuelo... ¿es verdad? - 1ª ed. – Buenos Aires: Emecé, 2004.
    368 p. ; 23x15 cm.

    ISBN 950-04-2552-1

    1. Narrativa Argentina I. Título
    CDD A863

Emecé Editores S.A.
Independencia 1668, C1100ABQ Buenos Aires
www.editorialplaneta.com.ar

© 2001, *Luis Melnik*
© 2004, *Emecé Editores, S. A.*

Diseño de cubierta: *Lucía Cornejo*
1ª edición: 3.000 ejemplares
Impreso en Grafinor S. A.,
Lamadrid 1576, Villa Ballester,
en el mes de julio de 2004.

IMPRESO EN LA ARGENTINA / PRINTED IN ARGENTINA
Queda hecho el depósito que previene la ley 11.723
ISBN: 950-04-2552-1

Dedico este libro a mis amados nietos

Catalina y Pablo Melnik
Olivia y Nicolás Tykocki
Juan, Sofía, Guadalupe y Felipe Ibáñez

Éstas son las historias de nuestra historia.

El título les pertenece.
Expresión de su ingenuidad,
asombro y sorpresa
ante las historias que escuchaban.

"Lo que ha pasado, es prólogo".
WILLIAM SHAKESPEARE, *La tempestad*

En tiempos muy lejanos, un duendecillo decidió una noche reemplazar todas las campanas de las iglesias por cascabeles. Así, pues, al alborear el nuevo día, los solemnes ciudadanos se despertaron no al austero tañido de las campanas sino al alegre tintineo de los cascabeles que en aquella época llevaban una pedrezuela dentro a manera de badajo. Ello hizo que el rostro de todos los ciudadanos se iluminara con sonrisas y que saludaran el nuevo día henchidos de optimismo, pues el juguetón cascabeleo que había reemplazado el plañidero toque de las campanas, los colmó de placer, alegrías, esperanzas y ternuras.

(Anónimo)

Reflexiones al amanecer

A su mamá le crecía la panza. Supuso que algo inusitado le pasaba y se quedó pensativo. El tiempo aumentó su preocupación a medida que aumentaba la mamá. Preguntó y le hablaron de una cigüeña que vendría de un lugar raro y que le traería un hermanito o una hermanita.

Cuando le mostraron "eso", era un montón de arrugas, pelos, ojos cerrados y cara rojiza. Le dijeron que era su hermanita. ¿Y "eso" va a crecer? ¿Será como las otras personas? No es posible. ¿Dé dónde sacará fuerzas para estirar su piel, agrandar sus huesos, crecer sus cabellos, si ni siquiera tiene dientes y llora como una sirena? Y a los gatitos, ¿quién los traía? ¿Y a él, quién? No recordaba ninguna cigüeña, pero algo le hacía ruiditos en la cabeza, como un recuerdo indescriptible, inasible, imposible, de una oscuridad placentera y de un alarido que había dado una vez que chocó contra unas luces fenomenales que en nada se parecían a los brillitos que salpicaban cuando cerraba sus ojos.

Tiempo después, vislumbró que su mamá con la argamasa del papá, los había amasado en su propio cuerpo, con su sangre, sus venas y arterias, dándoles vida cuando se abrió como una flor, como las nubes para que brille el sol o como la tierra para que crezcan los árboles.

Su mamá, como toda mamá, era como Dios, quien dispuso con dictámenes instantáneos, la luz, el firmamento, las estrellas, las hierbas, las plantas, pero hubo de procurarse polvo de la tierra o una costilla para hacer seres humanos. Como otros dioses, que siempre requirieron arenas, soles, lunas, piedras, huevos para generar un hombre y una mujer.

Le costó creerlo y aún no lo ha entendido, pero sabe que de eso tratan los milagros.

Cuando vio a su hermanita aferrada al pecho de su mamá sorbiendo su propia vida, no pudo evitar darse cuenta de que de esos ojitos que aún no veían, salía una extraña mirada, una visión formidable que era un nuevo cordón umbilical que ya jamás se cortaría. Él lo sabía porque había estado en ese mismo lugar, succionando hambriento y sabiendo que su mamá agradecía al cielo que su fierita no tuviera dientes. *little fierel*

En esas investigaciones, algunas veces se detuvo en su propia piel que solía lastimarse, herirse, abrirse y curarse. Curarse sola. Intuyó que dentro de su cuerpo bullían trillones de células, decenas de miles de fenómenos químicos y físicos, venas y arterias que por su propio designio recorrían su cuerpo con cargas preciosas por carreteras inmutables. Motores ínfimos que funcionaban por las suyas. Vasos capilares haciendo químicas minúsculas. Pelos que crecían o caían, uñas que no paraban de surgir desde un misterioso lugar y que no producían dolor alguno al ser cortadas o mordidas. Cerebro dividido en laberintos indescifrables.

¿Qué misterioso cerebro coordinaba la transformación del fetito *little fetus* en un ser independiente y cómo luego ese cuerpo crecía por las suyas? ¿Cómo se desarrollaban los huesos y cómo, la piel para contenerlos? El chiquitín se tornaba enorme, crecían sus huesos, su piel se estiraba simultáneamente. Los primeros dientes se caían y otros venían en reemplazo. ¿Cómo? ¿Por qué?

¿Cómo una larva se hace oruga, crisálida, mariposa?

A medida que creció, conoció la maravilla de su cerebro, la computadora prodigiosa capaz de almacenar billones de informaciones diversas.

Trate el lector, ahora, de leer el próximo párrafo lentamente. Traiga a su mente números telefónicos, nombres, paisajes, lugares que conoció, su escuela primaria, sus vecinos, direcciones postales, fechas, números de documentos, direcciones electrónicas, viajes, los nombres de sus maestras, las caras de los compañeros de secundaria, y verá como sus rostros vienen rápidamente tal como eran o como fueron vistos en el último encuentro. Recordará el primer beso, el primer auto, los libros que leyó, los exámenes que rindió, la plaza, los detalles de la casa original y sin el menor esfuerzo, su máquina craneana le irá ofreciendo una lista interminable de todo lo que en ella se haya depositado, consciente o inconscientemente. Sin dejar de realizar, simultáneamente, las otras múltiples funciones que debe concretar a la perfección cada segundo. Como si su actual computadora pudiera, mientras usted está concretando sesudas actividades electrónicas, traerle un café, plancharle una camisa, lustrarle los zapatos, lavar su auto, prepararle el almuerzo y acunarlo antes del sueño.

Imagine ahora, lector, un caballo azul alado. Lo verá. Imagine unas playas con palmeras. Ahí están. Su cerebro reserva, conserva, evoluciona, instruye, reacciona, ordena, obedece, ve colores, sufre dolores, no duerme, no descansa. Y la gran pregunta es si el cerebro del recién nacido llega al mundo de sus congéneres vacío, sin recuerdos ni memorias. Sin registros ni archivos.

Ahora, por favor, al libro. El autor lo espera. Quizás hasta se produzca el milagro de que, pasado el tiempo, recuerde su contenido. Así sea.

Imaginación y asombro

José Hierro, poeta español, susurró:
"Poetas, inventores de lo real,
imaginadores de lo imposible".

Quién puede asegurar que Jesús, María, Moisés, Buda, Alejandro Magno, Mahoma, Juana de Arco, Magallanes, Beethoven, Pasteur, Fleming, Borges, eran lo que eran o fueron distintos o desfigurados o figurados o cambiados o mejorados. O imaginados.

Y si ellos no fueron frutos de imaginaciones ajenas, sus obras fueron fruto de imaginaciones propias y excelsas. Sin imaginación, ni ellos ni otros millones de personajes podrían ser hoy imaginados.

Desde las primeras cavernas convertidas en viviendas, la primera chispa ígnea, los balbuceos que serían idiomas, todo debió ser imaginado. Sin esa capacidad, nada sería nada. Ni los dioses imaginados ni los mitos ordenados.

Dios había imaginado el Sol y la Luna. Los seres humanos hicieron de ellos sus lumbreras prodigiosas. Siempre venían. Siempre se marchaban. Cómo no respetar y temer esos impresionantes inalcanzables. Uno quemaba y cegaba. La otra cambiaba sus formas todo el tiempo haciéndoles creer que no era una sino varias y a ella podía mirársela sin miedo cuando todo era oscuro y en su cara se dibujaban sombras múltiples.

Todo el conjunto de fantasías que rodea la existencia humana, parece obra de una imaginativa computadora celestial que decidió crear un ser complejo, diverso, igual, repetido, distinto, pero idéntico, cada uno por miles de milenios con su propia identidad digital. Armado con infinitesimales engranajes desconocidos por quien los porta y sostiene. Y otorgó a ese organismo complejo, impenetrable y misterioso como las selvas enmarañadas, sin embargo, corta vida. Un pasaje transitorio.

La complejidad absurda termina siendo tan simple como una vela: erecta, sólida, luminosa, peligrosa, consumida, desaparecida.

O quizá no. Quizá la tarea imaginativa no concluya con la vida. Ya veremos.

Pero ese diminuto puntillo se ha revelado capaz de hazañas, perversidades, genialidades, descubrimientos, malignidades, de excelsas expresiones del arte, mitos y fantasías, guerras y amores, siendo su máxima consagración la capacidad de recrear su propia especie.

Cada interrogante creaba una respuesta y todas juntas formaron su universo instantáneo. La imaginación y el asombro serían desde entonces numen, dios fabuloso, mito propio, genio pícaro. Habían descubierto que todo, todo, todo lo que antecedía, precedía, rodeaba y seguía, era fruto de la imaginación de alguien. El propio acto de la Creación había requerido Suprema Imaginación: nada menos que la de Dios, quien antes de crearlo todo, hubo de meditar e imaginar Su próxima e inmediata Creación. Desde el Génesis hasta el Apocalipsis.

Y el universo infinito, tan infinito que sólo puede imaginarse.

Y *quizá por ello sea inimaginable.*

UCRONÍA: Reconstrucción lógica y aplicada de la historia, dando por supuestos acontecimientos no sucedidos, pero que habrían podido suceder. El genial Miguel de Unamuno en su obra *Del sentimiento trágico de la vida*, escribió:

"¡Los más locos ensueños de la fantasía, tienen algún fondo de razón, y quién sabe si todo cuanto puede imaginar un hombre, no ha sucedido, sucede o sucederá alguna vez en otro mundo.
Las combinaciones posibles son acaso infinitas.
Sólo falta saber si todo lo imaginable es posible".

Aquéllos, nuestros ancestros verticales, comenzarían a recorrer la Tierra en largas caminatas que imaginaban un destino mejor, a rodar por las laderas montañosas, a atreverse con los ríos. Y a comunicarse armando una de sus más geniales imaginaciones: el lenguaje. Arnold Joseph Toynbee (1889-1975), eximio historiador inglés, autor del monumental *Estudio de la Historia*, en su obra *La gran aventura de la Humanidad (Mankind and mother Earth)*, escribió:

"El habla es una facultad humana universal. No tenemos noticia de que haya existido una comunidad humana sin habla. Antes de que

15

el *homo sapiens* se difundiera por la superficie terrestre, el género humano estaba articulando esa potencialidad. Todas las comunidades tienen lenguas, pero, a diferencia de los seres humanos que las hablan, no afines entre sí. Las lenguas conocidas y habladas por diferentes comunidades de distintas clases son extremadamente diversas. En las selvas tropicales, antes de que penetraran en ellas invasores procedentes del exterior, solían hablarse numerosas lenguas en estrecha yuxtaposición y sin presentar entre sí afinidad alguna. Los habitantes de dos aldeas separadas sólo por unos kilómetros de selva, eran incapaces de comunicarse inteligentemente mediante la palabra".

effent

Su afán irresistible por la comunicación los condujo al camino del lenguaje, balbuceante, onomatopéyico, simple, repetitivo, pero articulado. A los progenitores de nuestra Tierra, les pareció que hablar era como respirar. Nadie se los había enseñado. Venía inserto.

Y comenzaron a darle forma humana pues pronto comprendieron que ellos podían con los mágicos sonidos "a, e, i, o u", las vocales que ningún animal jamás logró pronunciar.

Trate el lector de leer a viva voz la muy simple "Mamá me ama. Amo a mi mamá", *sin pronunciar las vocales* y sólo podrá barbullar "mmmmmmmm".

(Los seres humanos aprendimos esa lección cuando aceptamos que nuestro perro no decía "guauu guauu" sino algo así como grrrnffnnmm" ni nuestro gato decía "miau miau" sino mmnnnnnnññññ. Las vacas sólo mugían "mmmmmmm".)

Las consonantes consonaban sólo junto a las vocales, entraban en armonía.

Todos los niños de todas las latitudes dicen lo mismo en sus primeros meses, lloran igual, expresan su dolor o sus hambres de idéntica manera y luego copian modismos inevitables. En la escuela no enseñan a hablar sino a leer, a escribir, a sumar, a restar. *diminish*

No hay en el concierto humano, actividad más democrática y popular que el lenguaje. Ningún rey furibundo, ministro desorbitado o legislador histérico pudo torcer los designios del pueblo en la formación original de las lenguas. Los habitantes de la península Ibérica sólo hablaban latín en tiempos de la conquista romana. Incluso, llegaron a producir un escritor de la talla de Séneca (Lucio Aneo), filósofo hispanolatino nacido en Córdoba en el año 4.

Pero ellos decidieron, por encima y a pesar del ocupante, elaborar su propia forma de comunicación parlante, a veces con variaciones propias de su tierra para tener castellano, catalán, gallego, vasco o portugués, o adoptar hijos extraños y cuidarlos como propios.

La palabra hablada fue como el don especial dado a los seres humanos y con ella, sólo con ella, pues nada escribieron, Cristo predicó, Buda inspiró, Homero hizo historia y se poblaron de encantos *Las mil y una noches.*

La palabra es como un mensajero divino inserto en nuestra laringe; nuestra mente ordena la cualidad maravillosa.

Lo que sigue son palabras unidas por la pasión del cuento. Y los asombros. Y las sorpresas. Y lo inverosímil.

Y usted.

Mujeres. Santas, bravas, principescas

Diosa mujer

En la actividad grupal de los orígenes, la mujer asumió la crianza de los hijos y junto a ellos, el cuidado del hogar. El cordón con que su descendencia se ligaba a ella no separaba a la madre de su criatura aún después de cortarlo con sus dientes. Cuando la madre mordía la cinta cárnea, el vínculo de sangre y amor marcaba para siempre la unión, que no habría de alterarse jamás. Para los hombres de piedra y garrote, de caverna e intemperie, la mujer tenía condiciones formidables. Primero, sangraba y no moría, ni sufría. Segundo, sangraba periódicamente. Para ellos, inmensos y fuertes, sangrar era anticipo de dolor, invalidez o muerte. Pero aún más prodigioso, como el Sol o la Luna o las lluvias, la sangre venía infaltable.

Cuando la mujer dejaba de sangrar comenzaba a engordar. No interrumpía su vida cotidiana. Engrosaba su figura. Y al tiempo, de sus propias entrañas sacaba, en un acto prodigioso, un ser pequeñísimo que también cubierto de sangre, permanecía ligado a ella por el cordón de la vida. El chiquitín lloraba. Se prendía al pecho regordete y mamaba vida. La mujer milagrosa había creado un ser. *Sola.*

Los hombres antiguos no habían descubierto aún su participación en el proceso de gestación. El acto sexual era perentorio, impensado, espontáneo, calmante y repetitivo. Como muchas otras cosas, aprendido de los animales y practicado como lo hacían los cuadrúpedos.

Muchas de las pinturas rupestres exhiben mujeres en plenitud, rubicundas y pletóricas. Diosas creadoras de la vida. Cuando después de miles o decenas de miles de años, el hombre descubrió su participación semental, se dictaminó propietario de la semilla y degradó a la mujer de su condición de diosa y se trepó él mismo a los altares. Hasta entonces la mujer era la fecundidad, la procreación, la vida, el futuro y fue comparada con la tierra, que también gestaba en su seno. Ahora él era el origen. Aprovechó las fuerzas de que ya disponía para montar en cólera y demostrar a su co-operadora que él se haría cargo del reinado.

Muchos autores e investigadores aseguran que el encono del hombre castigaba a la mujer porque frente a ella, él siempre se rendía. Porque jamás pudo negar su paso por la concavidad materna y su ingreso al mundo por las compuertas de su madre.

Amazonas

En la mitología griega, una nación de mujeres guerreras con quienes los griegos combatieron a menudo. La historia de las Amazonas probablemente se originó en una variante reiterada en muchas culturas respecto de una tierra tan remota que superaba los conocimientos geográficos griegos. Los cuentos comenzaron a acumularse. Según quien fuere el relator, vivían al sur de Rusia, cerca del Mar Negro, en África o por muchas otras partes. La palabra estaría formada por el prefijo negativo *am*, falta de y *mastos,* senos. La historia cuenta que a las niñas se les amputaba un seno o se las ataba con cueros muy tensos para impedir el desarrollo de uno de los senos, facilitando así el uso del arco y la flecha. Muchos estudiosos niegan esta idea.

La leyenda de las Amazonas mezcla mitología, tradición e historias muy antiguas. Según los investigadores, estas tribus capturaban hombres para forzarlos a convivir con ellas hasta que quedaban embarazadas. Luego los mataban o expulsaban de sus tierras. Los hijos varones eran muertos o devueltos a sus padres y las mujeres, conservadas para mantener la cohesión del conjunto.

Varios héroes griegos debieron enfrentarse a las Amazonas: Belerofonte, que primero debió matar a la Quimera, un monstruo mitad león mitad dragón con cabeza de cabra que echaba fuego, que en sus ratos de ocios se atragantaba con rebaños enteros de ovejas. Belerofonte montó al maravilloso caballo Pegaso, alado y volador, y enfrentó a la bestia. La mató rápidamente. Famoso por su hazaña se le encargó enfrentar a las Amazonas y nuevamente el héroe hizo estragos.

Estas prodigiosas aventuras despertaron celos entre sus vecinos y se organizaron para matarlo. Pero, otra vez, Belerofonte los pulverizó.

Poderoso e invencible (suponía él), montó a Pegaso, batió sus alas y se elevó a la búsqueda del cielo de Zeus. Allí terminaron sus hazañas.

Otro episodio. La novena tarea de Hércules fue quitarle el cinturón a Hipólita, reina de las Amazonas. Tuvo éxito, pero Hipólita murió al enfrentarlo. Teseo, que lo acompañaba, se apoderó de Antíope, la hermana de Hipólita, y la raptó. Sobrevino la furia de las Amazonas que atacaron Atenas aunque perdieron en el intento.

Como aliadas de los troyanos, tomaron parte en la defensa de Troya, donde su reina, Pentesilea, fue muerta por Aquiles luego de que la aguerrida muchacha matara a varios guerreros griegos.

Las Amazonas adoraban a Artemisa (Diana para los romanos), diosa de la caza, hija de Zeus, hermana de Apolo. Se la asociaba con la castidad, la vida salvaje, la independencia de criterio y la guerra.

En 1540, los españoles comandados por Francisco de Orellana (1490-1546), encontraron en las selvas al norte de Brasil, tribus de mujeres guerreras que combatían con fiereza al lado de los hombres. Los conquistadores dieron su nombre al río Amazonas. El infortunado Orellana habría de morir cuando su barco zozobró y él se ahogó abrazado en las aguas de dicho río.

En un mapamundi del siglo XIII, las Amazonas aparecen como guerreras famosas en cuya provincia hay dos castillos y tierras pobladas de extraños animales. En sus bosques abundan los pájaros fosforescentes cuyas alas alumbran la noche.

El cronista de Magallanes, Antonio Pigafetta, que acompañó a su jefe en la extraordinaria hazaña de circunnavegar el globo terráqueo, sostiene que las Amazonas habitaban la isla de Ocoloro, al sur de Java y sólo eran fecundadas por el viento.

El maestro colombiano Germán Arciniegas (1900-1999), transcribe un texto del navegante español Álvar Núñez Cabeza de Vaca (1490-1557): "Hacia el noroeste habitan y tienen muy grandes pueblos, unas mujeres que tienen mucho metal blanco y amarillo. Los asientos y servicios de sus casas son todos de esos metales. Su reina es una mujer. Muy cerca, se encuentra una nación de pigmeos".

El relato parece ubicarlas en alguna parte del Paraguay. Lo cierto es que las Amazonas formaron parte de los tiempos, de las magias y las fantasías.

En el idioma castellano, la palabra amazona define a una mujer alta y fuerte. También la que monta a caballo y un papagayo de América.

Curiosamente, en la actualidad al definirse los distintos estratos sociales, se llaman Amazonas a las mujeres con hijos que deliberadamente viven sin los padres de sus niños, sin marido ni pareja. Grupos de lesbianas también han adoptado la expresión para definirse y organizarse en asociaciones y páginas de Internet.

El río Amazonas, el segundo más largo del mundo (6300 kilómetros), cruza el norte de América del Sur y desemboca en el océano Atlántico. Se origina en la confluencia de los ríos Ucayili y Marañón al norte de Perú. Es considerado el río más caudaloso de la Tierra.

En su curso no aparecen cascadas ni obstrucciones, lo que facilita su navegabilidad. Entre sus puertos más importantes están Iquitos, en Perú; Belem y Manaos, en Brasil. Amazonas es el área tropical más grande del mundo con una superficie de siete millones de kilómetros cuadrados, reserva ecológica fundamental del planeta Tierra. Se extiende desde el grado 2 latitud norte al 16 latitud sur y desde el océano Atlántico hasta los Andes.

Valeria

Una epidemia azotaba gravemente una ciudad de la antigua Grecia y los dioses dictaminaron que, para terminar con ella, debía sacrificarse una virgen cada mes. Durante los primeros meses se cumplieron los horrendos mandatos, pero la plaga continuaba. Cuando le tocó a la hermosa Valeria cumplir el terrible designio, la joven afirmó que ella misma consumaría la inmolación. Tomó la espada y decidió asestarse el golpe mortal. Cuando estaba a punto de acometerlo, un viento azotó el altar y un águila entró volando al recinto, le arrebató el arma a la joven y se alejó. Voló un trecho y dejó caer la espada sobre un cordero que andaba errante. Valeria miraba la escena sin entender. Pero de pronto vio una luz y un brillo intenso junto al cordero. Tomó

21

la espada y comenzó a tocar a los enfermos atacados por la peste y éstos comenzaron a curarse en el acto. El águila se marchó. El cordero nunca entendió nada. Valeria fue consagrada heroína para siempre.

Teónoe

Nadie conoce el origen de esta dramática historia nacida en las entrañas de las leyendas helenas. Teónoe era hija de un rey. La joven jugaba un día en la playa, cuando un barco de piratas la raptó para luego venderla a otro rey lejano. El padre partió en su busca, pero su barco naufragó. Quiso el destino que fuera a dar a las costas del rey lejano. Fue detenido y convertido en esclavo de la casa real.

En tierra natal había quedado Leucipe, la otra hija del rey, que lloraba la pérdida de su hermana y su padre. Pero recuperó fuerzas y se lanzó a la aventura. Cortó sus largos cabellos, se disfrazó de sacerdote y marchó hacia el reino captor hecha "todo un hombre".

Para entonces, Teónoe se había convertido en reina y era totalmente diferente de la niña raptada pues habían pasado muchos años. Cuando vio a Leucipe no reconoció a su hermana ni siquiera advirtió a una mujer. Pero le encantó el "muchacho" y mandó a sus sirvientes a que le hiciesen proposiciones pecaminosas. Leucipe rehusó. La reina despechada mandó encarcelar al supuesto joven y ordenó que lo matasen. Pero el esclavo que recibe la dura gestión es nada menos que el padre original, a quien nadie reconocía. El potencial verdugo entró a prisión y encaminó sus pasos hacia Leucipe, su hija irreconocible.

Antes de proceder, el viejo rey descargó sus penas y lloró sus angustias en confesión. Sus dolidas palabras mencionaban a sus hijas perdidas con tal desconsuelo y sonoridad que Leucipe descubrió que ese hombre angustiado era su padre. Se abalanzó, se identificó, se reconocieron, se abrazaron enternecidos. Decidieron unir fuerzas para dar su merecido a la mala reina.

Lograron llegar hasta ella. Pero estaban ocurriendo intrigas palaciegas. Habían cambiado los vientos y la reina estaba por ser ejecutada. Sabiendo cercana su muerte, invocó las memorias de su padre y su hermana a quienes había perdido siendo niña.

Repentinamente, todos se reconocen. Todos se reencuentran. Todos lloran. Todos se abrazan. Leucipe regresa a su condición de mujer, la reina tiembla emocionada y el padre las bendice entre sus brazos.

Cuando el rey captor vio semejante escena y sus consejeros le explicaron la situación, les devolvió sus rangos, los colmó de regalos y los repatrió. El rey y sus hijas volvieron a su lugar de origen. Y fueron felices y comieron perdices.

Banshee

Espíritu del folklore irlandés y escocés. La Banshee está especialmente vinculada con las familias cuyos apellidos comienzan con *Mac* o con la letra *O*. Es una mujer muy bella, de larga melena rubia, vestida de verde y cubierta por una larga capa gris. Sus ojos están siempre enrojecidos por el llanto permanente de los que van a perder la vida. Ella anuncia la desgracia con un dramático y lánguido lamento.

Una vieja historia, arrugada por el tiempo, cuenta que tres soldados llegaron al molino de un granjero y robaron su molienda, ataron al pobre hombre y lo arrojaron al río, bajo cuyas aguas desapareció.

Tiempo después, cuando los soldados estaban descansando, todo el regimiento sintió un horrible alarido en medio de la noche. Abandonaron sus carpas y pudieron ver en la niebla la figura de una mujer envuelta en velos que señalaba a los tres hombres, ahora rodeados por su comandante y compañeros. Los asesinos cayeron de rodillas y confesaron su crimen. Vivieron largo tiempo atormentados por la culpa, hasta que un día vino a su encuentro nuevamente la imagen de la Banshee, quien los atrajo hacia el río donde los tres se hundieron mansamente. Los cuerpos exánimes reaparecieron flotando precisamente donde había sido ahogado el granjero.

Cuentan los pobladores que en las noches de luna llena, la Banshee reaparece, llora compungida y su gemido cubre de angustias todo el condado.

No debe confundírsela con las Bean Si, que son feas, deformes y perversas. Exhiben larga nariz, un colmillo muy filoso y flacos pechos oscilantes.

23

Pariente cercana es la lamia, bella mujer con cuerpo de dragón que también anuncia la proximidad de la muerte. Se la conoce por la costumbre de lavar sangre en los cursos de los ríos, porque supuestamente la primera de ellas nació del espíritu de una joven que murió prematuramente.

Para los griegos y los romanos, la lamia era una glotona demoníaca insaciable que había sido una reina amada por Júpiter a quien Juno robó sus hijos. Lamia se volvió furiosa y comenzó a atacar a todos los niños, a los que embrujaba.

La palabra fue adoptada por el idioma español e incluso existe *amilamia*, hada buena, afable y caritativa. En la antigua historia popular vasca, la lamia tiene forma humana y pies de ave. En otras comarcas, los pies son de gallina.

Las lumias eran rameras, mujeres —según la definición de la Academia— "que hacen ganancia de sus cuerpos, entregadas vilmente al vicio de la lascivia". La leyenda define a las lumias como hipócritas, perversas, intrigantes, mentirosas y retorcidas. ¡Cuidado! No confundir lamias con lumias.

Aunque siempre un poco de fe ayuda: la leyenda asegura que quien tenga la valentía, capacidad y aguante para amamantarse de sus pechos, obtendrá gracia plena pues vivirá para siempre protegido por la monstrua.

Si fallan las andanzas terrestres, échese uno al mar y también allí aparecerá otra lamia, especie de tiburón, de la misma familia que el cazón, el marrajo y la tintorera, que suele alcanzar hasta tres metros de longitud. No hay garantías con respecto a su comportamiento frente a los humanos nadadores, especialmente si éstos van por sus pechos. Por lo tanto, se sugiere no caer en la tentación ni en las fauces de las lamias. Todas tienen los dientes muy afilados.

Berenice

Princesa egipcia, hija del rey de Cirene, antigua ciudad en el norte de África.

Era un centro comercial de importancia relacionado con Grecia,

24

cuando Berenice se casó con Ptolomeo III descendiente de una dinastía de reyes, a la cual pertenecería, siglos después, la propia Cleopatra.

Tras la unión de Ptolomeo y Berenice, los pueblos se aliaron. Pero hubo otras guerras.

En una de esas contiendas, Berenice, que lucía largos y maravillosos cabellos, cortó un mechón que sirviera para protección de su esposo. Las hebras volaron hacia el cielo y formaron la constelación conocida como Cabellera de Berenice. En homenaje a la ofrenda capilar, el rey dio el nombre de su mujer a la ciudad de Hespéires, conocida hoy como Bengasi en Libia. Esta ciudad con nombre de mujer amada se convirtió en otro centro de gran actividad comercial y artística, especialmente en esmaltes que alcanzaron gran fama en todo el Mediterráneo por su notable brillo y duración. Como era costumbre en aquellos tiempos, las producciones locales tomaban el nombre de la ciudad de donde provenían y pronto los esmaltes fueron llamados *berenice.* Pasaron a Roma como *bernix,* luego al italiano *vernice.* Al francés *verniz* y al español llegó como barniz. No lo olvide. Cada vez que su pincel dé una capa de barniz sobre una superficie, Berenice mirará desde el cielo dejando flotar su cabellera y echará un manto de brillo y luz, que protegerá las obras del paso del tiempo y el daño de los elementos.

Margarita

Santa Margarita, mártir de siglo III, fue conocida como Santa Marina por los griegos. La envuelve una leyenda encantadora.

Antioquía, en turco *Antakia,* era la vieja capital de Siria y su gobernador se enamoró perdidamente de la joven Margarita. Luego de hostigarla, le propuso matrimonio. Margarita lo rechazó y él, como todo poderoso, montó en cólera porque se consideraba irresistible. Furioso por el despecho, la arrojó a un foso.

En la oscuridad horrible y solitaria, se presentó el diablo con forma de dragón. Margarita tomó la cruz de su pecho y el dragón huyó despavorido.

Otras leyendas cuentan que el dragón logró apoderarse de la joven y la tragó, pero Margarita reaparecía constantemente por la boca del monstruo porque haciendo la señal de la cruz impedía que el dragón cerrara sus mandíbulas. Agotado de abrir y cerrar sus fauces, pasó a ocupar un lugar al lado de Margarita, pero ahora mansito. Y boca cerrada.

Ella es símbolo de la inocencia y la paciencia. Una de las santas, junto con Santa Catalina que se aparece a Juana de Arco para enseñarle el camino hacia la inmortalidad y los deberes de Dios. Su día es el 20 de julio.

Joseph Campbell en su obra *El héroe de mil rostros,* cuenta varias leyendas de monstruos que sirven de aposentos: un cuervo le dijo a una ballena que cerrara los ojos y abriera la boca la próxima vez que saliera a la superficie. Cuando lo hizo, el cuervo puso un palo que mantuvo las fauces abiertas y penetró para investigar y de paso echarse unos sueños.

Los zulúes recitan la historia de una madre y sus dos hijos tragados por un elefante. Dentro vieron grandes bosques, ríos, rocas, pueblos, muchos perros y ganado.

El irlandés Finn MacCool fue tragado por un monstruo indefinido.

La abuela de Caperucita Roja, por un lobo.

En la Biblia, Jonás es tragado —al igual que Pinocho— por peces, quizá ballenas. El episodio de Jonás ocurrió en el mar Mediterráneo por lo que es probable que el flotante tragón haya sido un gran tiburón o un cachalote.

Maui, personaje favorito de la mitología de la Polinesia, fue tragado por su tatarabuela, Hine-nui-te-po.

Cronos se deglutió al panteón griego completo, con excepción de Zeus.

Los griegos relatan la aventura de Cleóstrato que, cuando fue designado para ser carne del dragón que asolaba a su pueblo comiéndose un joven cada tanto, se vistió con una armadura metálica llena de garfios y puntas de hierro. Bastó que el dragón le hincara el diente e intentara la masticación indispensable, para que el devorador muriese en el intento.

Hércules enfrentó a un monstruo marino que emergía de las aguas y devoraba personas. La hermosa Hesione había sido ofrecida como víctima propiciatoria, cuando Hércules se ofreció para salvarla. El monstruo apareció, Hércules se zambulló y abrió la panza del bicho con su espada.

La entrañas de los monstruos que permiten estancias son como grandes catedrales. Y estos magnos edificios, hechos por la mano arquitecta del hombre, son defendidos por dragones, leones y otras figuras legendarias listas para devorar a quien se atreva a ofender el recinto protector de los fieles.

Tarasca

Las más pretéritas leyendas relatan la historia de una bestia espantosa, una culebra inmensa, con la boca plagada de colmillos babosos. Habría de llamarse la Tarasca porque después de hacer todo tipo de maldades y ruindades, atacó a Santa Marta a quien pensaba devorar. La santa hizo la señal de la cruz y el monstruo aquietó sus fauces, arrugó sus instintos y se dejó atar una cinta al cuello. Así, entonces, Marta la llevó dulcemente hasta el pueblo de Tarascón, lindero al río Ródano *(Rhone)*. La Tarasca ahora era un pichicho. Pero los pobladores decidieron que la bestia, bestia era y sería, y la atacaron con piedras, palos y palas. La serpiente murió. El pueblo se aplacó. Y la temible moraleja es que las bestias pueden ser dobladas, pero las masas humanas enceguecidas, pueden ser bestiales e indomables.

La figura simbólica de la Tarasca ha pasado a ser un dragón montado sobre un carro con ruedas y ha aparecido por muchos años en la procesión de Corpus de Madrid y otras ciudades, al punto que se creó un refrán muy ibérico: *No hay procesión sin Tarasca.*

Lilit

En el *Antiguo Testamento, Isaías (34:14)*, hay un capítulo al que se suele llamar *Pequeño Apocalipsis*, donde se traza un cuadro estremecedor contra las naciones paganas:

27

blackberry
bush
spikes

"En sus palacios crecerán zarzas (arbustos espinosos),
en sus fortalezas, ortigas y espinas;
será una morada de chacales, una guarida de avestruces.
Las fieras del desierto se juntarán con las hienas;
los sátiros se llamarán unos a otros.
Allí también descansará Lilit".

Lilit era el nombre de un demonio femenino, un espectro nocturno que moraba entre las ruinas. Según antiguas leyendas, Lilit estaba casada con el Ángel de la Muerte. Esta mujer satánica seducía a los hombres, lastimaba a las mujeres embarazadas y asustaba a los niños. En la Edad Media se elaboró una historia por la cual Lilit era Eva, quien abandona a Adán cuando éste se niega a considerarla su igual. Lilit se independiza, se niega a tener hijos y sólo se dedica a hacer el mal. Se supone que algunos autores de esos tiempos, decidieron crear a esta figura femenina rebelde e independiente como contrafigura de la dócil y obediente Eva, que (salvo por el fruto) sólo sigue a su hombre, le da hijos y no tiene oportunidad de expresar opiniones y es ignorada por la antigua historia bíblica. Los protagonistas son todos hombres.

Quelone

Los quelonios son reptiles de cuatro extremidades cortas, mandíbulas sin dientes y cuerpo protegido por un caparazón duro que cubre espalda y pecho. Como la tortuga, el carey (palabra taína para tortuga de mar) y el galápago, son miembros de una familia.

Pero Quelone era una doncella hermosa que vivía en su casa junto al río, enteramente entregada a los quehaceres del hogar. Así era muy feliz. Quiso el destino que los grandes dioses realizaran una súper fiesta para celebrar el matrimonio de Hera y Zeus e invitaron a todos los dioses, a todos los humanos y a todos los animales.

Estos poderosos siempre quieren que sus fiestas sean multitudinarias, seguramente porque las paga algún dios.

Quelone ni siquiera pensó en asistir al fandango y se quedó en casita. Cuando se hizo el recuento de los invitados (y sus regalos), se notó la ausencia de Quelone (y su regalo). El consorte furioso arrojó la casa de la doncella al agua y ella se transformó en tortuga (quelonio) que, desde entonces, vive siempre junto a la casa.

Quien más alto saltare

Había una vez un rey que sólo vivía para su hija, la princesita Trini. El monarca ya no sabía qué hacer para complacerla, protegerla, asistirla. La princesa era sin embargo prudente y juiciosa. Semejante maravilla con quién habría de casarse, pensaba el potentado monarca. Tras mucho analizar, llamar ministros, asesores, visires, magos y adivinadores, surgió una idea genial. Llamó a sus pregoneros para que recorrieran el reino anunciando que entregaría la mano (y el resto) de su hija a quien más alto saltare.

Cosas de reyes que no suelen ser muy brillantes desarrollando ideas y mucho menos cuando acuden a tantos asesores, pues, como se sabe, los asesores no saben mucho y asisten poco. Pero, en fin, se organizó la justa. El primer participante fue una pulga que pegó semejante brinco que jamás volvió a ser vista. Fue descalificada por ausencia. Apareció el grillo que desde el mísero suelo saltó tan alto que fue a dar contra la cara del rey que, horrorizado, le pegó un palmazo que también descalificó al bicho por maltrecho.

Vino entonces la rana, miró en torno, hizo una reverencia y ¡púmbate! saltó apenas hasta la falda de la princesa, pero indicando con brillantez de lenguaje que nada había más alto que ella en el mundo ni en la tierra ni en el bosque.

¡Ohhhh! exclamaron el rey y su séquito de obsecuentes. El coronado quedó impresionado y permitió que la rana fuera, solamente, la mejor amiga de su hija. De bodas y casamientos, mejor no hablar. No era para tanto el concurso.

La pulga ofendida se dedicó desde entonces a pasear en perros y gatos y el grillo a esconderse entre matas y yuyos. La princesa aún espera.

Rubén Darío (1867-1916), poeta y diplomático nicaragüense, cuyo nombre era Félix Rubén García Sarmiento, escribió el poema *Sonatina*. ¿Quién no lo recuerda?

Quien no lo recuerde, recuérdelo:

> *La princesa está triste… ¿Qué tendrá la princesa?*
> *Los suspiros se escapan de su boca de fresa,*
> *que ha perdido la risa, que ha perdido el color.*
> *La princesa está pálida en su silla de oro,*
> *está mudo el teclado de su clave sonoro,*
> *y en su uso olvidada, se desmaya una flor.*

Esposas y concubinas

En la Biblia se mencionan cuatro hombres que tuvieron impresionante cantidad de esposas y concubinas. En *Reyes (11:3), Pecados de Salomón:* "El rey Salomón amó además de la hija del faraón, a muchas mujeres extranjeras. A éstas se apegó Salomón con amor y tuvo setecientas mujeres reinas y trescientas concubinas".

En *2 Crónicas (11:21)* el relato se refiere a Roboam, a quien se le adjudican dieciocho mujeres y setenta concubinas que le dieron veintiocho hijos y setenta hijas. En el mismo libro, el rey Abías tiene catorce mujeres y engendró veintidós hijos y dieciséis hijas.

En *El segundo libro de Samuel*, David aparece con diecisiete mujeres entre esposas y concubinas. En *El libro de los jueces*, no se especifica pero se aclara que Gedeón tuvo setenta hijos y muchas mujeres. ¡Eran otros tiempos!

Semíramis

Reina mítica de Asiria. Es considerada la fundadora de Babilonia, la ciudad a orillas del río Éufrates cuyos muros medían cien metros y la rodeaban doscientas cincuenta torres para la defensa. Varios castillos, uno de la reina, completaban el fastuoso panorama e incluso algunos de ellos estaban unidos por túneles.

Una parte de la historia le adjudica haber ordenado los famosos jardines colgantes que representaban al Paraíso. Grandes terrazas irrigadas por notables sistemas hidráulicos, ofrecían una maravillosa visión.

La mitología griega relata que Derceto era una diosa con rostro de mujer y cuerpo de pez que, forzada por la diosa Afrodita, se enamoró pasionalmente de un joven sirio. De su romance nació una hija, a la que Derceto abandonó. Ella se ocultó en el fondo de un lago.

La niña expósita fue encontrada por unos pastores mientras permanecía acurrucada, protegida y alimentada por las palomas que revoloteaban en su torno y le acercaban semillitas a su boca. La llamaron Semíramis que en sirio significa "que viene de las palomas".

Himen

Del griego membrana y del latín, *hymen*. Es un repliegue membranoso que reduce el orificio externo de la vagina mientras conserva su integridad. Para los griegos era una canción nupcial y la expresión fue luego asumida para personificar al dios del matrimonio, representado por un joven cargando una antorcha y velo, quizás anterior a Eros (Cupido).

Himeneo es la boda o casamiento y el dios que preside la ceremonia.

Hay varias historias sobre este dios singular. En una de ellas es un joven tan hermoso que solía ser confundido con una mujer. Por esa condición, fue raptado junto con otras muchachas. Él se liberó, mató a los raptores y pidió la mano de una de las agradecidas doncellas. Himeneo vino a ser el símbolo del matrimonio. En otras leyendas, Himeneo pierde la voz cuando canta una marcha nupcial en las bodas de dioses importantes o muere repentinamente durante la ceremonia. Lo cierto es que desde aquellos añosos tiempos Himeneo carga una antorcha, corona de flores y flauta.

Pero, qué cosa, *himen*ópteros son los insectos con metamorfosis complicadas, como las abejas y las avispas que son masticadoras y lamedoras. Y su boca está provista de mandíbula y lengüetas y tiene cuatro alas *membranosas*.

31

Extraños e increíbles, pero...

Para detectives esotéricos

Chester Floyd Carlson (1906-1968), físico e inventor estadounidense nacido en Seattle, estado de Washington, en 1938 patentó la xerografía, un método de impresión electroestática e hizo una inmensa fortuna al constituir la compañía Haloid, luego Xerox Corporation. La primera máquina copiadora fue lanzada al mercado en 1959.

Xerox significa seco en griego y *xeroftalmía* es la enfermedad de los ojos caracterizada por la sequedad de la conjuntiva.

Carlson, además, desarrolló intensa actividad en el campo de la parapsicología y se interesó en la posibilidad de la vida después de la muerte. En 1940, su esposa Doris comenzó a experimentar alucinaciones auditivas y visiones predictivas. Carlson intentó repetir las experiencias de su mujer, pero fracasó.

Un día, tras haber permanecido en silencio e inmóvil por largo rato, escuchó una explosión. Abrió sus ojos. Su mujer, que estaba durmiendo, también la había escuchado. Y su perro comenzó a ladrar angustiado. Pero no había habido ninguna explosión. Hubo un mensaje sonoro que los tres registraron.

Los Carlson comenzaron a practicar distintas pruebas. Uno dibujaba en el dormitorio y el otro repetía el mismo dibujo en el sótano. Se interesaron de manera intensa y donaron generosamente parte de su fortuna a la Sociedad Americana de Investigaciones Físicas (*ASPR-American Society of Physical Research*).

Carlson murió el 19 de setiembre de 1968 dejando una herencia de veinticinco millones de dólares. Casi un veinte por ciento fue legado a la Sociedad y un cinco por ciento a la Universidad de Virginia para la creación del Departamento de Estudios de la Personalidad.

Muy a menudo los miembros de la Asociación recibían la visita del espíritu de Carlson que aparentemente vigilaba el buen uso de sus legados. No falta el historiador que relata que una de las bibliotecarias creyó haber visto una sombra corpórea en la parte alta de la biblioteca. Asustada corrió a informarlo a su jefe, quien inmediatamente le mostró varias fotos para que ella identificara su visión. La mujer no dudó: señaló la imagen de Carlson a quien ella jamás había visto. Su jefe, más tranquilo, le dijo entonces: "Ah… es Chester. La próxima vez que lo veas, mándale saludos míos".

Fugitivo

La serie de televisión *El fugitivo* que durante muchos años relató las dramáticas peripecias del doctor Kimball, acusado injustamente de haber matado a su esposa, eludiendo la implacable persecución del detective Gerard, dio lugar a un largometraje con Harrison Ford y Tommy Lee Jones en los papeles de médico y policía. Para muchos analistas, la historia se había inspirado en la novela *Los Miserables* de Víctor Hugo (1802-1885), autor, novelista y dramaturgo francés, que describe las trágicas aventuras de Jean Valjean perseguido impiadosamente por un representante de la ley que no admite ni la recuperación ni el perdón. Otros estudiosos, sin embargo, creyeron encontrar una inspiración más cercana, real y concreta. La historia del médico cirujano Sam Sheppard quien en 1954, en Cleveland, estado de Ohio, Estados Unidos, fue acusado de haber asesinado a su esposa. El médico contó que había tenido un día agotador en la clínica y que mientras descansaba en el living de la planta baja de su casa, se quedó profundamente dormido en un sillón. Fue despertado por un ruido extraño y se encontró con un hombre de frondosa melena que lo atacó y golpeó duramente quebrándole un hueso del cuello y rompiéndole varios dientes. Sheppard quedó malherido pero logró llegar hasta la planta alta donde verificó que su pequeño hijo dormía plácidamente. Al abrir la puerta del dormitorio principal, encontró el cadáver mutilado de su esposa. Dio parte a la policía, pero las sospechas recayeron rápidamente sobre él. Pese a sus negativas y a la defensa, el periodismo y la opinión pública machacaron sobre el asunto, sobre todo cuando se descubrió que el médico mantenía relaciones con una de sus enfermeras. Sheppard fue condenado a cadena perpetua.

Diez años después, gracias a los esfuerzos de sus abogados, se reabrió el caso y fue llevado en apelación a la Corte, donde no sólo se probó que era imposible que Sheppard se hubiese autoinfligido los golpes sino además que las pruebas de ADN, un método ahora nuevo, demostraban que las huellas de sangre y semen que se habían registrado cerca del cadáver no eran del médico. En noviembre de 1966, fue absuelto. Sheppard dejó la cárcel y se casó con una mujer alemana que le había escrito constantemente durante su tiempo en prisión. Abandonó la práctica de la medicina y se dedicó, increíblemente, a la lucha libre. Murió en 1970.

Su hijo persistió en las investigaciones empecinado en demostrar que su padre había sido inocente, y para averiguar quién había sido el asesino. En 1998, cuando ya habían pasado 44 años, por medio de informaciones y pruebas de ADN se llegó a la conclusión de que el asesino había sido Richard Ebberling que purgaba prisión perpetua por el asesinato de otra mujer. Ebberling murió negándolo. El caso fue considerado uno de los crímenes más resonantes de los Estados Unidos y objeto de todo tipo de análisis, artículos, entrevistas y noticiarios. Finalmente, desembocó en la serie de televisión en blanco y negro donde el misterioso asesino era alguien que tenía un brazo ortopédico.

El último capítulo de *El fugitivo* con David Janssen fue emitido el 29 de agosto de 1967 y alcanzó la audiencia récord de 26 millones de hogares. Ese día, finalmente, se reveló la identidad del hombre con un solo brazo.

Misterios aéreos

Durante la Primera Guerra Mundial, en la entonces incipiente fuerza aérea inglesa, corrió una versión que se hizo muy fuerte: la aparición de un espíritu pequeñísimo, travieso, inquieto, al que los pilotos bautizaron *gremlin*, quizá como deformación del apellido de Jakob Grimm (1785-1863), filólogo y estudioso de las antiguas leyendas folklóricas, quien fue el primero en desarrollar la relación entre las lenguas indoeuropeas (sánscrito, griego, latín) que echaron las bases para las posteriores lenguas alemanas e inglesas. Lo que popularizó al sabio fueron sus famosos cuentos de hadas que compiló con su hermano Wilhelm Grimm (1786-1859).

Cuando los aeronautas británicos tropezaron con aquellos espíritus minúsculos, crearon la expresión *gremlin.* Aparecían peculiarmente en los aviones de combate y se vinculaban con fenómenos atmosféricos o técnicos. Ante la carencia de explicaciones más certeras, los hombres del aire, cargaban sobre las espaldillas de los *gremlins* las fallas del fuselaje, falta de combustible (porque los chiquititos consumían el líquido inflamable), cortes en las alas y fallas en las municiones. Incluso eran considerados responsables de aterrizajes fallidos. Se les asignaba excepcionalmente ayudas indispensables en circunstancias críticas o emergencias aéreas.

Charles Lindbergh (1902-1974), aviador norteamericano, el primero en hacer un vuelo trasatlántico sin acompañante, el 21 de mayo de 1927, uniendo Nueva York y París en su avioneta llamada *Spirit of St. Louis,* Espíritu de San Luis, fue tratado como un héroe nacional. En 1932, su hijo fue raptado y asesinado y los Lindbergh se mudaron a Inglaterra. donde él colaboró con el doctor Alexis Carrel (1873-1944), biólogo y cirujano nacido en Francia. Lindbergh y Carrel unieron sus tan diferentes capacidades técnico-científicas para desarrollar un corazón artificial con el que mantuvieron vivos diferentes tipos de tejidos y órganos.

Puede suponerse por lo tanto que Lindbergh además de piloto audaz, hombre sufrido, ingeniero perspicaz, era un hombre ligado a la ciencia y poco adicto a las supercherías. Sin embargo, él informó que durante su celebrado viaje aéreo en 1927, que insumió treinta y tres horas, fue visitado por esos extraños personajes. A la novena hora de navegación, relató Lindbergh, el fuselaje de su avión estaba rodeado de una sustancia vaporosa; unas formas indescifrables se movían en ese ambiente con mucha libertad. Los chiquillos hablaban con voces simpáticas y amistosas y discutían temas aeronáuticos. Sin duda, recordó más tarde Lindbergh, se trató de los *gremlins*, pero el piloto heroico guardó el secreto y sólo lo reveló en 1953 cuando escribió un libro con sus memorias.

Algunos racionales que nunca faltan, creen que la palabra se originó en una cerveza inglesa de marca *Fremlin*, porque cada vez que se abría una, junto con la espuma surgía un *goblin*, tradicional gnomo del folklore inglés, antecedente indispensable del *gremlin.* Y otros más duros aseguraron que en realidad esos personajes eran ilusiones empujadas por la cerveza... no la que salía de las botellas sino la que entraba en los gargueros. Pero Lindbergh, naturalmente, no tomaba mientras volaba y era un tipo muy serio. Por lo que cabe concluir que los *goblin* o los *gremlin,* quizá no existan. Pero vuelan. Y suelen dar la bienvenida a bordo. Escúchelos en su próximo viaje.

El 19 de diciembre de 1972, un avión de la compañía Eastern, de los Estados Unidos, que cumplía el vuelo 401, sufrió un accidente y se estrelló; todos los pasajeros y tripulantes de la nave murieron. Su capitán era Bob Loft y el copiloto, Dan Repo. Ellos lograron sobrevivir al impacto, pero fallecieron horas después del trágico suceso.

Tiempo más tarde, otro avión jumbo de la misma empresa, debió cumplir un vuelo en el que, además de los pasajeros, transportaba los restos recuperados del 401. En un momento del vuelo tanto pasajeros como tripulación, juraron haber escuchado por los parlantes del avión las voces de Loft y Repo que se identificaron como los antiguos pilotos muertos. Pareció un episodio de alucinación colectiva.

Posteriormente, la empresa decidió que todas las partes del avión accidentado que estuviesen en perfectas condiciones se usasen como repuestos. A partir de entonces, comenzaron a producirse informes sobre voces y apariciones de aquellas personas que conducían el vuelo 401. La empresa contrató psiquiatras, analistas, pero poco a poco, las denuncias cesaron (no los hechos, las denuncias). El personal embarcado temió que repetirlas provocara sus despidos.

La terrible historia continuó. Los repuestos usados fueron retirados de los aviones. Pero entre las tripulaciones, en los corrillos secretos del ambiente, más y más hombres y mujeres describían sus conversaciones con Loft y Repo que no sólo hablaban sino que se corporizaban levemente.

Un día, una de las cocinas dejó de funcionar. La auxiliar de a bordo fracasó en su intento de repararla. Apareció entonces un pasajero que en pocos minutos arregló el desperfecto. El pasajero regresó a su asiento. Sin embargo, la auxiliar no pudo luego encontrarlo. Uno de los compañeros le mostró la foto de Repo y ella reconoció en el acto a quien había reparado la cocina. El supuesto "pasajero".

Los fantasmas siguieron apareciendo. Sus voces se siguieron escuchando. Las tripulaciones siguieron asegurando que habían sido visitadas por los ausentes.

La empresa Eastern ya no existe. En 1976, John G. Fuller, publicó en Nueva York, *The ghost of flight 401 (El fantasma del vuelo 401)*. El libro con la crónica detallada de aquellos sucesos fue un éxito. Los espíritus de Bob Loft y Dan Repo descansan.

Mundo fantástico, historias y geografías

Mundo fantástico

En nuestro mundo giratorio y traslaticio, no existen los meridianos, los paralelos, el ecuador, la latitud y longitud, los 360°, el polo norte y el polo sur. Fueron imaginados. Sólo eran masas de hielo, aguas o aires infinitos. No existe el cielo que creemos o imaginamos ver todos los días. No hay tal bóveda celeste. Sólo el reflejo de la estrella mayor sobre la corteza terrestre. Por eso de noche, el cielo reflejado desaparece. El Sol no se pone: la Tierra retrocede. La Luna no corre presurosa por entre las nubes. Ella está quieta acompañando a su inevitable y giratoria compañera terráquea que con su sombra da forma reiterada a sus menguantes y crecientes.

El astrónomo y escritor Carl Sagan planteó el conmovedor, paralizante, espeluznante efecto que se produciría en el alma de la humanidad, si se llegara a comprobar científica y prácticamente que *hay vida en otros planetas.* Pero la conmoción sería aún mayor si se llegara a probar científica y prácticamente que *no hay vida en otros planetas.* ¿Cómo reaccionaríamos los seres humanos al sabernos, finalmente, solos en la inmensidad incalculable? En la eterna noche del espacio. Pero, si el infinito es infinito, jamás sabremos la verdad. Y seguiremos suponiendo la probabilidad de que seres similares a nosotros (medida de todas las cosas, según la eterna y egocéntrica teoría terrícola) estuvieren ocupando territorios planetarios aptos para la vida. Los humanos se resisten a considerar vida, sociedades, organizaciones en esos bichitos que aparecen de la nada y son minúsculas manchitas movedizas. En los microbios, parásitos, amebas, bacterias que discurren por nuestros cuerpos que quizá sean sus planetas.

¿Qué saben las mariposas o los caracoles o el magno cóndor o la escurridiza lombriz de democracia, división de los poderes, ciencias y artes terrenales? ¿Qué idioma hablan las abejas, las hormigas, los castores que cumplen acabadamente tareas colectivas organizadas y perfectas? O el misterioso conjunto de aves que hacen formaciones en V y cambian puestos de manera reiterada, ordenada y coordinada y cruzan miles de kilómetros ida y vuelta periódicamente.

¿Cuántas vidas más allá de nuestras vidas viven en el Universo? *A veces no hacen falta las respuestas. Lo apasionante es interrogarse.*

El pequeño punto llamado Tierra se mueve todo el tiempo cargando sobre sus cortezas y profundidades seres humanos, animales marinos, terrestres, aéreos, anfibios; vegetales, flores, microbios, aguas, montañas, hormigas, ríos y miles de millones de criaturas diversas. Cada 24 horas la Tierra da una vueltita sobre su eje. Como el Sol está quieto echando luces, esos giros provocan el día y la noche. La Tierra tiene una cintura a la altura del Ecuador de 40.075 kilómetros. Por lo tanto, si una persona se para y queda quieta habrá girado a razón de 1669 kilómetros por hora. Además, nuestro planeta se mueve alrededor del Sol. Esta traslación es una elíptica que requiere 365 días y fracciones para ser completada, lo que equivale a marchar a 106.000 kilómetros por hora o 30 kilómetros por segundo. Ahí andamos dando vueltas y corriendo en el espacio a velocidades que ni siguiera imaginamos y que si pudiéramos racionalizarlas, terminaríamos para siempre con las fobias a los viajes por avión, casi una nimiedad.

Orientar

Del latín, amanecer, nacer. Colocar una cosa o persona en posición determinada con respecto a los puntos cardinales. Informar a uno lo que ignora y desea saber. Dirigir o encaminar una cosa hacia un fin determinado. Disponer de las velas de un buque de manera que reciban el viento de lleno, en cuanto lo permita el rumbo que lleva.

Oriente es el nacimiento de una cosa. Punto cardinal del horizonte donde nace o aparece el Sol. Asia y las regiones inmediatas a ella de Europa o África.

Durante muchos siglos, los europeos buscaron el Oriente, la fuente de las riquezas, los castillos de oro, las especias, las maravillas ocultas. Sólo Oriente. Ir, venir, perderse y recuperar el rumbo era orientarse.

Oriental es el natural de Oriente y de la República Oriental del Uruguay, cuyos habitantes son orientales, aunque poco tengan que ver con aquel Oriente mítico. Son orientales con respecto a sus vecinos. Y lo marcan.

Y como el idioma nunca termina sus sorpresas, también es oriente el brillo especial de las perlas y la mocedad o edad temprana de los seres humanos. Y por si fuera poco, se califica de oriental al mágico planeta Venus porque nace por las mañanas, antes de nacer el Sol.

Incluso Colón que venció al Mar Incógnito navegando hacia Occidente, sólo lo hizo porque creyó que al final de su travesía encontraría el Oriente.

Pedro Sarmiento de Gamboa (1530-1592)

Navegante, aventurero y escritor español que la historia no ha tratado con especial atención. Fue el primero en llegar a las Islas Salomón, archipiélago que comprende Guadalcanal y muchas otras islas y atolones en el Pacífico sudoeste al este de Nueva Guinea. Intentó colonizar las tierras alrededor del estrecho de Magallanes y fue autor de una notable historia de los Incas.

En 1942, Emecé Editores publicó, con prólogo de Ángel Rosenblat, lo que podía considerarse la obra completa de Sarmiento de Gamboa, quien vivió en Perú por más de veinte años desde 1557. En aquellos tiempos eran muy fuertes las creencias que aseguraban la existencia de muchas islas en el océano Pacífico, más allá del horizonte visual. Ese impulso permitió descubrir las Islas de los Galápagos o Archipiélago de Colón o Islas Encantadas, grupo de trece islas donde habitan grandes tortugas, cormoranes o cuervos marinos y diversas especies, muchas extinguidas en el resto del mundo. La ferviente imaginación de entonces sugería además que esos terrenos rodeados de mar eran fuente de riquezas y animales fabulosos, así como refugio de seres probablemente humanos, extraños y singulares.

El propio Sarmiento de Gamboa relata en su *Historia de los Incas* que el legendario Topa Inga Yupanqui había alcanzado algunas de esas costas a las que llamó Auachumbi y Niñachumbi, de donde trajo seres de piel oscura, oro, plata y metales diversos. Era El Dorado por mar. Distinto del otro buscado por selvas y montañas.

Este incansable marino prolongó su aventura y en 1568 habría llegado a una tierra grande (probablemente Australia), pero torció su rumbo. Así, en mayo de ese año llegó a las islas Salomón que él llamaría Archipiélago del Nombre de Jesús.

El marino escritor se vio precisado a dedicar una buena parte de su historia a la Isla Atlántica:

"De las palabras que Platón refiere a Solón, el más sabio de los siete de Grecia, esta Atlántida era mayor que Asia y África juntas. A Neptuno le cupo en suerte la isla en la que tuvo diez hijos varones, entre los cuales dividió reinos y regiones".

Esta partición de tierras dio origen a las múltiples islas del Caribe y desde allí iniciaron sus exploraciones los que serían pobladores de las tierras americanas.

"Dicen los naturales que antes de que el mundo fuese creado, hubo uno que llamaban Varicocha (sic), el primer creador, que hizo un mundo oscuro y sin sol y sin estrellas.
Por eso, entonces, lo llamaron Viracocha Pachayachachi, creador de todas las cosas. Después de creado el mundo, formó un género de gigantes deformes en grandeza, pero pintados o esculpidos, para ver si era bueno hacer los hombres de aquel tamaño.
Pero no quedó feliz.
Dijo entonces:
'No es bien que las gentes sean tan crecidas; mejor será que sean de mi tamaño'.
Y así creó los hombres a su semejanza.
Más tarde esos seres quebrantaron los preceptos dictados por Viracocha, tuvieron vicios de soberbia y codicia. Entonces, los convirtió en piedras, a otros los tragó la tierra, a otros el mar y mandó un diluvio, al que ellos llaman *uno pachacuti*, agua que trastornó la tierra.
Dicen que llovió durante sesenta días y sesenta noches. Todo quedó anegado. Y sólo quedaron algunas señales de los que se convir-

tieron en piedras para memoria de los venideros, en los edificios de Pucará, sesenta leguas del Cuzco.

De esta manera, las demás naciones tienen fábulas de cómo se salvaron algunos de quien ellos traen origen y descendencia. Mas los *ingas* (incas) sostienen que nadie escapó. Por lo que Viracocha tornó a hacer todo de nuevo.

De donde entenderemos claro que en la primera edad del mundo fue poblada esta gran masa de las Islas Flotas, que después se llamaron Atlántica y ahora se llaman Indias de Castilla o América".

Álvar Núñez Cabeza de Vaca (1490-1577)

Explorador español de notables andanzas. Acompañó la expedición de Pánfilo de Narváez a la Florida. En 1528 naufragó en una isla cercana al territorio de Texas, al sur del continente norteamericano sobre el golfo de México. Fue capturado por los indios. Pero se hizo pasar por mago y logró convencer a los nativos de sus poderes. Desarrapado pero andante, recorrió las orillas del río Misisipí y luego el norte de México. Llegó hasta la capital. Su imaginación de vagabundo, quizás alterada por el sol, el tiempo sometido a la esclavitud, sus largas caminatas y sus rápidas huidas cuando fallaban sus trucos, le provocaron inflamadas historias de pueblos y cosas extraordinarias.

Cabeza de Vaca fue el descubridor o inventor de las Siete Ciudades de Cíbola, maravilloso lugar donde se alzaban fabulosas edificaciones, al que nunca pudo llegar conquistador alguno.

Algún crédito se le otorgó al mago explorador, porque se le nombró Adelantado del Río de la Plata y se instaló en Asunción en 1542. Sólo un año duró en el cargo. Luego escribió *Naufragios y comentarios* donde narró su aventuras. Vaya a saberse cuánto realismo histórico o imaginación literaria circularon por la obra. Ejércitos que atraviesan selvas oscuras y pantanosas, soportan alimañas, duermen donde pueden y si pueden, sus barcos se parten como juguetes en los arrecifes. El hambre, los padecimientos, los pinchazos de espinas y bichos. De sus seiscientos soldados, quedan cuatro tras las penurias conquistadoras. Él se salva, primero como esclavo y luego como médico milagrero. Cura enfermos, cierra heridas, abre las compuertas a los recién nacidos y resucita muertos si tal menester es propicio y el muerto no lo está del todo.

Mientras estuvo en Paraguay, descubrió los llamados *Saltos de Santa María*, una impresionante caída de agua formada por tres kilómetros de doscientos setenta y cinco saltos, algunos a ochenta y cien metros. Los habitantes llamaban a este fenómeno natural *Iguazú*, aguas grandes.

Las cataratas están alimentadas por el río Iguazú que recorre quinientos kilómetros desde Brasil hasta desembocar en el Paraná. El actual Parque Nacional ocupa 55.000 hectáreas de selva tropical que alberga a más de dos mil especies de plantas, cuatrocientas especies de aves y los animales propios de la zona como el yaguareté, los carpinchos, lagartos, coatíes, puercoespines, yacarés, monos y los peculiares macucos o pavos de monte (en algunas regiones del sur, se llama *macuco* a un muchacho grandulón y a las personas taimadas y astutas).

La mitología guaraní sugiere que un dios enamorado y no correspondido, al advertir que su amada huía con un mortal, arrancó jirones de tierra, hundió sus míticos brazos en el suelo y el río, produciendo cortes voluminosos. Empujó las aguas río abajo y cuando los torrentes encontraron los precipicios provocados por su ira, se formaron las cataratas que conmovieron la región. Miles de pájaros y animales vinieron atraídos por el ruido imponente, los multicolores reflejos y los muchos arco iris que se formaban y decidieron quedarse a vivir entre tanta belleza y sonidos, a lo que ellos agregaron sus propios trinos, rugidos y colores. El dios despechado descansó más tranquilo.

Drake

Francis Drake (1540-1596) fue el primer navegante inglés que logró circunnavegar el globo entre 1577 y 1580, atravesando el estrecho de Magallanes medio siglo después de Fernando de Magallanes. Por su hazaña fue consagrado caballero por la reina Elizabeth I.

Luego, siendo almirante, derrotó a la Armada Española, una flota de ciento treinta naves y treinta mil marineros, comandada por el duque de Medina Sidonia y organizada por Felipe II en 1588 para invadir Inglaterra.

En 1595 Drake sufrió la revancha de los españoles en las Indias Occidentales donde fue totalmente derrotado.

Más allá de su actuación marina, pocos personajes ingleses han acumulado tantas leyendas. Se asegura que Drake vendió su alma al diablo para asegurar su invencibilidad. El Supremo Malechor con el concurso de las brujas de Devon, ciudad natal del marino, complacido con su nuevo protegido, le construyó una casa en tres días. Drake, impulsado por la magia recibida, no sólo pirateó los mares sino que consiguió agua potable para Plymouth, ciudad portuaria de Devon, al sudoeste de Inglaterra, donde había sido nombrado intendente. Esta ciudad no sólo se convirtió en puerto de gran importancia sino que además sería la base naval y puerto de salida del *Mayflower* que llevaría a los pioneros hacia América del Norte en 1620.

Las inagotables leyendas aseguran que Drake se sentaba en los acantilados y con un cuchillo sacaba astillas de una rama de árbol. Cada astilla que caía al mar, se convertía en un espléndido navío de guerra.

Mortal al fin, Drake se enamoró de una joven de la nobleza, cuya familia le impidió casarse con el marino aún plebeyo. Drake marchó hacia una de sus travesías. La joven se comprometió con otro. El día del casamiento, cuando la ceremonia estaba por comenzar, cayó a los pies de los novios una bala de cañón que había cruzado medio mundo. Drake la había enviado con órdenes de no explotar, sólo hacerse presente.

La boda se canceló porque novios, familiares, invitados huyeron despavoridos y no supieron hasta más tarde que la bomba había permanecido negra, ferrosa y callada.

La joven finalmente se casó. Pero con Drake.

La "bala de cañón" del tamaño de una pelota de fútbol es hoy considerada un meteorito y se conserva en exposición en *Coombie Sydenham*, la antigua casa de la noble familia de la novia.

El marino legendario murió en Panamá. Agonizante, ordenó a sus hombres batir los tambores hasta que él diese su último suspiro y luego enviaran los redoblantes a Inglaterra. Predijo entonces que cada vez que su patria estuviese en peligro, los tambores sonarían con tal fuerza que animarían a los ingleses y sembrarían el terror entre los enemigos.

Se ha informado repetidas veces del sonido insistente de tambores durante batallas terrestres y marítimas a lo largo de siglos.

Los ingleses aseguran que Francis Drake volverá por sus fueros junto con el rey Arturo, el esperado.

Drama de San Julián

El 10 de agosto de 1519, Fernando de Magallanes (1480-1521), marino portugués a quien su rey no escuchó y desechó, comandaba una flota de cinco barcos de bandera española. Sevilla los vio partir, río abajo hacia el Guadalquivir que desemboca en el mar. La tripulación estaba integrada por doscientos setenta y cinco hombres. El 13 de diciembre llegan a la actual bahía de Río de Janeiro, así llamada porque fue descubierta el día de San Jenaro o porque en ella recalaron el primer día de enero y creyeron estar frente a la desembocadura de un río, el pasaje acuático que Magallanes buscaba para atravesar el continente y encontrarse con el Mar del Sur de Balboa, que el portugués llamaría más tarde océano Pacífico. Lejos estaban. La templanza del clima, los frutos y alimentos, la belleza natural de la bahía y las hermosas mujeres, que resultaron ser deliciosas sin reparos masculinos, brindaron un puerto de maravillas del que nadie quería marcharse. Pero el capitán tenía un objetivo y estaba al sur. Nadie sabía aún cuánto más.

Imponiendo su autoridad, la flota siguió navegando rumbo sur. El 10 de enero divisa una colina a la que llamarían Montevideo, porque al ver el monte que preside esa costa, con su portugués no olvidado, bautizó *Monte vid eu*.

Y el Río de Solís que ahora, sí, sin duda, los llevaría al otro lado de la tierra. Pero el nuevo fracaso los empuja más al sur. La flotilla recorre lo que hoy son la bahía de Samborombón, Miramar, Necochea, Claromecó, gira en torno a la isla Trinidad, internándose hacia Bahía Blanca.

El golfo de San Matías renueva las esperanzas; la península Valdés las aleja. Exploran el golfo de San Jorge hacia la futura Comodoro Rivadavia. El paisaje tropical ha desaparecido. Las soledades son inmensas. Mal tiempo, vientos feroces, el frío, la oscuridad, el tétrico silencio. Cada bahía, cada entrada, cada recodo, es recorrido e investigado. Sólo encuentran el invierno.

Medio año ha pasado. Desconsolados, ariscos, rebeldes, llegan a la bahía de San Julián, donde una península angosta y menuda se separa del continente, amagando ser una entrada prometedora. Luego, la llaman Desengaño.

Finalmente, el motín. Magallanes logra dominar a los levantiscos y allí en San Julián dejará a los amotinados con vino y víveres para que Dios se encargue de ellos. Magallanes partiría entonces en busca de su destino, el estrecho que lo entregará a la historia y a la muerte trágica en manos de los nativos de una pequeña isla en el Pacífico. La comprobación quedaría ahora bajo el comando de Sebastián Elcano: la Tierra era definitivamente un globo.

A los abandonados los tragó el olvido.

Cincuenta años después, curioso vericueto de la historia humana, el marino inglés Francis Drake debió enfrentar situación similar cuando uno de sus oficiales, Thomas Doughty, se rebeló en esas mismas playas de San Julián. Allí mismo, donde Magallanes dejó a los suyos, Drake ofreció al insubordinado la muerte por la espada o el abandono en la bahía. Doughty eligió la muerte del acero. Su cadáver fue arrojado al mar y quizá se haya reunido con los olvidados de Magallanes en algún lugar profundo, una playa yerma o un cielo para condenados.

Paraíso terrenal de Serrao

Francisco Serrao fue un extraño personaje real, amigo íntimo de Fernando de Magallanes, que vivió una increíble historia que muy pocos cronistas se han tomado el trabajo de relatar. Aparece muy poco y casi siempre en pequeñas menciones. Es la historia menuda de un solo hombre que no concretó hazañas ni descubrimientos ni luchó

46

contra legiones. Era un simple. Tripulante de un navío portugués que volvía de una incursión por las islas de las especerías. Sobrecargado por el peso y la codicia, el barco zozobra y se hunde. Los hombres se salvan alcanzando una playa desconocida. Se reagrupan y al tiempo, con engaños y hábiles maniobras, logran apoderarse de otro barco de piratas que habían venido a descansar en la playa. Serrao, ahora capitán, pone proa a la isla más cercana, donde son recibidos por los nativos con amabilidad, generosidad y trato cariñoso.

En Portugal, se considera agotada la espera. Francisco ha desaparecido en defensa y honra de la patria. Serrao, en cambio, estaba gozando de lo que él aseguraba era el paraíso terrenal. No quiere más guerras ni aventuras. No quiere glorias ni historias. Se ha ido del mundo conocido, porque ha descubierto un nuevo mundo propio.

El rey tribal, encantado con este hombre de facciones atractivas, fortaleza física e inteligencia, lo nombra su asistente, le da casa, esclavos, protección y resguardo. Francisco, además, encuentra esposa y con ella tres hijos morenitos y ensortijados.

Su isla de la fantasía estaba en el rumbo a la península de Malaca, entre Sumatra y la península malaya, cuyo puerto principal era Singapur, centro de distribución del vibrante comercio de las maravillas de Oriente: pimienta, clavo de olor, marfiles, sedas, perlas, diamantes, granos de incienso, alcanfor, porcelanas, jengibre, canela, productos que Europa compraba pagando por interminables intermediaciones enormes sobreprecios. Los gustos y apetitos cambiados exigían caudales y tesoros para saciarlos.

Cada vez que podía, Serrao aprovechaba el paso de barcos, para enviar cartas a su amigo Magallanes y, gracias a ellas, abrió un resquicio en las herméticas bibliotecas de la historia.

Sus compañeros de la primera aventura fueron regresando en barcos que allí recalaban y ellos mismos actuaron de correo. Un pariente suyo, José Serrao, sería el capitán del *Santiago,* una de las cinco naves que formaron la fabulosa flota de Magallanes.

Nueve años pasaría Francisco en brazos de su amada, sus niños y su tierra prometida. Entonces, moriría y su tumba sería regada por las lágrimas de quienes lo amaron y las lluvias tropicales que procuran el verde permanente, las flores multicolores y los frutos del Edén.

Tundra

Quizá la única palabra de origen finlandés de la lengua española. Terreno abierto y llano de clima subglacial y subsuelo helado, falto de vegetación arbórea; suelo cubierto de musgos y líquenes y pantanoso en muchos sitios. Se extiende por Siberia y Alaska. Los líquenes son cuerpos resultantes de la asociación simbiótica de hongos con algas unicelulares, cuyos caracteres difieren totalmente de los que tenían antes de asociarse. Crece en sitios húmedos, extendiéndose sobre las rocas o las cortezas de los árboles, en forma de hojuelas o costras grises, pardas, amarillas o rojizas.

Los Sami son un pueblo de cultura nómada que vive en el norte de Noruega y parte norte de Rusia, en la región conocida como Laponia. Son un pueblo sin Estado, como los tártaros, gitanos, kurdos, sherpas, palestinos y bereberes.

Los Sami viven de la cría del reno, la pesca, caza y artesanía. Llegaron a la península escandinava hace más de cuatro mil años. En algún momento de la historia los vikingos los presionaron empujándolos hacia el Círculo Polar Ártico. Hablan nueve variantes del idioma sami y sólo para "reno" disponen de cuatrocientas palabras, así como, igual que otros pueblos nórdicos, tienen muchas expresiones para distintos tipo de nieve y ninguna para decir simplemente *nieve*. Precisamente, del idioma sami proviene *tundra*.

Sus creencias religiosas son animistas, creen que todos los elementos de la naturaleza, los animales y minerales, tienen un alma.

Pese a su extrema ubicación geográfica disfrutan de veranos cortos y cálidos y un maravilloso jardín de invierno con temperaturas que alcanzan los −30°.

Durante el siglo XVII los reinos de Noruega y Suecia intentaron asimilar a los Sami convirtiéndolos al cristianismo y prohibiendo su idioma. Aunque se adaptaron, no perdieron su autenticidad.

En Rovaniemi, Finlandia, se puede visitar el museo de Laponia y el Centro Ártico y, naturalmente, los duendes de la zona. Es posible un encuentro fortuito con Santa Claus o Papá Noel y el reno Rodolfo en el Parque de Santa. Es casi seguro que se descubrirá que algunas cosas negadas son verdad. ¿Verdad?

De cualquier manera, el visitante podrá disfrutar del sol de medianoche y la mágica aurora boreal. Y en momentos de fe, visitar la iglesia helada en el iglú más grande del planeta.

¡Qué nombres!

Bahamas es un país isleño cuyo nombre completo es *The Commonwealth of the Bahamas*. Está conformado por un archipiélago de alrededor de setecientas islas e islotes, ochenta kilómetros al sudeste de Florida, Estados Unidos. Es parte de las Indias Occidentales. Tiene una superficie de 14.000 kilómetros cuadrados y una población de 260.000. Su lengua oficial es el inglés y la capital Nassau.

En una de esas islas, Guanahaní, fue donde Cristóbal Colón hizo su primer desembarco en tierras americanas, cambiándole el nombre indígena por el de San Salvador. El archipiélago era conocido como las Lucayas, por sus habitantes, los Lucayos y a Colón le sorprendió la muy escasa profundidad de las aguas, por lo que denominó al conjunto isleño Islas de la *Bajamar*. Así fueron conocidas por dos siglos.

En 1648, los españoles vaciaron la isla pues se llevaron a casi todos sus habitantes como esclavos al continente. Un grupo de puritanos ingleses se apoderó del terreno insular y adaptaron el nombre a su fonética, llamándolas *Bahamas Islands,* lo más cercano a Bajamar que pudieron. Los españoles, luego, sin conocer el origen de la expresión propia, continuaron llamando al lugar Bahamas.

En 1973, obtuvieron la independencia y es hoy un paraíso natural, bancario, financiero, turístico, farmacéutico, financiero, bancario, culinario, de caza submarina, financiero, bancario. *La reiteración no es un vicio de lenguaje. Es de otra clase.*

Otro nombre de curioso origen es la dependencia británica de Bermuda, trescientas masas corales, islotes e islas que cubren 52 kilómetros cuadrados en el océano Atlántico a 1050 kilómetros al sudeste del cabo Hatteras en Carolina del Norte, costa este de los Estados Unidos. Capital Hamilton. El descubrimiento se le atribuye al navegante español Juan de Bermúdez que naufragó en sus costas en 1503 y con "gran generosidad", al tomar posesión, dio su nombre al lugar.

En 1632 colonos ingleses naufragaron cerca de sus costas, pero se afincaron y permanecieron bajo la corona británica conservando el nombre adaptado a su pronunciación.

Caso interesante es Miami, nombre que identifica a un grupo nativo norteamericano de la familia de los Algonquinos (*Algonqian*), quienes eran originarios del este, aunque luego extendieron su cultura hacia otras latitudes. Ellos dieron nombre a la ciudad de Miami, Estado de Florida. Los habitantes angloparlantes dieron en llamar a la zona *maiami*, aunque la pronunciación original y auténtica era *miami*, como hoy aún insisten en llamar a la ciudad los hispanohablantes que ocupan el territorio en gran proporción. Los miamis fueron concentrados en una reserva indígena en 1867 en Oklahoma. En el último censo realizado en Estados Unidos, se registraron 4477 miamis. Hay dos ciudades más del mismo nombre. Una en Texas y otra en Oklahoma.

El origen profundo de Miami sería el nombre que los indígenas originales daban al lago Okeechobee, significando *agua dulce*. En esa zona había un villorio llamado Tequesta y ésta es la expresión que aún se usa para calificar a los residentes de la ciudad de Miami.

Pedro, el pirata

Un relator inspirado, un bardo locuaz, un generoso poeta, gestó, procreó y dejó en libertad este cuento que luego se hizo leyenda.

En 1720, un barco con inmigrantes había partido de Irlanda con rumbo a los Estados Unidos. Cuando estaba muy cerca de Boston, una nave pirata lo atacó y fue abordado por el capitán Pedro y sus feroces secuaces. No contento con inspirarles inmediato terror a aquellas pobres y temerosas personas, Pedro les anunció que pronto serían asesinadas. Se prepararon los piratas y cuando iban a ejecutar las sentencias, se escuchó el llanto de un bebé. El bestial capitán detuvo a sus hombres, se alejó unos pasos y regresó con una enorme sonrisa, pues aseguró que ahora tenían la suerte asegurada. La mujer del capitán del barco irlandés había dado a luz una niña esa misma mañana. Pedro anunció que si se imponía a la criatura el nombre de su madre, María, todas las vidas serían perdonadas. Comprensiblemente, así fue bautizada. El enternecido pirata recorrió las despensas hasta encontrar un corte de una tela maravillosa que entregó a la madre de la ahora llamada María y le rogó que la guardara hasta que la joven se casara. Regresaron a tierra firme.

Veintidós años después, María mujer, quedó huérfana, se casó, usó la tela como se le había enseñado y rogado, y tuvo cuatro hijos. Nunca había vuelto a ver ni a saber del capitán pirata. Años más tarde, María enviudó y quedó a cargo de sus niños.

Mientras tanto, Pedro se había retirado de la vida marina e instalado en un estupendo castillo, pues había logrado conservar una gran fortuna de sus correrías. Nunca había olvidado a María y cuando logró localizarla, la invitó a instalarse con sus hijos en el castillo donde vivieron los siguientes diez años en plena armonía, pues ella dirigía la casa y Pedro la consideraba su hija.

Una noche, Pedro fue asesinado en el jardín donde muchos suponían tenía enterrados diversos cofres con piedras preciosas, monedas de oro y otras joyas. María conservó la casa hasta su muerte que ocurrió cuando tenía noventa y cuatro años y todos sus hijos ya habían fallecido.

La mansión fue vendida y ocupada reiteradas veces por distintas familias, pero nunca pudo evitarse la presencia de fantasmas que recorren el lugar por distintos motivos. El fantasma de Pedro, para cuidar su hacienda nunca encontrada. María, porque sigue siendo su obligación cuidar de la casa. Y grupos de fantasmas de diversos orígenes que aún procuran los cofres. Lo único cierto que ha quedado es el brocado tejido con hilos de oro y plata que acompañó a María en su nacimiento y casamiento. Los sucesivos dueños aseguran que la residencia está protegida contra incendios y otros males porque María conoce muy bien qué debe hacerse ante cualquier emergencia.

Traición en la Patagonia

Antonio Pigafetta era un joven italiano que poco o nada sabía de barcos y mares. Quizás hubiese leído alguna historia o haya tenido en sus manos escritos de su compatriota Américo Vespucio. Ansioso por correr aventuras y mundos, terminó enganchado en la flota de Magallanes como cronista de a bordo. Llevó consigo quince libros en blanco, futuro asiento de sus crónicas. Aunque muchos de sus escritos se perdieron, han resultado fundamentales para la reconstrucción de la más grande hazaña marina de todos los tiempos. Allí quedaron documentadas sus notas, análisis y descripciones de caracteres, situaciones, dramas, motines, traiciones, alegrías, hambres y descubrimientos, a lo largo de los tres años en que la flotilla de cinco navíos rodeó el mundo probando para siempre la redondez y rotación de la Tierra y que todos los mares estaban unidos.

Éste es uno de sus relatos más simples, pero dramático, cuando la flotilla esperaba mejores vientos en las costas argentinas del sur. En medio de la calma y el silencio, mirando hacia un horizonte infinito, un atardecer divisaron un hombre en un cerro cercano, bailando y batiendo brazos. A medida que se acercaba, los marineros quedaron pasmados de la altura del sorpresivo visitante que tenía envuelto su cuerpo en pieles y sus pies en gruesas lonjas, lo que daba la sensación de tenerlos muy grandes. Magallanes ordenó cautela, cordialidad y demostraciones de afecto, mover los brazos, saltar, sonreír, intentando imitar al gigante. La nave insignia cargaba cientos de cascabeles, vidrios, piedras de colores, lazos de tela brillante, tambores, juguetes. Y espejos.

Cuando el recién llegado se contempló en uno de los espejos, cayó de bruces, se revolcó, sacudió sus cabellos y dio varios alaridos, porque había duplicado su propio ser. Corrió de regreso al monte donde lo esperaban otros hombres y mujeres, todos igualmente prominentes. Nuevamente se acercaron a la nave y entonces fueron convidados con algunos dulces y regalados con campanillas. Magallanes se deleitaba con sus visitantes a quienes llamaría "patagones". Pero tenía obligación de transportar de vuelta a España tesoros y especias, plantas y animales, además de seres humanos que permitieran estudiar su contextura física, hábitos y determinar *si eran tan humanos como ellos.*

A medida que iban ganando la confianza de los indígenas y llenado sus manos y brazos de obsequios, les mostraron a los incautos inocentes unos grilletes de hierro brillante que seguramente parecieron anillas o pulseras de maravillas.

Sin mediar un instante los atraparon, aquietaron y arrojaron al interior del barco. Los restantes huyeron prontamente porque comprendieron que esos seres sonrientes, barbudos y envueltos en aceros, regaladores y zalameros, eran traidores, perversos, monstruosos. Vaya a saber de qué infiernos vinieron a dar a sus tierras silenciosas, qué designios malignos los habían inspirado. Sus ojos lloraron con pesar y rabia. Miraban al enorme cascarón flotante y comprendieron que sus hermanos habían sido tragados por esa bestia. En la bodega sucia, los *patacos* prisioneros se encendieron de furias, se revolcaron heridos en sus carnes y en sus espíritus, y quedaron horrorizados ante la certeza de que habían sido devorados por un monstruo marino ayudado por diablos menores.

Los pobrecillos no sabían que ya habían llegado a su destino final. Todos murieron en la travesía.

De ahí en más, la tragedia habría de enseñorearse en la flota con motines y otras traiciones, muertes trágicas y castigos. Habrían de surcar la Bahía Grande, superar Río Gallegos, cabo Vírgenes. Luego divisarían unas extrañas señales ígneas a las que Magallanes llamó Tierra del Fuego, para entonces finalmente ingresar en el laberinto de piedra, acantilados, montañas, vientos helados, tormentas, corrientes traicioneras, vericuetos engañosos que vendría a ser el estrecho de Todos los Santos y más tarde, el estrecho de Magallanes, que una vez superado, los enfrentaría a la todavía más impresionante alfombra, un océano de agua calma, pacífica, azul y brillante que los llevaría a Filipinas y a completar la vuelta al mundo tan soñada.

Magallanes sucumbiría asesinado en una revuelta isleña, traicionado —moneda que el destino devolvía— por un cacique con el que había forjado una supuesta amistad. Cae Magallanes herido de muerte donde menos lo esperaba, donde ni siquiera era importante su presencia, en un punto de tierra en la inmensidad oceánica. La prodigiosa aventura marina sería terminada por el vasco Sebastián Elcano con un barco deshecho y dieciocho hombres agotados.

La mujer e hijos de Magallanes han muerto en esos tres años de su viaje. No hay descendientes ni hermanos ni primos. Nadie que pudiese recoger su herencia.

Sólo la historia le hará un lugar prominente a quien primero imaginara y luego concretara la circunvalación global. Las memorias flacas nada escribieron sobre los desventurados de uno y otro lado, que quedaron sin vida a lo largo del derrotero fantasmal y prodigioso.

Edric, el salvaje

Personaje legendario del folklore inglés y galés que parece haber surgido en el siglo XI. Muchas historias convergen hacia el mismo héroe. Una de las más conocidas cuenta que Edric era un terrateniente que encabezó una revuelta contra los invasores normandos en 1060. Después de diversas aventuras, se unió a los normandos para luchar contra los escoceses y, más tarde, desapareció en la historia. Nadie supo de su muerte ni hubo crónica de ella.

Pero un siglo después, reapareció porque el folklore del terruño determinó que una tarde, cuando caminaba por el bosque, advirtiera luces en una cabaña y se acercara. Miró por la ventana y vio a un grupo de mujeres bailando en ronda. Eran más altas y más bellas que todas las mujeres conocidas. Mas una de ellas era tan maravillosa que arrebató sus sentimientos e hizo saltar su corazón. Irrumpió en la sala, tomó a esa mujer y huyó con ella. Las otras bailarinas se arrojaron sobre Edric con uñas y dientes, pero no lograron impedir que se marchase con su conquista al hombro.

Por varios días, la mujer raptada llamada Olivia permaneció callada hasta que repentinamente le espetó un vigoroso discurso advirtiéndole que no quería ser su prisionera sino su esposa y, en ese caso, él habría de serle fiel toda la vida y jamás le reprocharía nada que tuviese que ver con sus hermanas, las danzantes bellezas del bosque, o ella desaparecería instantáneamente. Olivia era un hada con poderes inmensos. Así que ¡cuidadito!

Edric contrajo nupcias y fue un marido ejemplar. Amante, respetuoso y fiel. Una tarde, al regresar de su habitual cacería, Edric no pudo encontrar a Olivia. Buscó tenazmente, angustiado, casi agotado, hasta que la encontró lejos y tarde, riendo y danzando con sus hermanas. Edric las increpó duramente. Olivia confirmó lo que había anticipado y se esfumó con su cortejo. Edric cayó en un profundo desaliento. Buscaba, lloraba, padecía.

Y murió.

La ventaja que tiene ser personaje legendario, mitológico o sobrenatural, es la capacidad de recuperar lo perdido, incluso la vida. Así que Edric regresó a sus lares y se reencontró con Olivia. Nuevamente se unieron y desde entonces, cada vez que su tierra peligra, los dos hacen su ingreso en el conflicto para definirlo a favor de los suyos. Nadie duda de que la presencia de la pareja mágica cabalgando blancos caballos y blandiendo espadas y dagas doradas, haciendo sonar una trompeta de oro, tuvo decisiva influencia en numerosas batallas.

Napoleón (1769-1821), emperador de Francia, nacido en Ajaccio, Córcega, hijo de Carlo y Leticia Bonaparte, sabía que si Edric y Olivia aparecían, su destino sería tronchado por lo irremediable. Y así fue durante la batalla de Waterloo en junio de 1815, cerca de Bruselas, Bélgica, cuando selló sus designios. Arthur Wellington (1769-1852), el jefe militar inglés, también los esperaba. Eran sus aliados. Napoleón fue derrotado.

Si uno no es inglés, habrá de procurarse fantasmas más propicios. Que los hay.

Lluvia

Fenómeno atmosférico que a veces alegra a quien la espera, a veces arruina las vacaciones o destruye cuando exagera su caudal. Se la siente cuando falta y se la siente cuando sobra. Es amiga de la tierra y enemiga de las ciudades. A las lluvias menudas se las llama calabobos porque es suave pero moja al que no cree en su humedad. Hay pueblos que casi no saben lo que es la lluvia y a veces recurren a rituales para implorar su visita.

Se cuenta que en una región de tierras áridas y destinos secos, cuando los jóvenes alcanzaban la pubertad, los mayores se reunían en círculo y aplaudían todos juntos, a la orden del más anciano. El aplauso se hacía con tres dedos, luego con dos y finalmente con un solo dedo. En el silencio que los rodeaba, el ruidito que producían los aplausos con un solo dedo, imitaba a la perfección el rumoroso tintineo de la lluvia pegando contra los toldos. Ésa era la invocación por su futuro bueno, proficuo y reproductivo.

Aunque usted viva en zonas de caudales lluviosos, échese una suerte y cuando junte amigos reproduzca el juego de los aplausos. A lo mejor, sirve. En estos tiempos, todo ayuda.

-De lo contrario, enseñe a sus niños a cantar cuando alguna forma de *sequía* abrume:

Que llueva, que llueva
la Virgen de la cueva,
los pajarucos cantan,
las nubes se levantan.
Que sí, que no,
que caiga un chaparrón.
Que llueva, que llueva
hasta que me compren
albarcas nuevas.

Albarcas o abarcas son zapatos de madera u otro tipo de calzado. Con pequeñas variaciones, este canto se conoce desde tiempos muy añosos.

Alcalá de Henares

Algunos lugares de la Tierra parecieran frutos absolutos de la imaginación, pero son reales, tangibles, físicos. Alcalá de Henares quizá sea la única ciudad del mundo imaginada en el Renacimiento para ser una gran universidad. Todo comenzó alrededor del río Henares donde existen vestigios de asentamientos humanos antiquísimos pertenecientes al neolítico. Los celtíberos dejaron sus huellas en las laderas del monte San Juan del Viso, en un asentamiento estable al que llamaron Ikesancon Kombouro. Los romanos llegaron dos siglos antes de Cristo y Alcalá se llamó entonces Complutum. Su nombre actual se origina en la ocupación musulmana: al Qalar Nahr, el castillo sobre el Henares.

Fue reconquistada en 1118 por un arzobispo de Toledo, don Bernardo, por lo que el rey Alfonso VII donó las tierras a los prelados de Toledo. Ellos construyeron un enorme castillo, luego palacio. En él residieron reyes y nobles, nacieron un emperador y una reina y se celebraron cortes y concilios. Y la primera entrevista entre Cristóbal Colón y la reina Isabel la Católica.

En 1293, el rey Sancho IV había creado en Alcalá un Estudio de Escuelas Generales, antecedente de la Universidad Complutense. La hora cumbre llega en 1499 cuando se funda la Universidad de Alcalá. Y cuando en 1547 nace en esa ciudad el más grande de la literatura hispana: Miguel de Cervantes y Saavedra.

En 1998 este gran espacio cultural y artístico fue protegido por la UNESCO con el título de Patrimonio de la Humanidad.

Lusiadas

El cabo Sagres es uno de los lugares más bellos y estremecedores de la Tierra, considerado durante mucho tiempo, el fin del mundo. En la costa Vicentina al sudoeste de Algarve, Portugal, era llamado por los antiguos Promontorium Sacrum, luego simplemente Sagres, se extiende como una cuña en el océano Atlántico infinito. Sagres fue durante mucho tiempo el último puerto de abrigo para la navegación. Aunque el extremo más occidental de Europa es Danmon Head, Irlanda, para los continentales del pasado era Finisterre en Galicia, luego superado por Cabo das Rocas en Portugal, también un lugar de sobrecogedora belleza al que los poetas consideraban "el fin de la tierra y el principio del mar".

Ya desde el siglo IV a. de C. los audaces navegantes buscaban en sus acantilados un puerto de abrigo. Subir al promontorio era una promesa que cumplían todos los marineros para asegurarse futuro promisorio en el mar tenebroso.

En 779, siguiendo la tradición de religiosidad que había adquirido el paraje, los restos mortales de San Vicente, mártir de Zaragoza, fueron retirados de Valencia y llevados a Sagres y depositados en la Iglesia del Corvo, iniciándose las peregrinaciones al lugar.

Todas las aventuras marítimas de Portugal están directamente vinculadas con Sagres y con Enrique el Navegante (1394-1460), hijo de Juan I, rey de Portugal, que estableció allí su cuartel general, organizó e inició las expediciones portuguesas. En 1430 promovió la aventura de llegar a las Indias Orientales por la ruta occidental, en torno al África. Enrique dedicó gran parte de su vida a estudiar, analizar y conjeturar sobre las rutas marítimas, pero murió antes de la gran conquista.

Curioso título el de Enrique el Navegante porque Enrique nunca navegó. Pero tenía el espíritu de la aventura metido en su corazón y cerebro. Fue él quien logró que una tierra pobre, pequeña y poco habitada como Portugal, se convirtiera en un imperio colosal.

Aislado de la corte y sus decadentes costumbres, se aplicó a su destino: las tierras distantes por los caminos del mar. Ordenó y organizó la construcción de las naves y las excursiones, siguiendo los consejos de sus oficiales marinos.

Sagres se convirtió en un centro de construcciones navieras, navegación y cartografía, donde se desarrollaron los indispensables portulanos (colección de planos de varios puertos, encuadernados en forma de atlas), perfiles costeros, guías marítimas.

La extraordinaria conquista de Portugal por el lado del Oriente tendría incluso su premio en la reciente América, al lograr para su imperio el territorio de Brasil en el Nuevo Mundo.

Sagres es considerada zona especial, Monumento Nacional y por sus aledaños aún se ven el reloj de sol, la rosa de los vientos hecha de piedra, el monumento a Enrique, la iglesia de Nuestra Señora de la Gracia y la antigua fortaleza.

Los que llegan hasta la punta del cabo San Vicente, el extremo más occidental del continente europeo, un poco más al oeste que Finisterra de Galicia, dicen que junto a los altos acantilados sólo se ve el horizonte y adivinan la curvatura de la Tierra, se oyen los roncos alaridos de las olas cuando se estrellan contra las paredes rugosas llenas de recovecos y, afinando la mirada, se ve por allí el espíritu de Enrique el Navegante, que supo capitanear la audacia de los sueños.

El poeta máximo de Portugal y su gran figura literaria, Luis de Camoëns (1524-1580), escribió en 1570 *Os Lusiadas*, los hijos de Luso, figura mitológica, compañero de Baco y primer poblador de Lusitania, como los romanos llamaron a Portugal. Camoëns exalta a los "héroes que abandonaron su tierra, Portugal, abrieron el camino a Ceilán (hoy Sri Lanka), isla al sur de la India, y fueron a través de los mares más allá de lo que ningún hombre había navegado antes. Y si hubiera habido más mundo, ellos hubiesen llegado hasta él".

Esta obra maestra exalta las hazañas de Vasco da Gama (1469-1524), el primer europeo que llegó por mar a la India, lugar donde finalmente moriría ejerciendo el cargo de virrey.

Somos los lusitanos de Occidente
y buscamos las tierras del Oriente.
La vista poco a poco se destierra
de aquellos patrios montes que pasaban.
Y ya después que todo quedó atrás,
que cielo y mar, al fin, no vimos más.

Antes que Vasco da Gama, otro portugués, Bartolomé Días (1466-1500), llegaba al extremo sur de África, al cabo Buena Esperanza, Cabo de las Tormentas. Sólo tenía que seguir navegando, torcer hacia Oriente y al Norte y habría logrado que el poema le fuera dedicado. Pero, sus tripulantes se amotinaron y Días hubo de bajar la cabeza, llorar en un rincón de su camarote de capitán y retornar al puerto casero. Más tarde moriría en un naufragio. Bartolomé quedó olvidado en las páginas de las bitácoras.

Entra en escena Vasco da Gama. Comandaba cuatro navíos que llegaron a Kozhikode (Calicut), puerto en el golfo de Omán, al sudeste de la India, inaugurando el extraordinario negocio de las especias y poniendo proa al imperio de Portugal que entonces se extendió al África.

En 1524 luego de haber afirmado las rutas marítimas, Vasco da Gama fue designado virrey de la India, aunque falleció poco después.

En la obra de Camoëns, los intrépidos navegantes cuentan con ayudas mitológicas como Venus y Baco, quienes con sus intervenciones hacen más fácil el viaje y mucho más entretenida la historia.

Según nuestro conocido Plinio el Viejo, Lusus era un antiguo compañero de Baco que estableció la primera colonia en lo que luego sería Portugal. En su honor, aquel territorio fue llamado Lusitania y sus habitantes, lusitanos. Luego sería el nombre del gran poema.

Camoëns tuvo él mismo una vida aventurera que lo llevó a viajar por distintas partes del mundo conocido. Calumniado por envidias, fue arrojado en una lóbrega y sucia prisión, donde perdió un ojo. Encierro y dolor horribles para un hombre de letras épicas y gloriosas.

Quizá su destino de relator de hazañas pueda ser comparado con algunos aventureros en penas: Cristóbal Colón vuelve a España encadenado. Hernán Cortés, tras arrasar el imperio azteca, cae en desgracia. Francisco Pizarro, luego de dominar a cuchillo y sangre el imperio inca, muere asesinado. Núñez de Balboa, el primero en divisar el océano Pacífico, muere decapitado. Hernando de Magallanes es muerto por los indios antes de completar su circunnavegación maravillosa. Juan Díaz de Solís fue canibalizado en las costas del Río de la Plata que él había descubierto creyéndolo Mar Dulce. Pedro de Mendoza, primer fundador fracasado de Buenos Aires, murió en la travesía de regreso.

Camoëns había estudiado en la Universidad de Coimbra, pero su vida turbulenta lo llevó a participar de la campaña de Marruecos, a la cárcel por trifulcas callejeras, a la India como militar, despedido de un puesto oficial en Macao y a naufragar en 1570 regresando a Portugal.

Su fantástico poema recibió una miserable pensión real y murió pobre. Su obra maestra fue conocida por sus compatriotas y el mundo, después de su muerte.

Mar

La primera vez que alguien ve el mar, tiembla ante la inmensidad y los ojos quieren escapar de sus órbitas para volar junto a las gaviotas que lo rodean. La primera vez que alguien vio el mar se preguntó cómo no se derrama sobre el espacio vacío. La Tierra quizá no debiera llamarse Tierra sino Mar, Océano, Agua, pues sus masas de agua salada dominan el setenta por ciento del planeta. ¿Cómo habrá sido el empuje tentador que llevó a los humanos a conquistarlo? ¿Por qué hubo pueblos que se lanzaron a la aventura insólita tan pronto tuvieron la capacidad tecnológica de flotar y otros jamás lo intentaron ni quisieron ni soñaron con atravesarlo? ¿Cuántos naufragaron? ¿Cuántos barcos y seres anidan en sus fondos?

Allí reinan las Oceánidas, las ninfas del mar, hijas de Océano y Tetis. Océano, divinidad griega, el mayor de los Titanes, hijo de Urano y Gea. A ellos convocamos a partir de estas historias flotantes.

El mar ha sido inspiración constante de los soñadores: islas mágicas, espaldas de ballenas que servían de puerto transitorio a navegantes perdidos, peces gigantescos que se tragan a héroes famosos, espumeros, tritones, hombres peces, dragones marinos, víboras acuáticas.
Y las maravillosas sirenas, por momentos temidas, atrayendo con sus
cantos hacia peligros irreparables y también damas dulces, cariñosas,
a las que la copla popular española canta:

> *Es pescado y tiene tetas,*
> *es mujer y tiene aletas.*
> *No es pescado ni mujer.*
> *Entonces ¿qué cosa es?*

> *En el mar hay una dama*
> *que vive en medio del mar.*
> *Cuando ve a los hombres,*
> *le dan ganas de cantar.*

Anfitrite era la diosa mitológica que abrazaba el mundo con sus
aguas, pues era la reina del mar, la que envuelve a todos los seres humanos y pertenece al grupo de las Nereidas, hijas de Nereo, conocido en las leyendas como el Viejo del Mar.

Nereo era hijo de Ponto, la ola marina, y Gea, la Tierra. Las Nereidas eran figuradas como habitantes del mar, hermosas, encantadoras, medio cuerpo de mujer y la parte inferior de pez. Anfitrite era la
directora del grupo, quien daba las órdenes y enseñaba danzas acuáticas a sus hermanas.

Un mal día, Poseidón, equivalente a Neptuno, dios del mar, se
enamoró de Anfitrite, pero la bella ninfa lo rechazó, una y otra vez.
Poseidón atropelló. Ella fue a refugiarse al fondo más profundo del
océano, más allá de las columnas de Hércules, donde los mares eran
ciertamente ineluctables. Los delfines la descubrieron angustiada y
nadaron en su ayuda. Formaron un cortejo marino y la condujeron
hacia Poseidón. Finalmente, se casaron. A la ninfa, que ya había probado todo, le quedaba el matrimonio.

En 1752, en la historia de Noruega, aparece por primera vez la mención de Kraken, un monstruo marino fabuloso, probablemente una enorme jibia o sepia, cefalópodo (del griego, cabeza-pie), molusco que tiene el manto en forma de saco con una abertura por la cual sale la cabeza que está rodeada de tentáculos largos provistos con ventosas. Carecen de concha y segregan un líquido negruzco para ocultarse, como el pulpo, el argonauta y el calamar. El menos conocido es el argonauta, especie en que la hembra, que es mucho mayor que el macho, deposita sus huevos en un receptáculo calcáreo segregado por ella misma, parecido a una gran concha de paredes delgadas y blancas que el animal mantiene unido a su cuerpo.

Cuando Kraken fue avistado en las costas de Noruega, el historiador se asustó, se inspiró o quizá reflejó lo que vio envuelto en tintas negras. Lo cierto es que dijo que el Kraken podía deglutirse un barco con sus velas y usar los mástiles como palillos. O al menos, hundirse repentinamente y producir tal remolino que al fondo irían a parar navíos, pasajeros, cargas y escoltas.

Quizá sea pariente del monstruo del lago Ness (*Loch Ness monster*), situado a ciento cincuenta kilómetros de Edimburgo, Escocia, donde desde 1868 aparece ante algunos ojos desmesurados un enorme esperpento con cabeza de serpiente, dos jorobas y dos aletas. Este lago jamás se congela y es parte del canal de Caledonia. Tiene una profundidad aproximada a los doscientos metros. El monstruo mediría quince metros según los diarios de la época. En 1934 se publicó una foto, lo que acrecentó y afirmó su existencia. En 1994, se comprobó que el documento gráfico era falso. Pero el bicharraco sigue presentándose de tanto en tanto y cientos suelen esperar sus apariciones para goce de hoteles y comercios de la zona que se ha tornado sugestivamente turística.

El fenómeno de los monstruos marinos o lacustres se repite cadenciosamente en distintas partes. Los chinos aseguran haber visto uno en el lago Tian Chi que mide veinte metros, tiene caparazón y cabeza de caballo. Los suecos tienen el suyo, aunque más prudentemente sólo mediría cinco metros y ha sido avistado por los pescadores que apenas pudieron escapar de sus coletazos. Y hay más: en un lago del Estado de Nueva York, en la bahía de Chesapeake, entre Maryland y Virginia, Estados Unidos; en el lago Fljot, Islandia.

En el lago Nahuel Huapí, Bariloche, Argentina, aparecen circunstancialmente monstruos o monstruitos acuáticos (el del sur argentino es llamado Nahuelito), que tienen la prudencia de no hacer destrozos, no atacar seres humanos y, a veces, dejarse "fotografiar" como los platos voladores o quizá como objeto flotante no identificado (ofni). Nadie ha podido confirmar su existencia real. Pero como se sabe, muchas cosas existen aunque no sean.

En el *Libro de Job, Antiguo Testamento (41:1)*, Dios explica su dominio sobre las cosas del mar: "¿Puedes pescar con anzuelo al cocodrilo? Cuando él se yergue se asustan los valientes; por la consternación quedan fuera de sí". *Leviatán*, cocodrilo en hebreo, se usa en otros tramos para designar al dragón fabuloso de terrible potencia. En *Salmos (104:26):* "Ahí está el mar grande, anchísimo. Por allí surcan los navíos y Leviatán". Y en *Isaías (27:1):* "Yavé castigará con su espada dura, grande y fuerte, a Leviatán, la serpiente huidiza, Leviatán la serpiente tortuosa, y matará al dragón de los mares".

Thomas Hobbes (1558-1679), filósofo inglés, escribió *Leviatán* en 1651. Hace una trágica descripción de la raza humana en estado natural, donde la vida es desagradable, brutal y corta. El temor a la muerte violenta es la principal razón por la que la gente crea el Estado, subrogando sus derechos naturales a la absoluta autoridad del soberano. Hobbes desafió y rechazó el derecho divino de los reyes creando la teoría del contrato social que luego fue ampliada por otros pensadores.

Asturias es la región montañosa al norte de España, reino independiente hasta su unión con León en 924 y en 1037 con el reino de Castilla. Fue donde se inició la Reconquista contra los moros, cuando Don Pelayo derrotó a los invasores. Por esos lares se cuenta la historia de un ser anfibio, mitad hombre, mitad pez, muy hábil para moverse tanto en la tierra como en el mar: el Hombre Marín, relacionado con Tritón, el dios marino de los griegos. Tritón y el Hombre Marín, cuando se desataban las tormentas, buscaban refugio en tierra, escondiéndose en las cavernas de la costa, atacando rebaños para alimentarse y mozas esbeltas y rubicundas para resolver otros apetitos.

Dioniso embriagó a Tritón dejando a su alcance un cántaro con vino que el lascivo ingirió de un trago, lo que le provocó pesado sueño. Entonces Dioniso lo liquidó a hachazos.

El Hombre Marín también correteaba tras las doncellas, aunque la leyenda asturiana comenta que, al ser privado de agua, murió de sed.

A veces por mucho vino, a veces por poca agua.

Las leyendas del mar océano cuentan historias de barcos que aparecen abandonados sin que jamás se haya podido saber qué sucedió con sus tripulantes y pasajeros. Un clásico es el *María Celeste*, barco de bandera estadounidense, encontrado abandonado con las velas extendidas, entre las Azores y Portugal, el 5 de diciembre de 1872. El único bote salvavidas, el sextante, cronómetro, registro y la tripulación habían desaparecido y nunca se encontró huella alguna de sus pasajeros y tripulantes. (El cine argentino produjo sobre este hecho una película en blanco y negro con Pedro López Lagar.)

Otro famoso es el *Violeta* arrasado por una tormenta hace casi dos siglos. Todos murieron a bordo, pero su imagen se obstina en aparecer en el Canal de la Mancha, donde sucedió la tragedia. Algunos famosos piratas como el capitán William Kidd (1645-1701), que siendo oficial de la marina británica terminó pirateando hasta que fue capturado, condenado y ahorcado, sigue navegando en ese fantasmal navío y es avistado cada crepúsculo rojo. Se supone que el malhechor aún busca los tesoros enterrados en alguna isla extraña, como muchas de las que se tendrán noticias en este libro.

Otro que se las trae en materia de apariciones fantasmales es el pirata francés Jean Lafitte (1780-1826), que tenía su base de operaciones en Luisiana y Texas y se alió con los norteamericanos contra los ingleses en la batalla de Nueva Orleans en 1815. Jean Lafitte finalmente naufragó en las costas de Galveston, Texas, en 1820. Pero son muchos los que suelen ver la figura espectral de su barco, navegando en busca de sus presas.

Otra de las historias espectaculares es la del *Griffon,* un barco que estaba construyendo el explorador francés René Roberto Cavalier de La Salle en 1679. Los indios iroquois, que vivían en los alrededores de los grandes lagos, no soportaban la imagen que se iba corporizando y echaron maldiciones a esa cosa en construcción, que iba terminar siendo un enorme navío. Finalmente, concluyó su armado y salió a navegar en busca de pieles. Cuando emprendió el regreso, desapareció y nunca se supo cuál había sido su destino. Muchos restos de naufragios fueron examinados durante años, pero jamás se pudo encontrar rastro alguno del *Griffon*. Sin embargo, el fantasma naval reaparece en las noches prietas en el lago Huron, el segundo en tamaño de los grandes lagos de América del Norte y cuarto en el mundo, en el límite entre Canadá y Estados Unidos.

Mientras los espectros lacustres, surgen y resurgen, muchos aseguran que existen, muchos que los han visto, muchos los niegan, los barcos hundidos y reaparecidos surcan airosos algunas aguas y como ellas, jamás encuentran reposo.

La leyenda del Piloto Desconocido relata el final de la aventura de un barco desarbolado por una furiosa tempestad, con sus mástiles y palos tronchados, a la deriva oceánica, que habría llegado a Porto Santo, Portugal, cuando Cristóbal Colón vivía allí. Todos los tripulantes habían desaparecido tragados por la furia del mar o muerto en cubierta o en las entrañas de la nave abandonada a su suerte. Sólo el piloto sobrevivió. Extenuado, pendiente su vida de un hilo, alcanzó la orilla para dar su último respiro. Colón lo recogió y llevó a su casa prodigándole cuidados y atenciones que recuperaron su salud. Cuenta la historia que el piloto habría revelado a Colón que del otro lado del océano, más allá del horizonte ignoto, había otras tierras, hacia donde los furiosos vendavales empujaron su barco. Incluso habría dibujado un mapa. Más tarde murió y sólo Colón habría quedado en posesión del secreto. La leyenda fue relatada más tarde por algunos autores aunque declarándola falsa, pero Garcilaso de la Vega le dio vida eterna en una descripción atrayente y dramática. Algunos creyeron que el marinero de marras era el navegante andaluz Alonzo Sánchez.

Son muchas las leyendas, crónicas, historias o relatos que afirman la llegada a América de otros pueblos, algunos muy anteriores a Colón. Juan Manzano Manzano, escritor español, autor de *Colón y su secreto. El predescubrimiento*, asegura que Cristóbal sabía a dónde iba porque contaba con mapas muy precisos que, sin embargo, no le advirtieron que en su derrotero habría de tropezar con un continente.

Una leyenda galesa cuenta que Madog o Madoc encabezó una expedición marina navegando hacia el oeste de Irlanda; al tocar la tierra firme de lo que sería América, sus hombres bajaron para colonizar la zona donde echaron las bases del pueblo Mandan, tribus de indios blancos de Louisville cuya lengua tendría notables reminiscencias con los idiomas galeses.

A principios del 2002, el investigador inglés, Gavin Menzies, aseguró ante la Royal Geographic Society haber descubierto mapas que probarían la llegada a América de una flota china comandada por el almirante Zheng He en 1421, incluso antes de que los portugueses navegaran en torno al África. No falta algún investigador que asegure que el extremo de América del Sur habría sido descubierto por navegantes de la Polinesia que fueron luego los primeros pobladores de la región patagónica.

En las costas ecuatorianas se encontraron vestigios precolombinos que confirmarían la teoría de que 2500 años antes de Cristo, llegaron a esas tierras, quizá desviados por los vientos, personas procedentes del Asia. En Valdivia, se han encontrado restos de cerámica y elementos de pesca inusuales para esos tiempos y esas culturas. Algunas figurillas de mujer presentan similitudes con otras japonesas y la existencia de una sociedad matriarcal. Una de sus diosas era Umiña, la diosa verde.

El océano Pacífico habría sido navegado por peruanos rumbo a la Polinesia, trayecto que repitió en 1947, Thor Heyerdahl, en la balsa *Kon Tiki*, partiendo del puerto peruano del Callao y arribando al Atolón de Raroia.

Muchas son las hipótesis: que Egipto y sus pirámides son inmensamente más antiguos que lo que se ha sostenido y que la civilización original habría desaparecido sin dejar rastros. Que los continentes estaban unidos y ello explicaría por qué se encuentran en algunas partes de Europa o en Bolivia, restos fósiles de ballenas o elefantes o conchas marinas, en zonas mediterráneas alejadas del mar. Que las líneas de Nasca (cuya historia se trata en este libro) y otros dibujos similares en América del Norte probarían que fueron hechos para visitantes extraterrestres pues esos diseños sólo pueden verse desde una gran distancia aérea. Dilemas no resueltos. Imaginación y asombro. ¿Serán verdad?

Como el origen de los americanos, de los primeros habitantes de estas tierras que inocentemente se llamó "nuevo mundo" como si esas tierras hubiesen requerido la confirmación europea para ser parte de la Humanidad. La falta de pruebas contundentes abrió centenas de teorías tales como el paso ambulante por el estrecho de Bering o Behring que podría haber estado uniendo Asia y América y que hoy sirve de enlace a los océanos Pacífico con el Glacial Ártico; fue descubierto por el navegante danés Vitus Behring (1681-1741). Otros aseguran que fueron llegando en barcazas desde la Polinesia o viceversa. Que entraron por el sur cuando no todo era hielo y las islas secas permitían el traslado paulatino.

El paleontólogo argentino Florentino Ameghino (1854-1911), autor de *La antigüedad del hombre en el Plata*, *Filogenia*, *Los mamíferos fósiles de la América meridional*, lanzó y sostuvo la tesis de que América habría sido el centro de evolución de todos los mamíferos y el primer ser adaptado a la posición erecta, el *Tetraprothomo argentinus*. Vino incluso a sostener que la cuna primigenia era la Pampa, el *Prothomo Pampaeus*. Desde estas regiones partieron hombres y animales hacia África y Australia mediante puentes continentales hoy desaparecidos. Sin embargo, el mundo científico terminó rechazando de plano las conclusiones de Ameghino. El profesor Paul Rivet, que fue director del Instituto de Etnología de la Universidad de París, en su libro *Los orígenes del hombre americano*, escribe que "a pesar de la deferencia que merece un sabio (Ameghino) que dedicó su vida entera al estudio de uno de los problemas antropológicos más difíciles, nos vemos obligados a reconocer que el examen imparcial de los hechos no nos permite admitir la gran hipótesis filogenética de Ameghino. Sus asertos no reposan sobre pruebas irrefutables". Los notables descubrimientos de nuevos fósiles en tierras argentinas podrían reabrir el tema y ofrecer una nueva versión universal.

De todo lo sabido e imaginado, hay dos historias entrelazadas que terminan siendo cautivantes. Primero la Atlántida. En los *Diálogos de Timeo y Critias*, Platón (427-347 a. de C.) describe una civilización

67

legendaria, la Atlántida, una nación marítima, indescriptiblemente rica, situada más allá de las Columnas de Hércules (el estrecho de Gibraltar). El lugar era una isla protegida de los vientos por sus montañas, pletórica de metales y piedras preciosas, hermosas flores, árboles frutales y hortalizas, animales domésticos y salvajes, incluso elefantes que recorrían plácidamente sus praderas, arroyos y lagos. Reinaban armoniosamente diez reyes, todos descendientes de Poseidón, dios griego de los mares.

Sus habitantes, los atlantes, nobles e inocentes, fueron cambiando sus personalidades hasta convertirse en corruptos, agresivos y ávidos de poder. Pero sus ansias fueron exterminadas por los atenienses que los derrotaron. La isla terminó destruida totalmente por causas naturales. Algunos eruditos ubican la Atlántida en la isla volcánica de Tera o Santorini, Grecia, que fue destruida por una erupción alrededor del 1500 antes de Cristo.

Platón confesaba que la historia le había sido contada al estadista ateniense Solón (639-559 a. de C.) por los sacerdotes de Sais, la capital del bajo Egipto y que éste y sus seguidores la habían recontado y trasmitido oralmente hasta que llegó a sus oídos. Es curioso, pero una historia con esa única fuente ha ilusionado a centenares de autores y ha ubicado a la Atlántida en lugares tan distintos como Australia, Brasil, Inglaterra, Groenlandia o Bahamas. El astrólogo de la reina Isabel de Inglaterra en el siglo XVI, John Dee, afirmó que la Atlántida eran las Américas recién descubiertas.

Ignatius Donnelly (1831-1901) publicó en 1882 un libro sobre la misteriosa Atlántida emplazándola en el océano Atlántico al oeste de la península Ibérica y pronto se convirtió en el clásico del tema.

Si bien la Atlántida suena como una imponente obra de imaginaciones dispares, cuando se la cruza con otra fuente, cunde el asombro. La Deriva Continental es una teoría que propone que todas las masas continentales hoy conocidas estuvieron unidas formando el continente Pangea o Pangaea, que a su vez se dividió en Laurasia y Gondwana. Alrededor de 200 millones de años atrás, se partió, resultando nuevas masas: los continentes actuales comenzaron a moverse sobre la superficie de la Tierra. La teoría fue sugerida por primera vez en 1912 por el meteorólogo alemán Alfred Wegener (1880-1930), pero permaneció aletargada hasta 1960 cuando, tras el uso de nuevas evidencias como el fechado radioactivo, la dispersión del fondo marino y los campos magnéticos opuestos, se la revivió. La teoría expone la existencia de cadenas montañosas, órdenes animales y géneros de plantas similares, encontrados en diferentes continentes, así como anomalías zoológicas y geológicas. Si se revisan con atención los perfiles de África Occidental con la saliente de América del Sur parecieran encajar como piezas de un rompecabezas. Igualmente, la hipótesis se basaba en los contornos idénticamente opuestos de varias penínsulas europeas que encajarían en espacios hoy marinos, cuyas costas son de formas similares.

La parte este del Brasil entraría en el oeste del África.

La península Ibérica en el golfo de México.

La península Escandinava en la bahía de Hudson.

La isla de Baffin cubriría el norte de Finlandia y Rusia.

En el estrecho de Bering, América y Asia sólo están separadas por noventa kilómetros. En el estrecho de Gibraltar, Europa y África sólo están distanciadas por trece kilómetros.

La teoría de la deriva en la actualidad ha sido abandonada. Aunque mirando un planisferio, la imaginación se reaviva. Misterios provocativos y apasionantes. Interrogantes.

Navegando siempre mares hay otros personajes que merecen dedicación, porque son hijos de la imaginación y la leyenda.

Los espumeros son seres marinos de fantasía de la mitología asturiana, descriptos como pequeños, gorditos y tiernos. Inofensivos.

Los espumeros viajan sobre las crestas de las olas, se arriman a las playas con las espumas, envueltos en algas. Usan un caracol como trompeta. Temen las tormentas y se refugian en las cuevas de la costa. Por eso, en los pueblos donde se los conoce, ya se sabe que cuando aparecen los espumeros, viene la tormenta.

La mitología ofrece otros extraños habitantes del mar.

Caribdis era una monstrua que vivía en una roca en el estrecho de Mesina, que separa Italia de Sicilia. Era brava y feroz. Se atrevió nada menos que con Hércules a quien le robó unas cabezas de ganado para matar el hambre. Una vez que hubo devorado las vaquillonas, tuvo que soportar el castigo de los dioses que la convirtieron en un bicharraco marino.

La tal Caribdis tragaba toda el agua que se le ponía por delante y lo que en ella flotaba: peces, barcos, moluscos, troncos flotantes y hasta tuvo un encuentro complicado con Ulises.

Vecina suya era Escila, una mujer desagradable que tenía la parte inferior de su cuerpo rodeada de seis perros feroces que se comían lo que fuese. Y hasta se atragantaron con seis compañeros del mismo Ulises. Son parte pequeña de *La Odisea*, pero horrible.

Como habitantes de los mares, todos parecen parientes, pero como se ve, lejanos.

Había otra Escila que se enamoró de un general extranjero que estaba sitiando su tierra. Su padre, Niso, era invencible por designio de los dioses y tenía los cabellos de oro que debía conservar intactos so pena de perder esa condición. Al igual que a Sansón, pero en este caso su propia hija, Escila, cortó los cabellos del padre para facilitar la victoria de su enamorado. Pero cuando el general, ahora victorioso, se enteró de la terrible acción de la nena, juzgó que unirse a ella sería peligroso porque quien comete semejante atrocidad puede repetir las tijeras. Entonces, el jefe la ató a la proa de su barco y la terrible joven murió ahogada.

Una asamblea de dioses se apiadó de ella y la convirtió en ave: el martinete, ave zancuda, de la misma familia del martín del río o martín pescador, que vive cerca de lagunas o ríos y se alimenta de peces a los que atrapa con su pico con una especial habilidad y presteza. Una vieja ronda infantil cantaba:

Martín Pescador, ¿se podrá pasar?
Pasará, pasará, pero el último quedará.

Intimidad de Colón

Durante la Edad Media imperaba un principio del Derecho Romano: la tierra pertenecía a quien la descubriese y poblase y las islas a quien dominase las adyacencias. El 24 de diciembre de 1492, Cristóbal Colón fundó en la isla La Española, actualmente Santo Domingo, el pequeño fuerte Navidad, primer eslabón de la conquista. Siempre convencido de que había llegado a las Indias, Colón hizo en total cuatro viajes. Murió triste y desgraciado sin haber comprendido su proeza.

En los treinta años siguientes los españoles tomaron posesión de muchas tierras. Vasco Núñez de Balboa, el 25 de setiembre de 1513 fue el primero en llegar a las costas del Pacífico y afirmó, ya sin dudas, que a sus espaldas se extendía un fenomenal continente. Américo Vespucio comprendió que estaba frente a un Nuevo Mundo.

Los Colombo eran de Moconesi, en el valle de Fontanabuona. El abuelo de Cristóbal fue Giovanni, quien se estableció en Quinto, aldea cercana a Génova. Su hijo, Doménico, se casó con quien sería la madre de Cristóbal, Susana de Fontanarossa, del valle del Bisgno. Según la mayoría de los historiadores, el niño vino al mundo en 1451. Desde muy joven sintió atracción por la navegación, pero fue en Lisboa donde surgió su máximo sueño: llegar al Oriente por el Occidente. Habría viajado alistado en un barco portugués que navegó hasta Islandia, la última tierra, la Thule de los antiguos, el límite.

Entre los muchos mapas y lecturas que sus ojos ansiosos recorrieron, hubo algunos que permanecieron junto a Colón todo el tiempo, incluso en sus travesías: *Historia Rerum* del cardenal Piccolomini, luego Papa Pío II; *Imago mundo*, del cardenal Pierre d'Ailly, rector de la Sorbona; *Maravillas del mundo o El millón,* de Marco Polo y la *Historia natural* de Plinio. El libro del cardenal D'Ailly fue el más consultado porque resumía las nociones de geografía del pensamiento griego y latino: la Atlántida de Platón, las islas flotantes de Plinio, los viajes de San Brandán.

En uno de sus capítulos, Colón subrayaba el relato que en *La Eneida* hace Anquisos a su hijo Eneas: "Hay tierras más allá del zodíaco, más allá de los años y del sol. Todos los mares están poblados por tierras". También la Biblia sirvió a Colón de inspiración y respaldo. En el *Libro de Esdras* del *Antiguo Testamento,* encontró escrito: "Y el tercer día Tú has reunido las aguas y la séptima parte de la Tierra y las otras seis partes Tú las has secado".

¡Seis partes de tierra y una de mar! Entonces su sueño era posible. Especialmente, porque hubo un diluvio.

Poco se conoce del matrimonio de Colón con la portuguesa Felipa Moniz Perestrello en 1480. Tuvieron un hijo, Diego, que heredaría todos los títulos y privilegios del padre. Felipa murió en 1485. Colón hizo fama de galán de alcoba y mucho se habló de sus relaciones con la marquesa de Moya, íntima de la reina Isabel. Pero la historia marcaría a Beatriz Enríquez de Harana como la pareja de la que nacería Fernando en 1488. Ella era quince años menor que Colón y no ha quedado en claro por qué no se casaron, quizá porque ella era muy pobre, quizá porque ya era casada. Lo cierto es que pronto desaparece de la historia, aunque en su testamento el almirante dejó instrucciones para que se atendiese a Beatriz, "que pesa mucho en mi conciencia, aunque no me esté permitido mencionar el motivo".

Cuando Isabel, la reina, conoció a Colón, tenía su misma edad: treinta y cinco años. Era de ojos claros y piel muy blanca, tal vez rellenita. Ella creyó en el hombre por algún misterioso designio, atraída por el encanto y las íntimas sugerencias de una aventura singular que transportaba la imaginación de la realeza a lugares ignotos a los que ella jamás podría llegar, siendo su vida tan ligada a las proximidades del trono.

Ningún pintor de su época se tomó el trabajo de hacer un retrato de Colón. Todos sus retratos conocidos son obras de imaginación. En 1892, en el cuarto centenario del descubrimiento de América, se realizó en Chicago una exposición de pinturas de Colón. Más de setenta obras. Ninguna se parecía a la otra. Aparece con bigotes, barbas, piel oscura. Sólo quedaron algunas descripciones más o menos fidedignas.

Existe una obra del pintor español Alejo Fernández, contemporáneo y conocido de Colón, *La virgen de los navegantes,* donde la Virgen María preside y protege a cartógrafos, científicos, barcos y marineros. Uno de ellos, calvo, con barba y bigotes blancos, vestido con ropaje dorado, podría ser identificado como Cristóbal Colón.

Gianni Granzotto, en su encantadora biografía de Colón, escribe que Bartolomé de las Casas, lo pinta como: "...más alto que el promedio, ojos vivaces de color azul o claros, frente ancha, cara enigmática y de expresión fácil". Pero con estos datos, ni un genio podría hacer un retrato fidedigno.

Cuando zarparon *La Pinta, La Niña* y la nave capitana, *Santa María,* Colón viajaba en ésta, también llamada *La Gallega,* como jefe supremo, aunque nunca antes había comandado un barco. Los nombres de los noventa tripulantes están registrados uno por uno pues recibían paga de la Corona: 39 en la *Santa María,* 27 en la *Pinta* y 24 en la *Niña.* Iban a navegar seis mil kilómetros por un mar desconocido, probablemente infinito.

Su primer puerto habría de ser las islas Canarias. El rey de Mauritania, Juba II (50 a. de C.-20 de la era cristiana) cantó en su tiempo loas a los primeros aventureros que pisaron las islas y que al llegar se asombraron de la cantidad enorme de perros grandes y bravos que deambulaban por esas tierras y que habían sido traídos desde el continente africano. Se las llamó entonces *Canariae insulae,* Islas de los Perros, Islas Canarias. Los perros que le dieron un nombre no eran nativos, pero los pajarillos que volaban por todos lados y echaban unos silbos encantadores, sí. Cuando las aves fueron llevadas a Europa se las llamó canarios, porque venían de las islas Canarias, aunque su significado fuese perruno. Raro es que los pajarillos suspiren silbos y no ladriditos.

La flota de Colón llegó el 8 de agosto a Las Palmas en la Gran Canaria donde había un astillero. La isla más verde de las Canarias era Gomera. Colón viajó a ella en busca de reaprovisionamiento, agua, leña y víveres. Y de los brazos de otra Beatriz, Beatriz de Bobadilla a quien él había conocido en España. Beatriz era la gobernadora. Y además, joven y bella. Colón pasó varios días en el castillo de San Sebastián procurando su propia recuperación espiritual. Y quizá más. Pero el 6 de septiembre de 1492, cuando el sol aparecía rojizo y encendido, Colón apagó sus pasiones terrenas y se lanzó a las aguas, hacia el poniente, internándose en el océano intimidante, tan lejos como estuviesen Catay y Cipango. Levó las anclas y puso proa a la inmortalidad.

De la nada total, salvo cielo y aguas, aparecieron los primeros pájaros: garzas reales, los airones que supuestamente nunca se alejaban de las costas. Petreles, así llamados en alusión a San Pedro andando sobre las aguas, pues estas aves palmípedas muy voladoras, vuelan apenas sobre las olas, cerca de la superficie para atrapar huevos de peces, moluscos y crustáceos.

El 16 de setiembre tropezaron con los sargazos, algas marinas que se agrupan en enormes cantidades cubriendo superficies inmensas del mar. Organismos vivos, frescos, no podridos, de colores vivos y de tanto en tanto algún animal escurría entre las hierbas. Hoy se conoce a la zona como Mar de los Sargazos. Los pájaros revoloteaban como brújulas aladas indicando probables tierras.

Los reyes habían determinado un premio de diez mil maravedíes anuales vitalicios para quien avistase por vez primera la nueva tierra, una suma inmensa para aquellos tiempos. A las dos de la madrugada del viernes 12 de octubre, Rodrigo de Triana, lanzó un alarido que resonaría por siglos en la bóveda celeste: ¡Tierra! Pero el pobre marinero jamás recibiría premio alguno, pues Colón aseguró que él había divisado aquel horizonte la noche anterior, cuando advirtió unas luces en la lejanía oscura y embolsó los maravedíes que parece ser fueron derivados a Beatriz de Harana, la amante cordobesa.

Rodrigo de Triana no superó la humillación. Su grito que había conmovido hasta las lágrimas a sus compañeros, se perdió como un eco inservible. Se comentó que Rodrigo se colgó de un mástil o arrojó al mar o emborrachó hasta morir o, finalmente, hay quienes sugieren que adoptó la fe de los moros y murió combatiendo por esas banderas.

Repentinamente millones de seres humanos comprenderían que había otros millones de seres humanos en otras latitudes siempre supuestas y sospechadas, pero nunca afirmadas apoyando el pie y el estandarte. Colón persistió en su idea oriental. Escuchó de los nativos *cubanacán,* que para los isleños era centro, ciudad, o *huracán,* asociado con el dios Hurakán o Huragán, el dios del cielo, el más furioso de los vientos, pero para él resonaban como Khan, Gran Khan: el encuentro con su peculiar geografía.

Unos nativos se llamaban a sí mismos *caniba* y otros *carib.* Su significado se supo era hombre valientes, hombres fuertes. Más tarde, los españoles les endilgaron la costumbre de alimentarse con carne humana y la palabra caníbal entró al idioma por apetitos insufribles. Pero para Colón otra vez sonaron con reminiscencias del Khan.

Colón se empecinó en los laberintos que las islas caribeñas ofrecían a su paso, tocó el norte de Colombia y Venezuela, pero jamás cruzó la línea del Ecuador. Buscó por el norte. Vespucio fue al sur. Magallanes también. Las civilizaciones avanzadas, que los españoles habrían de encontrar luego en sus incesantes exploraciones, no sabían nada de navegar mar abierto. Era gente de llanura o de montañas o de selvas intrincadas. Paradojas: el máximo personaje de España, el longilíneo Quijote, fue también hombre de planicie; nada que ver con los océanos. Quizá porque a Cervantes le costó muy caro ser marino.

En Valladolid, la familia Colón tenía una casa. Cerca nacería el imaginado Don Quijote. Allí murió Colón el 20 de mayo de 1506, tenía 55 años. Donde murió Colón, nació Quijote.

Junto a su lecho velaban sus hijos Diego y Fernando y sus hermanos Bartolomé y Diego. La primera historia oficial de las Indias fue escrita por Fernández Oviedo en 1533, cuarenta años después de la travesía.

Colón fue olvidado por dos siglos. Durante todo ese tiempo no hubo una sola biografía del almirante en lengua española. Sus hijos murieron. Su nieto, Luis, renunció a sus derechos hereditarios a cambio del título duque de Veragua y una renta. Pero dilapidó todo: papeles, fortuna, memorias. Le quedó el título de almirante que aún hoy ostenta algún descendiente lejano: Almirante del Mar Océano. Su féretro viajó a Cuba, regresó a Sevilla, muchos dudan de su actual lugar de descanso, aunque hay quienes insisten que está en Valladolid.

Sería bueno que Colón estuviese aposentado en el Cielo. Desde allí podría ver en toda su inmensidad el continente que se rehusó a reconocer, la inmensa masa de tierra que creyó las Indias, el otro océano, la redondez definitiva de la Tierra que él intuyó con denuedo y se ampliarían desorbitados sus ojos al ver que el globo que él creía casi todo tierra, gira sobre su eje, rota como los días y las noches y viaja como una nave redonda, alrededor del Sol que da abrigo o invierno a su cara iluminada.

Vocabulario del poder y otras mañas

Vocabulario del poder

Hay muchas palabras del idioma castellano que tienen orígenes y definiciones complejas. Y sorprendentes. Y relacionadas.

Por ejemplo, *aduana*, del árabe, *ad-diwana,* el registro. Oficina pública establecida en las costas y fronteras, para registrar en el tráfico internacional, los géneros y mercaderías que se importan o exportan para cobrar derechos.

La antigua germanía (del latín, *germanus*, hermano), era una jerga peculiar de ladrones y rufianes que usaban voces del idioma español con significación distinta de la genuina, provenientes de otros vocablos de origen diverso. Pues bien, en aquella jerga, aduana era un lugar donde los ladrones juntaban cosas hurtadas y también, casa de mujeres públicas.

El lenguaje de la germanía de desarrolla en los siglos XVI y XVII y pasa a ser uno de los aspectos notables del idioma y literatura del Siglo de Oro. María Inés Chamorro Fernández, que publicó en Barcelona, España, *Tesoro de Villanos. Diccionario de la Germanía*, define esa forma de expresión como la lengua de la jacarandana (junta de rufianes o ladrones). Éstos son otros ejemplos: carcaveras (prostitutas), floraineros (tramposos) y otras gentes de la carda (de la misma condición); galloferos (holgazanes y vagabundos), hormiguear (hurtar cosas de poco valor), mandiles (criados de los rufianes), murcios (ladrones), rufos (que hacen tráfico de mujeres), viltrotonas (callejeras), zurrapas (viles y despreciables).

Por su parte, *afanar* que en el lunfardo es robar, hurtar, quedarse con lo ajeno, viene del español, tomar o retener cosa ajena, no dar el peso cabal. Pero también es entregarse al trabajo con entusiasmo y preocupación. Suele ocurrir que mientras la gran mayoría se afana, una despreciable minoría, afana. Y lo que es peor, lo hacen ufanos, con arrogancia y presuntuosidad. Jamás se preocupan por sus *prontuarios*, porque el *promptuarium*, es una despensa donde guardar lo que sea. Aunque se sospecha lo que guardan, nunca se les revisa la despensa ni se les confecciona el otro prontuario bien merecido que tienen. Estos personajes no tienen ahíto, padecimiento de indigestión o embarazo de estómago, cuando acometen sus imperdonables acciones. Ahoguío, de ahogo, es opresión y fatiga en el pecho que impide respirar con libertad. Esa opresión sólo la sienten, muy excepcionalmente, en las muñecas cuando los esposan.

Otros, ni se inmutan. Y llegan a hacer grandes *alharacas*, del árabe, *al-haraka*, el movimiento, extraordinaria demostración o expresión con que, por ligero motivo, se manifiesta la vehemencia de algún sentimiento, ira, queja, admiración, alegría. En los casos del párrafo anterior, alardean de lo ajeno. Los ayudan reglamentos, leyes, ordenanzas intrincadas, ignotas e incumplibles que ellos mismos legislan plenos de *ambages*. Del latín, *amb*, alrededor y *agere*, llevar, mover. O sea, rodeos, caminos intrincados, laberínticos, senderos complejos y por extensión, rodeos de palabras, circunloquios provocados por afectación, temor o negativa a explicar clara y prontamente alguna cosa. Un ambagioso/sa es una persona llena de ambigüedades, sutilezas o equívocos.

Y precisamente, ahora es bueno saber qué son los *escrúpulos*. Una vieja medida de peso equivalente a 24 gramos o 1198 miligramos. Del latín, *scrupulus*, piedrecilla, vino a extenderse a la duda o recelo que preocupa a la conciencia, inquieta el ánimo y perturba la toma de una decisión que se considera inapropiada. También es la marcada inclinación por hacer bien las cosas, cumplir con el deber. O sea que los escrúpulos están allí para alertar sobre un proceder quizás erróneo o alentar una conducta proclive al bien.

Pero, sorpresa, también es una piedrecilla metida dentro del zapato que, como bien se sabe, produce terribles molestias, desánimo, angustias y dolores hasta que uno se saca el botín y arroja lo más lejos posible al escrúpulo intruso. Que es lo que habitualmente hacen los dirigentes cuando se topan con sus molestas conciencias que vienen a poner las chinas en sus elegantes y lustrosos calzados o por mejor decir, dudas perturbadoras ante el próximo desatino a cometer.

Para abundancia de ejemplos: *peculio* es la hacienda o caudal que el padre o señor permitía al hijo para su uso. Dinero que tiene cada uno. Peculiar es lo propio o privativo de cada persona y no tiene relación con lo material. *Peculado* es el delito que consiste en el hurto de caudales del erario cometido por aquel que tiene a su cargo la administración.

Prevaricato es cuando los funcionarios públicos, a sabiendas o por ignorancia inexcusable, dictan o proponen medidas de manifiesta injusticia. Cuando de manera análoga se falta a los deberes del cargo. La palabreja se originó en el latín *andar torcido*, pues se aplicaba a quienes araban la tierra en surcos no derechos y luego a quienes daban respuestas retorcidas en las disputas legales. Prevaricar es sin duda andar y proceder retorcidamente.

En estos días lo más peculiar es el peculado y el prevaricato que muchos cometen por pecunia. Sin vergüenza y sin pena. No son bueyes ni ovejas: son chanchos, cuervos y buitres.

La *caloña* era una pena pecuniaria que se imponía por ciertos delitos o faltas. Los municipios de algunas provincias de España debían oblar caloña cuando aparecía un cadáver en la vía pública resultado de un acto violento y los guardias civiles no eran capaces de encontrar al homicida. Los representantes de la ley, aturdidos ante la posibilidad de tener que pagar tributo, alzaban el cuerpo, lo transportaban y arrojaban a un municipio vecino. Acto que pasó a conocerse como *echar el muerto* y recogido por el tiempo como forma de desembarazarse de un problema y endilgárselo a otro. Allí nació *cargar el muerto,* hacerse cargo de delitos, penurias o cargas ajenas. Nuestro lunfardo tiene *ir muerto* por fracasar y *tirarse a muerto* por ir a menos.

La expresión eminencia gris se ha usado desde antiguo para definir a alguien influyente y decisivo detrás del trono o sillones poderosos. Los ingenuos pudimos haber supuesto que se refería la materia gris, pero luego descubrimos que ésa era materia escasa y casi en extinción en esos arrabales.

El cardenal Richelieu, primer ministro de Luis XIII de Francia, era llamado eminencia roja por sus atuendos cardenalicios. La historia cuenta que atrás, al lado, abajo y a los costados de Richelieu corría presuroso, atento y servicial, el padre José, cuyo nombre era François de Tremblay. El sacerdote entró a los Capuchinos en 1599 y en 1612 conoció al todopoderoso Richelieu, convirtiéndose en su secretario privado. Lenta y ardorosamente fue adquiriendo poder, influencias y designios. Pero sus atavíos no eran púrpuras sino modestamente grises. Y por ellos se lo llamó *eminencia gris*. Pura ropa cuyo hábito hizo al monje.

Ya se sabe que el Congreso es cosa seria. Ámbito del Poder Legislativo, creador de las leyes; *congressus,* caminar juntos, reunirse. Nuestro idioma envuelve el concepto con palabras resonantes de prestigio, honorable, excelentísimo, con sesiones bajo cúpulas fastuosas. Pero, tropiezos infamantes, la segunda acepción de congreso es *cópula carnal*.

¡Qué atrocidad! Ahora se comprende qué lugar ocupa el pueblo en la cópula. Porque el pueblo no es inviolable. Los legisladores dicen que ellos sí. La mentada inviolabilidad era una prerrogativa personal del monarca. La prerrogativa parlamentaria personal de los senadores y diputados es la que los exime de responsabilidad por las manifestaciones que expresen y los votos que emitan en el respectivo cuerpo colegiado. Estas últimas palabras son clave para entender lo que habitualmente no ocurre: los legisladores creen que su prerrogativa los acompaña a todas partes, incluso cuando cometen algún pecado, venial o mortal, algún delito, trapisonda o incorporan a sus bolsillos algo más que honores.

Los *fueros* tienen otra historia. La palabra es de origen latino, *forum*, tribunal. Significa en nuestro idioma, jurisdicción; compilaciones de leyes; lugar donde se hace justicia. Y varias otras acepciones relacionadas con la administración de justicia. Por ningún lado se descubre en el idioma que sea una coraza de protección para legisladores o ministros, pero claro, en la acepción sexta, dice: "Arrogancia, presunción, vanagloria". Ahora sí.

Es como si el árbitro de fútbol, cuyos fallos no tienen apelación posible durante el juego, decidiera que esa prerrogativa profesional se extiende a todos sus actos privados. Imaginen a este ser, ahora omnímodo, en su vida de relación cotidiana dictaminando, a cada paso, lo que está fuera o dentro del reglamento, amonestando o expulsando. Sería el sueño mayor de don Pito.

Es más fácil imaginar a los legisladores suponiendo que ellos pueden violar leyes mínimas, medianas o fundamentales de su vida personal, patrimonial o moral, amparados por los paraguas, guantes y capas de amianto que han sabido otorgarse para evitar quemarse en sus propias hogueras de vanidades. Y extender sus amparos en inextinguibles jubilaciones de privilegio.

George Orwell (1903-1950), autor de *Rebelión en la granja* y *1984*, dictaminó: "El lenguaje político está diseñado para que las mentiras parezcan verdades, algunos crímenes, actos respetables y dar aires de solidez al puro viento" (*Política y lenguaje*).

"¿Te jactas de tu malicia, hombre prepotente y sin piedad? Estás todo el día tramando maldades, tu lengua es como navaja afilada y no haces más que engañar" (Salmo 52, "Invectiva contra los prepotentes", *Antiguo Testamento*).

La *palinodia* es retractación pública de algo que se había dicho. *Cantar la palinodia* significa además de retractación, reconocimiento del yerro propio.

¿Alguien ha escuchado palinodias en nuestras sociedades?

Lo que se suele escuchar reiteradas veces son dobles o triples discursos o disparates sin retractación porque, como se sabe, los supremos nunca se equivocan, nunca se arrepienten.

En cambio pronuncian sin ambages *yo no dije lo que se dice que dije; fui sacado de contexto; la culpa es de otro; la herencia recibida; hasta las últimas consecuencias; la gente me felicita por la calle; es un complot en mi contra; creo en la justicia.*

Blablabla es la onomatopeya para imitar al que mucho habla y poco dice. En la lengua española se reconoce con la expresión *bable* al dialecto de los asturianos. Baladrar es dar baladros, gritos, alaridos o voces de espanto. Baladrón es un fanfarrón y hablador, decididamente cobarde, pero que alardea de valiente. Una baladronada es un hecho o dicho propio de baladrones.

Parlar, del latín, *parabolare,* de *parabola,* es hablar mucho, con soltura y sin sustancia. Revelar y decir lo que se debe callar. Parlador es el que habla mucho. Y por su puesto, *Parlamento*, asamblea de los grandes del reino. La Cámara de los Lores y de los Comunes en Inglaterra. Por extensión, se usa para las asambleas legislativas.

Parlamentar es conversar unos con otros, aunque ya se sabe que en las asambleas y congresos, mientras uno habla lo que otro ha escrito, el resto dormita, habla por teléfono, ríe, conversa, mira al techo. Y luego vota.

Parlanchín es quien habla mucho y parlero el que lleva chismes o cuentos.

Parábola es la narración de un suceso con una enseñanza moral, fábula. Parabolano el que usa parábolas o ficciones y quien inventa noticias falsas o exageradas.

Un gárrulo es una persona que habla mucho, charlatana. Aunque también se aplica al ave que canta, gorjea, chirría y a las cosas que producen sonidos continuos como el viento, las aguas del arroyo o del mar.

Otra expresión que se ha hecho fama triste es *ñoqui* para definir a los que estando registrados en las nóminas de personal de oficinas públicas, sólo van a cobrar. Pero el español tiene una palabra más dura y sonora que la italiana: *chupóptero,* personas que gozan de sueldos sin desempeñar tarea alguna. Aun más, se los llama *enchufistas*, porque disfrutan de varias sinecuras (empleos que requieren poco o ningún trabajo). Son una ilusión laboral, pero cobran en efectivo. Y ocupan centenares de páginas de los presupuestos nacionales, provinciales y municipales de toda laya.

Desde tiempos añejos y extraños, brujos y brujas suelen reunirse en ruidosas asambleas. Se las llama *aquelarre*, del vasco *aquer*, cabrón *y larre,* prado: prado del cabrón. Asamblea o reunión masiva sostenida durante la noche por brujos y brujas bajo la dirección del propio demonio, generalmente representado por un macho cabrío o cabrón.

En esas ceremonias fantasmales se practicaban los ritos correspondientes a esos personajes oscuros y temibles.

Hoy se da ese nombre a reuniones menos fantasmales aunque complejas en su método y oscuras en sus resultados. Algunos cuerpos colegiados, cuando concluye el año, tratan y aprueban cientos de proyectos de toda laya a toda carrera, sin que nadie conozca bien los objetivos y menos los fundamentos. Esas sesiones son aquelarres y en sus horripilantes vericuetos suelen colarse notables disparates jurídicos, homenajes insufribles y declaraciones de interés estatal dignas del llanto popular.

Para poder llevar adelante muchos de sus menesteres, los poderosos usan la *sanata*. Forma de hablar de compleja estructura, porque usando muchas palabras, se dice nada. Uno de los grandes cultores de la sanata fue el inmenso actor cómico argentino, Fidel Pintos, que en monólogos memorables describía situaciones, asuntos, temas, problemas, soluciones, sin que nadie entendiera una palabra de las cataratas que pronunciaba. No ha habido cómico que haya podido repetir aquella especialidad. Aunque en algunas declaraciones pomposas de políticos diversos, aparece la sombra de la sanata, pero sin gracia alguna. La palabra *jinete* deriva del árabe *zanata,* nombre de una tribu berberisca, famosa por su destreza en la equitación. Pero jineteada también es el acto de vanidad o jactancia impropio del que lo ejecuta. Y así se ganó un espacio en estos textos.

También se llama sanata a las conversaciones ficticias que los extras desarrollan, sin hablar, en segundos planos del teatro, el cine o la televisión, simulando estar manteniendo discusiones livianas.

José Gobello en su *Diccionario lunfardo*, afirma que el origen de sanata es la expresión italiana *zannata*, lenguaje típico de los *zanni,* payasos.

Ahora se entiende mejor. Todos los casos y renglones anteriores se entienden mejor.

Ampuloso es hinchado o redundante. Proviene de *ampulla,* expresión hinchada. Porque la ampolla es una vejiga formada por la elevación de la epidermis. Burbuja que se va formando en el agua cuando hierve o cuando llueve con fuerza. También es una vasija de vidrio o cristal de cuello largo y angosto, pero de cuerpo ancho y redondo. En todo caso, siempre hinchado. De allí que un refrán español diga: *No soltar la ampolla*, hablar con exceso sin dejar que otros tomen parte en la conversación. ¿Algún conocido?

La palabra *bambolla* es pariente cercana. Significa burbuja, ampolla, vejiga. Cosa fofa, abultada, de poco valor. Boato, fausto u ostentación excesiva, más apariencia que realidad. ¿Algunos conocidos? La palabra bambolla tiene origen onomatopéyico, *bamb,* el ruidito que hace una ampolla, vejiga o burbuja al reventar. Por eso, es mejor no hacer bambolla. Revienta.

En estos centros de discusión empingorotados, integrados por personas de elevada posición ventajosa y que se engríen por ello, suelen escucharse algunas palabrejas que sus pronunciadores suponen, indica muy alta jerarquía. Por ejemplo, *estamento.* Que en realidad significaba en la Corona de Aragón, cada uno de los estados que concurrían a las Cortes: el eclesiástico, el de la nobleza, el de los caballeros y el de las universidades. También cada uno de los dos cuerpos colegiados, los próceres y los procuradores del reino.

Bueno, ahora búsquese en los modernos centros del poder deliberativo algunos representantes de esos estamentos del Estado. Parece exagerado. O inútil.

Sucede que no aparece la *eubolia,* del griego buen consejo, virtud que ayuda a hablar convenientemente y pertenece a la prudencia. La prudencia es una de las cuatro virtudes cardinales que consiste en discernir y distinguir lo que es bueno o malo para seguir o huir de ello. Es templanza, moderación, buen juicio, circunspección, precaución. Lo habitual, sin embargo, en los centros de discusión colegiada o la pantalla pequeña es el gazafatón o gazapatón, disparate o yerro en el hablar. Expresión malsonante. Poca prudencia y mucha blableta. O el gazapo que es mentira, embuste o error en el que escribe o habla.

Veamos ahora *untar.* Aplicar y extender superficialmente aceite u otra materia pingüe (grasa gorda, mantecosa) sobre una cosa. La un-

tada es una rebanada de pan con tocino, manteca y otras menudencias. Y así, untando, untando, se va llegando a corromper o sobornar
con dones o dineros. Untar también es quedarse con algo de las cosas
que se manejan, por ejemplo, dinero, valores, instituciones, dignidad
de las personas, valores espirituales y otras jerarquías. Los mexicanos
van al punto y llaman *unto de México* o *unto de rana,* simplemente al
dinero que se emplea en el soborno. A la vuelta de unas páginas anda *coima*, del árabe *quwaima,* muchacha, manceba. Guardacoimas era
el dueño de la casa pública de prostitución. Deriva de *qima*, que significa precio y ahora se torna familiar. El coime, *qa'im*, es el que se
encarga de algo, el que cuida el garito y presta con usura a los jugadores. Coimero es el que cuida el garito.

Con curiosa puntería, la Real Academia define *coima* como expresión típica de Argentina y Chile (aunque hoy se ha extendido rastre-
ramente por el mapa), a la gratificación o dádiva, pago oscuro con que
se soborna a un funcionario o persona influyente. Suena conocido, te-
rritorialmente practicado, y no es pura coincidencia.

Presidente

Que preside. Cabeza o superior de un consejo, tribunal, junta o
sociedad y en las repúblicas, el jefe electivo del Estado, normalmen-
te, por un período fijo. Por alguna fina ironía de la lengua española,
las palabras presidencia, presidencial, presidencialismo, presidencia-
lista y presidente, se encuentran entre presidiario y presidiable (que
merece estar preso). Quizá la Academia intuía que algunos podrían
ser sinónimos o vecinos o condóminos.

Mano de Dios

Extraña afirmación del ídolo del fútbol, Diego Maradona, luego
de marcarle un gol a la Selección Inglesa durante el Campeonato
Mundial de 1986, usando su puño izquierdo. El paso del tiempo y
las repeticiones televisivas, demostraron que efectivamente el héroe

deportivo, endiosado por admiradores y periodistas, había marcado un gol ilegítimo. Maradona contestó ante los requerimientos inquisitivos que el gol había sido conquistado con la mano de Dios, o sea de él. Bueno es recordar que el notable relator Víctor Hugo Morales en su informe radial instantáneo, anunció entre los gritos enloquecidos de los que miraban por televisión que el gol había sido con la mano. Los periodistas que miraban televisión le aseguraron que había sido con la cabeza. Morales lo supo en el momento. Y pareció un aguafiestas. Pero tenía razón. Llevó un tiempo aceptar la verdad. Pero entonces se celebró que la trampa era una fiesta.

Hoy se usa la expresión en español aún en otros idiomas, particularmente por parte de los relatores ingleses, para ironizar sobre conquistas logradas con las extremidades superiores que sólo pueden ser usadas por los arqueros y en las áreas y aun más, para calificar despectivamente toda acción incorrecta e ilícita.

La Real Academia Española no ha reconocido la frase como aceptable, pero sí figura *el dedo de Dios*, como omnipotencia divina, manifestada en sucesos extraordinarios.

Si Maradona hubiese conocido esta expresión, la habría usado sin duda para entonces conquistar aquel gol con el "dedo de Dios" y la complicidad o ceguera del árbitro.

Ese mismo día, en ese mismo partido, Maradona conquistó lo que se considera el más bello gol legítimo de toda la historia de los mundiales, esquivando rivales como si él fuese una sombra inatrapable, corriendo con una pelota invisible atada a su pie desde la mitad del campo de juego hasta depositarla en el arco rival. Se asegura que los aficionados argentinos perdieron sus voces por los gritos, los ingleses se miraban sin comprender y la pelota se encendió hinchada de emoción y se negó durante largos minutos a salir del arco donde la había depositado la *zurda de dios*. Con perdón y con minúscula. Pero, bueno...

En setiembre del año 2003, la BBC (British Broadcasting Corporation) la mayor organización de noticias del Reino Unido, de gran prestigio internacional, organizó una votación entre los seguidores de sus páginas electrónicas para elegir mundialmente el mejor gol de todos los tiempos. El de Maradona fue elegido por el 70% de los votantes que emitieron su decisión desde los más lejanos rincones del planeta a través de Internet. El 30% restante se repartió entre más de diez donde cada uno apenas alcanzó cifras de un dígito.

El botón del teclado fue apretado por los participantes con el dedo… de ellos.

O, ¿quién sabe?

Sangre, sudor y lágrimas

Winston Churchill (1874-1965), estadista británico, militar y escritor. Recibió el premio Nobel en Literatura en 1953. Su oratoria era encendida y cautivante. Líder carismático durante la Segunda Guerra Mundial, tan pronto terminó el conflicto, perdió las elecciones. Para los ciudadanos todo había sido muy duro y la gente estaba agotada por el esfuerzo. Una de sus expresiones más conocidas y repetidas en todo el mundo: "No tengo para ofrecer nada más que sangre, sudor y lágrimas". Lo curioso es que en su mensaje inaugural, al asumir como primer ministro el 13 de mayo de 1940, la oración completa había sido: "No tengo para ofrecer nada más que sangre, *esfuerzo laborioso*, lágrimas y sudor" (*I have nothing to offer but blood,* toil*, tears and sweat"*).

Por alguna misteriosa razón, no sólo se alteró el orden sino que el esfuerzo laborioso fue dejado de lado. La palabra *toil* tiene muchos sinónimos, pero todos se relacionan con el trabajo, el sacrificio físico, la tarea agobiante y hasta esclavizante.

No ha quedado en claro si Churchill había conocido la dolorosa reflexión de Giuseppe Garibaldi (1807-1882), soldado y patriota italiano, nacido en Francia. En 1835 marchó al Río de la Plata donde participó en luchas intestinas y regresó a Italia donde combatió por Cerdeña contra Austria en 1848. Más tarde pidió asilo en Estados Unidos para retornar a Italia en 1851. En 1874, luego de una vida de luchas constantes, fue elegido miembro del Parlamento italiano. Cuando luchaba en la defensa de Roma sitiada por los franceses, clamó: *"Sólo nos queda fatiga, sangre, sudor y lágrimas".*

En algún lugar se borró "trabajo o esfuerzo o fatiga". Quizá porque el sudor no es grave, las lágrimas salen fácil y la sangre siempre era de otros.

De trabajo y fatiga, mejor no hablemos.

Bancocracia

Palabreja de la lengua española. Influjo excesivo y abusivo de la banca en la administración de un Estado. ¿A quién se le pudo ocurrir semejante idea?

Monipodio

Convenio de personas que se asocian y confabulan para fines ilícitos. Circunstancia delictiva muy conocida también llamada asociación ilícita. Conocida, pero casi siempre impune.

La palabra proviene de monopolio, el aprovechamiento exclusivo de alguna industria o comercio que habitualmente se apoya en privilegios o circunstancias muy especiales que benefician a sus practicantes en desmedro —nada menos— que de sus clientes. También conocida, casi siempre impune.

Viático

Especie o dinero que se adelanta a quien va a iniciar un viaje en nombre de persona o empresa. Subvención que se otorga a los diplomáticos en sus traslados.

¿Por qué un capítulo en este libro? Por su historia.

Viático, del latín *viaticum, via*, camino. Era el Sacramento de la Eucaristía que se otorgaba a los moribundos, porque la palabra significa *provisiones para el viaje.*

Se refería a un viaje muy largo. Sin retorno. Aunque para algunos gruesos burócratas, lo que no tiene retorno es el vuelto.

China

Piedra pequeña y a veces redondeada. Juego en que se esconde una piedra en una de las dos manos cerradas para que otra persona adivine dónde está. *Echar china* es una antigua expresión española, usada para contar las copas que alguien bebía en la taberna, aludiendo a la costumbre de echar una china o piedrita en la capilla de la capa y al marcharse, el tabernero contaba y cobraba. Los clientes con muchas chinas difícilmente podían contar y menos, caminar. También se llama china a la raíz medicinal de una hierba del mismo nombre, muy dura, sin olor y de color pardo rojizo.

La porcelana, igual que en otros idiomas, recibe el nombre de china.

Del quechua, *china*, era una india que se dedicaba al servicio doméstico y *chirusa,* una deformación despectiva.

A veces, los escrúpulos son una china en el zapato o algo así. Por lo que se sabe, hay quienes soportan chinas de varios tamaños y formas.

Gallofero

Holgazán, vagabundo, que se da a la briba (holgazanería picaresca) y anda pidiendo limosnas. Gallofear es vivir sin trabajo ni ejercicio alguno. Todo se originó en *gallofa,* del griego, *monda,* y luego del latín, *mundus Ceresis,* cesta en que se llevan a Ceres los panes rituales.

Mondar significa en español, entonces, limpiar, purificar una cosa quitándole lo superfluo o extraño que está mezclado en ella. También quitar la cáscara de las frutas. Además, carraspear o toser para limpiar la garganta antes de hablar o cantar.

Poco a poco, vino a ser expresión vulgar, escarbarse los dientes con palillos o, precisamente, escarbadientes o mondadientes. Hubo tiempos en que ese instrumentito era de oro o plata y cumplía, según la Real Academia, la función de escarbar los dientes y sacar lo que ha quedado entre ellos.

El tiempo, la falta de recursos, el refinamiento, retiraron de circulación los mondadientes valiosos que fueron reemplazados por unos miserables palitos.

La gallofa era la comida que se daba a los pobres que peregrinaban desde Francia a Santiago de Compostela pidiendo limosna.

Chamullar

Palabreja que encierra algo indefinible, hablar con arte para seducir, engañar, conquistar, convencer. Parece lunfardo y lo es. Pero su origen es gitano puro, caló, simplemente hablar. Pero con la gracia, el misterio y seducción de la gitanería pura.

Sainete

Pieza dramática, jocosa, de carácter popular. Pero eso no es todo. Sainete viene de *sain* y éste de *saginum*, grosura animal, y por tanto, es grasa de la sardina que se usa como aceite. Manchas de grasa que con el uso suelen mostrar telas o sombreros. Pedacito de gordura que los halconeros daban al halcón cuando lo cobraban. Salsa que se pone a ciertos manjares. Lo que aviva y realza el mérito de una cosa. Adorno de los vestidos.

Sainetear es por lo tanto representar sainetes y dar gusto con sabores delicados.

De *sain*, también desciende saíno, cachorro de jabalí.

Un sainete.

Por eso los argentinos han creado una acepción propia: situación ridícula, acontecimiento grotesco. Y lo peor es que se aplica todo el tiempo.

Vanidades

John Bunyan (1628-1688) fue un escritor inglés de vida aventurera. Primero soldado, luego predicador bautista y escritor con pasión combativa. En 1660 fue detenido por predicar sin autorización y pasó doce años en prisión. Aprovechó el tiempo para redactar su autobiografía y otros libros. Luego liberado y nuevamente encarcelado, redactó *Avance de los peregrinos desde este mundo al mundo por venir,* una alegoría del viaje de la Cristiandad desde la Ciudad de la Destrucción a la Ciudad Celestial. En este periplo pasa por las montañas deliciosas, el país de los cristianos, el jardín del diablo, el castillo de la duda, el valle de las humillaciones, las sombras de los muertos y la feria de vanidades.

El país de los cristianos estaba en ruinas. Había sido el hogar del gigante Desesperación y su mujer Timidez. Desde su inmenso castillo dominaban todos los contornos y para llegar a la ciudad celestial debían ser superados los obstáculos que la pareja creaba a los viajeros. Los que no lograban escapar eran arrojados a mazmorras (del árabe *matmura*, sima, calabozo), donde eran apaleados y hambreados. El gigante quería reducir a los viajeros a condiciones tan miserables que despreciaran su propia vida. Finalmente, el hombrón fue matado por un ejército que destruyó el castillo y fijó la cabeza del jayán junto a un cartel de advertencia.

En *Feria de las vanidades,* Bunyan dibuja un lugar de encuentro popular en la ciudad de Vanidad establecido por tres personajes siniestros. Apollion, del griego *Abadón* y éste del hebrero, *Avadolon,* ángel de las profundidades. Belcebú, príncipe de los demonios, del fenicio *ba´al zebul,* dios de las moscas, porque su estatua estaba cubierta de sangre que atraía a los insectos. Y Legión, extraño personaje mencionado en *San Marcos (5:9)* significando espíritu impuro.

Esta tenebrosa feria fundada por estos tres horrorosos, funcionaba todo el año. Allí se vendían casas, tierras, países, reinos, títulos, lujuria, placeres y delicias. Un mercado monstruoso de fastos, pompas vanas, ornatos, lujos y ostentaciones.

El título fue luego adoptado por William Makepeace Thackeray (1811-1863), escritor inglés. Vivió un tiempo en Paría y al regresar a Londres, su mujer enfermó y perdió la razón. Para pagar los gastos de internación de su esposa y atención de las hijas, trabajaba en una revista donde escribía artículos satíricos con ácidos comentarios sobre la vida social, parodias y ficciones sentimentales. De allí surgió su *Libro de los snobs* de gran éxito y luego su gran novela *Feria de vanidades,* un feroz panorama de la clase media alta, con un descarnado retrato de las debilidades, locuras, afán de exhibicionismo de la naturaleza humana desenfrenada por los oropeles y el afán de tener sin medida.

Parece la trama de nuestros tiempos.

Vicediós

Título honorífico y respetuoso que dan los católicos al Sumo Pontífice como representante de Dios sobre la Tierra. Es poco usada porque hubo tiempos en que se mal usó para designar a reyes u otros personajes excepcionales. Y ya se sabe que algunos personajes poderosos no admiten al *vice.*

Voz del pueblo

"Voz del pueblo, voz de Dios", frase de Alcuino (Flacus, Albinus Alcuinius 735-804), erudito inglés nacido en York. En 780 viajó a Roma y en 782 se afincó en la corte de Carlomagno. Fue difusor de la cultura anglosajona y organizó la educación en el imperio franco. La expresión que pasó a la historia aparece en una carta que Alcuino le escribió al emperador Carlomagno en 800, cuando era la máxima autoridad del imperio romano.

Carlomagno (768-814) unió la mayor parte de la Europa occidental después de treinta años de guerras contra los sajones. Reformó los sistemas legales, judiciales y militares; levantó escuelas y promovió el Cristianismo. Fue protagonista de numerosas leyendas y novelas de caballería. Se dice que Carlomagno contrató a Alcuino para dar impulso a la educación, pero el emperador nunca aprendió a leer.

Lo insólito es la sentencia completa:

"Y les digo a aquellos que dicen que la voz del pueblo es la voz de Dios, que no deberían escuchar esos clamores porque la voz de la multitud siempre está muy cerca de la insania y habitualmente privada de buen juicio".

No será muy simpático, pero así es la historia y los revoltijos que se arman con los sucesos. Eran otros tiempos. Otros hombres. Otras democracias. Otros populismos.

Copro

Prefijo griego que significa excremento. Con él se han formado algunas palabras de interesante presencia. Coprófago: define a algunos animales que se alimentan de excrementos u otras inmundicias. Coprolito: excremento fósil. Coprolalia: tendencia irresistible a proferir obscenidades.

Quizás hayamos encontrado unas palabras más para definir algunas tendencias públicas de gran audiencia.

Cortapicos y callares era una expresión que se usaba con los niños para indicarles que no debían hablar tanto, no ser parlanchines y mucho menos preguntar. Expresión en desuso. Ha sido reemplazada por la televisión y las computadoras.

Cultalatiniparla es una graciosa palabrita hispana formada con las palabras *culto, latín, parla,* latinizadas con tono burlón. Define al lenguaje afectado de los cultiparlistas que son quienes caen en el vicio del culteranismo, sistema de los culteranos o cultos, que consiste en no expresar con naturalidad y sencillez los conceptos. Utilizan en cambio, formas amaneradas, voces peregrinas (extrañas, pocas veces oídas), giros rebuscados y estilo oscuro y afectado. Un cultero/ra y un cultipicaño/ña es culto en el mal sentido, irónicamente.

Latiniparla es el lenguaje de los que emplean voces latinas, cuando hablan o escriben en español.

Pero a no desmayar: la lengua española siempre da revancha: cultura es el resultado o efecto de cultivar los conocimientos humanos y de afinar por medio del ejercicio, las facultades intelectuales de los seres humanos.

Logomaquia es una discusión en la que se atiende más a las palabras que al fondo del asunto. Habrá que elegir.

Trapisonda

Embrollo, enredo. Bulla, riña. Así se llamaba a la agitación del mar formada por olas pequeñas que se cruzan y provocan ruidos que se oyen a distancia. En *Don Quijote de la Mancha,* en el primer capítulo, se lee: "Imaginábase el pobre ya coronado por el valor de su brazo, por lo menos, del imperio de Trapisonda". Se refiere a una de las cuatro partes en que se dividía el imperio griego en 1220: Constantinopla, Tesalónica, Nicea y Trapisonda.

Tropelía

Aceleración confusa y desordenada; atropello o violencia. Hecho violento contrario a las leyes. Vejación, engaño, embaucamiento. O sea, acciones a que habitualmente se ven sometidos los ciudadanos por quienes suponen los representan, dirigen, guían y orientan hacia un futuro mejor. Nuestro lenguaje sabio nos explica además, que tropelía, es el arte de magia que muda las apariencias de las cosas. Ahora sí. ¡Cómo atropellan los tropelistas!

Úbeda

Los cerros de Úbeda es una expresión bien castiza que define andar por sitio remoto, fuera de camino. Por extensión se usa para indicar que alguien está diciendo cosas incongruentes, que divaga o extravía. Úbeda es una región de Jaén, España. La expresión cobró fama en Argentina, cuando en un debate televisivo, el entonces senador por Catamarca, Vicente Saadi, la usó para descalificar al ministro de Relaciones Exteriores, Dante Caputo. La expresión, desconocida en el medio, provocó todo tipo de chanzas, cuando en realidad tenía respaldo idiomático aunque no popular. Ni los analistas ni el propio ministro supieron de qué se trataba.

Cervantes usó la expresión queriendo significar sitio remoto, fuera de camino, dando a entender que alguien está diciendo incongruencias, que divaga. Larga historia tenía el refrán. Poca lectura *El Quijote*.

Heliotropo

Planta de tallo leñoso, de muchas ramas, flores pequeñas, azuladas, originaria del Perú. Se cultiva en jardines por el olor a vainilla de las flores. Del griego, volver al sol, porque ellas giran siempre mirando al sol. Hay una historia de amor tras ese nombre.

Clitia era una doncella amada por el Sol. Éste un día la despreció y se enamoró de Leucótoe. Clitia, despechada, corrió a contarle al padre de Leucótoe las andanzas amorosas de su hijita. El padre enfurecido la castigó ordenándole que nunca más viera al Sol. La pobrecilla se consumió de amor, mustia, lánguida, marchita. Así fue como se transformó en heliotropo, la flor que gira y gira, da vueltas y vueltas, buscando al Sol, su amante perdido.

Luego vino a llamarse heliotropismo al movimiento de los organismos vegetales determinado por el sol, donde también figura el girasol que anda torciendo su rostro hacia donde brilla el astro. Por eso, se llaman girasoles a las personas que buscan acomodarse junto a los poderosos, para estar más calentitos y abrigados. Siempre que aparece un astro del deporte, el espectáculo o el gobierno, brotan los girasoles; unos por admiración, otros por autógrafos, algunos por prebendas, cargos, privilegios y otros para cuidar que no les den con un hacha.

A éstos también se los llama guardaespaldas, aunque en tiempos modernos hayan de proteger asimismo frente, dorso, plantas y azoteas.

Palabras... palabras

Castellano

Indicios arqueológicos prueban que la península ibérica estaba habitada hace muchos miles de años. Situada en el extremo sudoeste de Europa entre dos mares (Mediterráneo y Atlántico), pero separada del continente por la barrera natural de los Pirineos, esa porción de tierra fue durante siglos como una isla. Su posición le otorgaba valor estratégico: estaba separada, pero era entrada al dominio del mar. Sus primeros habitantes fueron los iberos, cuyos orígenes es tema de agrias discusiones. ¿Vinieron del norte de África? ¿Son descendientes de los misteriosos vascos, cuyos orígenes permanecen en las raíces ocultas de la historia? Otras comunidades eran llamadas también iberos, quizá porque se afincaban a las orillas de los ríos, a muchos de los cuales dieron su nombre: *Ebro, Ebero.* O sea ribereños y no por su procedencia. Otros suponen que la expresión iberos, proviene de berberí, beréber o berebere, del árabe *barbari,* bárbaro, natural de Berbería, la raza más antigua y numerosa del África Septentrional.

Los fenicios fueron los primeros que establecieron colonias por el siglo XV antes de Cristo. Fundaron *Gader* (Cádiz), *Malaca* (Málaga) y *Carteya* (Algeciras). Luego en el norte del África, fundaron Cartago, importante ciudad mediterránea. Los cartagineses llegaron a España en el siglo VI y fundaron *Cartago Nova* (Cartagena).

Penetraron la península los celtas que se fusionaron con los iberos dando origen a los celtíberos o celtiberos.

Los griegos habían comenzado su expansión mediterránea y plantaron las semillas de una cultura que sería el fundamento occidental. Los griegos influyeron el idioma con voces propias y a través de latín posterior.

Hasta la llegada de los romanos se hablaban en la península varios idiomas: el vascuence del País Vasco; el ibero en Aragón, Cataluña, Valencia, Murcia y Andalucía; el celta, en Cantabria, Asturias, Galicia, Portugal, Extremadura y Huelva; el celtíbero en el centro y varios dialectos.

Cuando se estableció el dominio romano, se unificó el lenguaje. Los romanos se aposentaron y dominaron España desde 205 antes de Cristo, hasta 414 de nuestra era.

Luego dominaron los godos, pueblo germano (*werr,* guerra; *man,* hombre, guerreros, hombres de guerra).

Los suevos se establecieron en Galicia, Asturias y Cantabria. Los vándalos en Andalucía, Vandalucía, tierra de los vándalos. Los visigodos en Cataluña (*Gothalaunia,* tierra de los godos). De esos tiempos provienen los nombres propios Álvaro, Antón, Benito, Bermudo, Diego, Fernando, Gonzalo, Martín, Pelayo, Pedro, Ramiro, Rodrigo, Sancho, convertidos luego en Álvarez, Antúnez, Benítez, Bermúdez, Diéguez, Fernández, González, Martínez, Peláez, Pérez (*Pere,* en catalán), Ramírez, Rodríguez, Sánchez, que eran los hijos de aquéllos.

En 711 se produce la inmensa invasión árabe por el estrecho de Gibraltar y en ocho años dominaban el reino visigodo. Ocho siglos transcurrieron hasta 1492 en que son expulsados de España. La reconquista había comenzado ya en 718 en Covadonga bajo el impulso de Pelayo.

El idioma se mezcla, funde y amalgama. La lista de vocablos originados en la influencia árabe es inmensa, empezando por casi todas las que comienzan con la sílaba *al.*

Después de 1492, comienza la penetración del lenguaje americano: ananás, batata, cacahuate, cacique, caimán, canoa, carey, chicle, choclo, chocolate, colibrí, cóndor, guanaco, guano, hamaca, huracán, iguana, jaguar, llama, macana, maíz, maní, mate, morocho, poncho, poroto, puma, tabaco, tapera, tomate, tiburón, vicuña, vizcacha, yacaré.

Entre las muchas fuentes, no pueden olvidarse las procedentes de la imitación onomatopéyica: ronronear, tictac, pito, miau, quiquiriquí, cucú, chicharra, tuturutú.

Castellano es el natural de Castilla. Lengua nacional de España. Dialecto románico nacido en Castilla la Vieja, origen del castellano.

Con la hegemonía del reino de Castilla y la unión con Aragón, se hizo lengua nacional de España y así pasó a las colonias y posesiones. Hoy esta región está formada por los territorios de Castilla y León (capital: Valladolid); Castilla La Mancha (capital: Toledo); Cantabria (capital: Santander) y Madrid.

Según una de muchas historias, los pastores de la región conocida como Castilla, antes Bardulia, vivían atemorizados por las constantes incursiones musulmanas. En el siglo VIII, las ovejas iban y venían llevadas por sus cuidadores a esconderse tras senderos tortuosos de la montaña y huir del manotazo invasor. Pero pronto comenzaron a construirse fortificaciones que permitiesen lugares más seguros y permanentes. Los *castillos.*

El refugio sirvió a familias, comerciantes, actores, viajeros y los lugares se hicieron grandes y protectores. En esos conglomerados inicialmente heterogéneos, se aposentaron e hicieron sedentarios. Las familias se constituyeron y comenzaron a hablar un idioma común. Nada era tan importante en aquellos tiempos como comprenderse, unirse, ligarse. Y el idioma nuevo comenzó a ser el lazo común tan fuerte como las tradiciones antiguas. Sonidos, pausas, tonos, giros nuevos. Cadencias distintas.

Estaba naciendo el castellano de los castillos de Castilla.

Los que se encerraron tras murallas, cocinaron una lengua que iríase por los mares oceánicos a poblar los continentes y engalanar nuestros decires con el bello idioma del caminante delgado, del caballero de la triste figura, hijo de La Mancha, don Quijote inmortal, como su lengua.

Los amantes de la lengua española encuentran en el diccionario de la Real Academia, un oasis de frescura y un océano de descubrimientos. Pero ¿quién hace el diccionario? La propia Real Academia Española lo explica. El pleno de los académicos es el órgano encargado de tomar las decisiones que habrá de modificar el cuerpo del diccionario: la adición de nuevos artículos o acepciones, la supresión de artículos o acepciones existentes y la enmienda total o parcial de los artículos. Para desarrollar la tarea, se cuenta con el auxilio de las comisiones de vocabulario científico y técnico, de ciencias humanas, asuntos puramente lexicográficos (el arte de componer léxicos y descubrir y fijar el sentido de cada palabra). El Instituto de Lexicografía prepara los materiales para ser discutidos en el pleno en las comisiones. Los académicos correspondientes realizan propuestas sobre el léxico de la zona donde residen.

Desde 1780 la Real Academia viene desarrollando esta inmensa tarea. En los últimos diez años dos tercios de los artículos registrados en la edición anterior, han sido enmendados. Se han añadido más de once mil nuevas entradas y veinticinco mil nuevas acepciones.

La Academia de la Lengua fue fundada en Madrid en 1713 por Juan Manuel Fernández Pacheco, marqués de Villena y aprobada oficialmente por Felipe V en 1714. Felipe V fue el primer rey de España de la casa de Borbón. Nació en Versalles en 1683 y murió en París en 1746.

La Real Academia en 1847 fijó sus miembros en treinta y seis y su insignia es un crisol al fuego, bajo el lema *Limpia, fija y da esplendor*. En 1978 ingresó la primera mujer académica, Carmen Candel.

En la primera edición se puede leer la siguiente dedicatoria:

"Diccionario de la Lengua Española en que se explica su naturaleza y calidad, los proverbios o refranes y otras cosas convenientes al uso de la lengua, dedicado al Rey nuestro señor Don Felipe V que Dios guarde".

El primer Congreso Internacional de la Lengua Española, se celebró en Zacatecas, México en 1977. El segundo Congreso en Valladolid, España, en octubre de 2001. Organizaron la Real Academia Española y el Instituto Cervantes y colaboraron las veintiuna Academias de la Lengua de Hispanoamérica, Estados Unidos y Filipinas. El próximo en Rosario, Argentina.

En la presentación del Congreso de Valladolid, se decía:

"Desde la conciencia de que el español es patrimonio común de cuantos lo hablan, el Congreso quiere constituir un foro universal de reflexión de toda la comunidad hispanohablante sobre la situación de nuestra lengua en un mundo cada vez más globalizado y sobre las posibilidades y retos que le plantean las nuevas tecnologías".

Los miembros académicos tienen asignados sillones identificados con las letras mayúsculas del abecedario. Cuando el número superó la cantidad de miembros, se apeló además a letras minúsculas.

Ni el orden de las letras ni su condición de mayúsculas o minúsculas significa jerarquía, nivel o rango. Los académicos no han usado la W.

Víctor García de la Concha era su director general al comenzar el siglo XXI.

Entre todos los miembros escribieron un encantador libro: *Al pie de la letra. Geografía del idioma español*, en el que cada miembro de la Real Academia redactó un artículo inspirándose en la letra del sillón que ocupa.

La página de Internet de la Real Academia es http://www.rae.es y la del Instituto Cervantes: hhtp://cvc.cervantesvirtual.es

Oda a España

España de la larga aventura que descifró mares e imperios.
España de la otra guitarra, la desgarrada.
España de los patios,
España de la piedra piadosa de catedrales y santuarios,
España de la hombría y de la caudalosa amistad.
España del coraje.
Podemos olvidarte como olvidamos nuestro propio pasado,
porque inseparablemente estás en nosotros,
en los íntimos hábitos de la sangre.
España madre de ríos y de espadas y de multiplicadas generaciones
*   incesantes.*

(Jorge Luis Borges, 1899-1986. Citado en la *Antología poética sobre el Quijote*, Fundación Cervantina Eulalio Ferrer, México, 1989).

Eñe

Éstas son todas, las únicas, las letras que usaron Borges, García Márquez o Cervantes.

ABCDE
FGHIJ
KLMN
ÑOPQR
STUV
WXYZ

Una menos usó Shakespeare: la eñe. Decimosexta letra del abecedario español y decimatercera de sus consonantes. Representa un sonido de articulación nasal, palatal y sonora. Y los hispanohablantes luchamos por ella como el vestigio fundamental que el idioma global intenta borrar. La eñe es el molino de vientos de los quijotes modernos que cabalgan por los aires de las redes etéreas, lo que quizá requiera más imaginación que la febril del Caballero.

La eñe carga una nubecilla en su lomo. Es el signo de amor a la lengua española, con eñe, claro. Pequeña grande lucha por la gloria del idioma. Con ese abigarrado paquete de letras y nada más que con ellas, se han construido las más grandes hazañas de la cultura humana. Esas figuritas han sido las armas de los grandes pensadores, del amor, de la plegaria, del poeta genial y el anónimo cancionero; de los científicos, los poderosos, los humildes, la educación, la historia.

Sin ella no habría España ni mañana ni niños.

Expresiones - Don Quijote de la Mancha

La genial obra de Cervantes refleja el habla popular de su tiempo, usa modismos, proverbios, menciona decenas de personajes históricos y mitológicos y muchas formas refraneras, algunas de las cuales encuentran su lejano origen en la Biblia y otras son usadas cotidianamente en estos tiempos sin tener noción de origen tan distinguido. Cervantes fue creador ingenioso y seguramente, un recopilador popular de primera magnitud. Y hace siglos que los mortales simples venimos repitiendo sin saberlo frases cervantinas o hispanas de añejo origen.

Éstos son algunos ejemplos:

A *dineros pagados, brazos quebrados:* Sugiere no pagar por adelantado cuando se contrata una obra.

A Dios rogando y con el mazo dando: Bueno por un lado, duro por el otro.

Al buen entendedor, pocas palabras: Pocas palabras para el que escucha y comprende.

Al buen pagador no le duelen prendas: El que va a cumplir, no teme dar garantías.

A mal viento va esa parva: Asunto mal encaminado.

A otro perro con ese hueso: No creer en ciertas promesas y rechazarlas.

Bien predica quien bien vive: Mejor son los actos que las palabras. El ejemplo de los hechos.

Cada uno es hijo de sus obras: Por sus frutos los conoceréis.

Cantarillo que muchas veces va a la fuente o deja el asa o la frente: Tanto va el cántaro a la fuente que al final se rompe. Quien mucho se expone, asume riesgos.

Cuando la cólera sale de madre, no tiene la lengua padre: Quien se enfurece, no sabe lo que dice; pierde razones.

Del dicho al hecho hay gran trecho: No se debe confiar en promesas o apariencias.

De los hombres se hacen los obispos: Los más humildes pueden alcanzar lo más alto.

De noche todos los gatos son pardos: Si no hay claridad es difícil ver defectos.

De punta en blanco: Vestido con su armadura brillante, con todas las galas.

Dime con quién andas, decirte he quién eres: Cómo definen las buenas o malas compañías.

Donde menos se piensa, salta la liebre: Las cosas que menos se esperan, pueden ocurrir.

Duelos y quebrantos: Entrañas de los animales y nombre que se da en España al tocino con huevos fritos. La expresión podría tener su origen en una ironía de Don Quijote, pues los carneros, cabras y ovejas eran los que se despeñaban y caían a hondonadas, matándose. Duelo los pastores que sufrían. Quebrantos: los animales derrumbados. Pero ya que estaban, a la sartén.

El buey suelto bien se lame: La libertad es bien preciado.

El consejo de la mujer es poco y el que no le toma, es loco: Las mujeres

101

son ingeniosas y aconsejan con habilidad; quien no las escucha no está bien de la cabeza.

En los nidos de antaño, no hay pájaros de hogaño: No debe perderse la ocasión, porque es difícil que se repita.

En otras casas cuecen habas y la mía a calderadas: Los defectos no son exclusivos de persona o sociedad alguna.

Espantóse la muerte de la degollada: Hay quienes notan defectos en otros, siendo los suyos mayores.

Gato por liebre: Dar algo de menor calidad que la esperada. Engaño.

Hoy por ti mañana por mí: Ayuda mutua siempre es buena.

Ir con pie de plomo: Cautelosamente, despacio y seguro.

Ir por lana y volver trasquilado: Ir por ganancias y regresar perdidoso.

La diligencia es madre de la buena ventura: El trabajo es madre de la buena suerte.

La ocasión la pintan calva: Debe aprovecharse cualquier oportunidad. La frase completa era *La ocasión la pintan calva y hay que tomarla por la melena.*

Las cañas se vuelven lanzas: Se empieza por juego y se termina en querellas.

Más vale pájaro en mano que buitre volando: Más vale pájaro en mano que cien volando.

Mejor no menear el arroz… aunque se pegue: No hablar de cosas que pueden ofender a los presentes.

Mi memoria es tan mala, que a veces olvido mi propio nombre: La peor de las memorias.

Nadie diga de esta agua no beberé: Nadie está libre de algunos sucesos o de hacer lo que no le guste.

Nadie tienda más la pierna de cuanto fuere larga la sábana: No pretender más de lo posible.

No es la miel para la boca del asno: Ironía para los que se burlan de los entendidos y sabios y celebran a los ignorantes. Como el asno, que prefiere pasto a miel.

No es oro todo lo que reluce: Las apariencias engañan.

No hay más límite que el cielo: Las aspiraciones no reconocen límites.

No hay regla sin excepción: Frase mucho más inteligente y certera que *la excepción prueba la regla*, que con el tiempo se convirtió en la más usada aunque no tenga sentido cabal.

No hay salsa más rica que el hambre: La necesidad aguanta todo.

No quiero perro con cencerro: Cuando se teme lo que trae más perjuicio que ventaja.

No se ha de mentar la soga en casa del ahorcado: No hablar de cosas que a otros molestan o provoquen.

Nunca segundas partes fueron buenas: Repetir no siempre ayuda.

Pagar justos por pecadores: Los inocentes pagan las culpas de los maliciosos.

Quien calla otorga: El que no contradice cuando es tiempo, aprueba.

Quienes juegan con gatos, deben esperar rasguños: Quien se arriesga puede perder.

Quien yerra y se enmienda, a Dios se encomienda: Reconocer el error merece perdón.

Saber dónde aprieta el zapato: Conocer falta o defecto ignorados por los demás.

Sacar de las casillas: Alterar a alguien, sacarlo de su tranquilidad, perturbarlo. Quizá derivado del juego de ajedrez u otros de casillas.

Sacar fuerza de flaquezas: Superar las dificultades y las propias debilidades.

Si da el cántaro en la piedra o la piedra en el cántaro, más para el cántaro: La suerte es a veces esquiva. El historiador Emil Ludwig, adjudica a Napoleón, la siguiente expresión referida a la injusticia de su destino cuando comenzó a apagarse su estrella imperial:

"Si la piedra cae contra el jarro… ¡ay del jarro!

Si el jarro cae contra la piedra… ¡ay del jarro!

De una u otra forma… ¡ay del jarro!"

Sobre un huevo pone la gallina: Siempre hay que tener una base para actuar.

Tirar piedras al tejado del vecino, teniendo el suyo de vidrio: No censurar a los demás, cuando existen motivos ciertos para ser uno el criticado.

Una golondrina sola no hace verano: Un caso o ejemplo no establece regla.

Un pecado privado no es tan perjudicial al mundo como una indecencia pública: Las acciones privadas no debieran afectar a los demás como los actos públicos reprobables.

Venir al pelo: A tiempo. Justamente.

Venir como anillo al dedo: Dicho o hecho en el momento preciso. Viene muy bien.

Véase cómo desde hace siglos los hispanohablantes somos expertos cervantinos.

Fama

Noticia o voz común de una cosa. Opinión que las gentes tienen de una persona. La voz pública. Aunque se dice que la fama es puro cuento, más que cuento es una historia, pues se trata de una de las hijas de la Tierra, que tiene muchas bocas y muchos ojos y recorre el mundo con impresionante rapidez. Esta figura de la mitología griega, habita en el centro de la Tierra, en un maravilloso castillo con mil ventanas por donde entran y salen todas las voces. El palacio es de bronce y devuelve todos los dichos, incluso los susurrados, pero amplificados.

Desde allí, Fama vigila todos los ámbitos y vive rodeada del error, la alegría, la credulidad, los rumores, las alabanzas, las críticas, los susurros, las asechanzas, el espionaje, los libelos. Es por ello muy difícil escapar de la Fama. Todos tienen algo de ella y otros no pueden vivir sin ella.

Un famado, es alguien afamado. Famoso es quien tiene fama, tanto buena como mala, pues tanto se usa para sugerir lo bueno e impecable, como para calificar a *ese famoso charlatán, famoso disparate.* Entonces, infame es quien carece de honra o estimación, malo y vil que se ha hecho famoso por ser una porquería, con lo que se da la incongruencia moderna, quizá muy repetida, de ser un infame con fama o ser un famoso infame. Una infamia.

"Me llevó quince años descubrir que yo no tenía ningún talento para la literatura. Pero fue demasiado tarde. Para entonces ya era famoso" (Robert Benchley, 1889-1945, crítico y humorista estadounidense).

Adanismo

Hábito de comenzar una actividad como si nadie la hubiese ejercido con anterioridad. Por ejemplo, ser despedido del Paraíso. Por ejemplo, leer este libro como si se tratara de pequeñas aventuras. El premio podría ser —sólo al final— Eva o el fruto prohibido.

Granaderos

Originalmente, eran miembros de un cuerpo especial de soldados elegidos por su altura, cuya misión era arrojar granadas, un arma explosiva de viejo origen. De allí su nombre. Cuando en el siglo XVIII se dejaron de usar granadas (actividad que se reinició en la Primera Guerra Mundial), el nombre fue conservado para la compañía que agrupaba los hombres más altos y elegantes. Los ingleses mantienen un cuerpo de Granaderos que se distingue por su físico, tradición y disciplina. Y los acompaña una vieja canción tradicional:

> *Algunos cantan a Alejandro*
> *y otros loan a Hércules.*
> *Pero entre todos los héroes del mundo,*
> *ninguno como los bravos Granaderos.*

Cuando Napoleón fue enviado exiliado a la isla de Elba, lo acompañó la selecta guardia de granaderos que había sido su escolta durante toda la campaña europea. La isla situada en el mar Tirreno, cerca de Italia, sirvió como prisión y sus hombres más cercanos dejaron en Francia mujeres e hijos. Cuando Napoleón regresó a Francia para recuperar el poder, sus granaderos continuaban a su lado.

En la Argentina, los Granaderos fueron organizados por el general José de San Martín (1778-1850) e hicieron su bautismo de fuego en la batalla de San Lorenzo. En tiempos modernos, mantienen la tradición y son los encargados de la protección del presidente de la Nación.

En la lengua española, la palabra granadero es sinónimo de persona muy alta.

La granadilla es la flor de la pasionaria, planta originaria de Brasil, cuyo nombre se relaciona con la Pasión de Jesucristo, por la semejanza que pareciera haber entre las diferentes partes de la flor y la cruz de la Pasión.

De granada viene granate, piedra fina cuyo color semeja al de la fruta. También define al color rojo oscuro.

Granadino es el natural de Granada, ciudad de Andalucía, España, en la confluencia de los ríos Darro y Genil, al pie de la Sierra Nevada, corazón de la conquista musulmana entre 1238 y 1492, y último refugio de los moros. La ciudad es dominada por la Alhambra (Palacio Rojo), obra exquisita de la arquitectura, ejemplo magnífico del arte edilicio del Islam, cuya obra capital es la Mezquita de Córdoba terminada en 969, doscientos trece años después del comienzo de las obras.

Granada es, además, fruto del granado, redonda, coronada por un tubo corto con puntas, envuelta en una cáscara rojiza y formada por dientecillos sabrosos. Es comestible, muy apreciada y se empleaba en medicina para las afecciones de la garganta.

Es hoy poco consumida, quizá por miedo a que explote.

Leyenda

Del latín *legenda,* cosas que deben leerse. Historias o actos de la vida de un santo. Legendario, libro de vidas de santos. Colección de libros de leyendas. Perteneciente a las leyendas. Leyenda es la acción de leer. Obra que se lee. Se llamó *leyenda áurea* a la compilación de la vida de santos hecho por Jacobo de Vorágine en el siglo XIII.

Numo, en español, es moneda o dinero; numular es redondo como una moneda y numismática, la ciencia que trata del estudio de las monedas y medallas, especialmente las antiguas. En numismática, leyenda es el letrero que rodea la figura en las monedas o medallas.

Leyendario o legendario es lo relativo o perteneciente a las leyendas. El autor confiesa que la acepción que más le place es "relación de sucesos que tienen más de tradicionales o maravillosos que de históricos o verdaderos". Uno de los motivos más serios del interrogante "Abuelo... ¿es verdad?"

Ejido

Del latín, *exitus,* salida. Campo común de un pueblo, lindante con él, que no se labra y donde suelen reunirse los ganados o establecerse las eras (espacio de tierra limpia y firme). En tiempos medievales, la gente de los pueblos se unía por intereses, lengua, ancestros o lazos comunes. Tan pronto establecían comunidades surgía el señor, el jefe, el patrón, el caballero feudal. Y manos a la obra. Lo primero que se construía eran los muros rodeando el castillo. Para que los de afuera no entraran y los de adentro no se fueran. Murallas, límites, portones, guardianes. Era el principio de la ciudad moderna, del ejido municipal.

O sea, la ciudad era hasta donde se marcaba la salida, *exitus.* Aquellos que lograban huir de los tribunales, de los vigilantes y guardianes, eran por lo tanto *fora exidos,* forajidos. Y los habitantes de las villas, villanos. En aquellas jornadas, los idiomas se formaban de manera caprichosa y muchas veces con presión de los mandones. Forajidos eran entonces los salidos afuera, los facinerosos que andaban fuera de la población huyendo de la justicia. Éxito tiene el mismo origen: haber encontrado una salida a lo habitual, cerrar un negocio favorablemente, ser distinto de los demás y muy aceptado. El inglés usa *exit* como salida.

Negro

Del latín *niger, nigri,* negro. De color totalmente oscuro, como el carbón y, en realidad, falto de todo color como lo define la Real Academia. Dícese del individuo cuya piel es de color negro, lo que en sí mismo es una falsedad, pues no hay pieles negras sino obviamente de otros tonos y colores. También se define con la expresión negro o negra a lo que es oscuro o está oscurecido y deslucido o que ha perdido el color: el cielo, las nubes, aunque, otra vez, jamás están negras y cuando mucho se podría calificarlas de grises o azules oscuros. Se marca con esa palabra muchos objetos o cosas: álamo, ámbar, azúcar, maíz, mercado, mosca, oso, oveja, pato, tabaco, té, mercado y en muchos casos torna al concepto peyorativo.

Desde la terrible trata de esclavos en la América primitiva, la lengua española ha sido injusta, dura y terrible con los negros. Y son muchas las frases hechas que abusan de la expresión peyorativamente:

Boda de negros hace referencia a algo sumamente triste, desventurado.

No somos negros, cuando se trata a alguien desconsideradamente, lo que deja en claro que sería aceptable si se tratase de negros.

Suerte negra, mala suerte.

Sacar lo que el negro del sermón, sacar poco provecho de escuchar o leer algo que no se entiende.

Algunos historiadores calculan que en 1650 ya había en América 380 mil esclavos de piel oscura, tantos como habitantes claros. En 1829, la suma había subido a 6 millones y medio. Como las condiciones del traslado en barco eran espantosas, muchos morían en las inicuas travesías, por lo que se estima que fueron sacados de sus tierras natales más de diez millones de personas. Las nuevas naciones americanas abolieron la trata de esclavos entre 1810 y 1815, pero Brasil siguió hasta 1850 y recién en 1888 abolió la esclavitud y en Estados Unidos en 1863, aunque de ninguna manera esto terminó con el trato discriminatorio.

El mismo encono injusto se descubre con la palabra indio con la que pueden formularse las mismas frases y dichos populares derogatorios.

Y el horrible eufemismo que tiene largas raíces incrustadas en la discriminación contra los negros, que aún hoy se usa: *Se necesita persona de buena presencia*. Originalmente, significaba negros abstenerse. Hoy es una grosería intolerable.

Negrófilo es el enemigo de la esclavitud y trata de negros.

Neguijón es una enfermedad de los dientes que los pone negros. Negrito es un pájaro de Cuba del tamaño de un canario y de canto parecido. Es de color negro con alas y plumas blancas en la punta de las alas.

Poesía

Si el lector carga años, unas decadillas al menos, sentirá reabiertas sus nostalgias cuando discurra las próximas líneas. Si en cambio, es joven y no recuerda haber ojeado por renglones como éstos, se le asegura placer intenso. Y como corresponde a tanta lujuria, sólo por un ratito.

La poesía. ¿No sería bueno descubrir la definición textual de la Real Academia Española?

"Expresión artística de la belleza por medio de la palabra, sujeta a medida y cadencia, de que resulta el verso. Arte de componer obras poéticas. Género de producciones del entendimiento humano, cuyo fin inmediato es expresar lo bello por medio del lenguaje y cada una de las distintas especies o variedades del género. Poesía lírica, épica, dramática, bucólica, religiosa, profana. Fuerza de invención, fogoso arrebato, sorprendente originalidad y osadía, exquisita sensibilidad, elevación o gracia, riqueza y novedad de expresión, encanto indefinible, o sea, conjunto de cualidades que deben caracterizar el fondo de este género de producción del entendimiento humano, independientemente de la forma externa, o sea de la estructura material del lenguaje. Cierto indefinible encanto que en persona, en obras de arte y aun en las cosas de la naturaleza física, halaga y suspende el ánimo, infundiéndole suave y puro deleite".

Ni los poetas reunidos en asamblea hubiesen desarrollado semejante laudatoria, aunque es probable que el redactor original, haya sido uno de ellos.

El Parnaso es un monte de Fócida, morada principal de las musas. Conjunto de todos los poetas. Colección de varios autores.

Hubo una Escuela Poética del Parnaso que floreció en Francia a fines del silgo XIX. La poesía parnasiana se caracteriza por su serenidad y clásica perfección de la forma.

Parnaso tiene su lugar en la mitología griega. Apolo, dios de la luz, personificación del sol, el astro más brillante, dios de la vida, de la belleza, de la armonía e inspirador de los poetas, nació en la Isla de las Codornices, a la que él luego llamó Delos (la brillante).

De joven pareció dirigir sus fuerzas hacia otros senderos ya que atacó y mató a la serpiente Pitón que guardaba en Delfos el oráculo de Temis (Pitón: dragón, demonio, adivino, mago hechicero. Pitonisa era la sacerdotisa de Apolo que daba voz a los oráculos en el templo de Delfos).

A raíz de esta hazaña, se construyó al pie del monte Parnaso un hermoso templo que luego sería el más famoso dedicado al dios. Durante siglos, peregrinos de todo el mundo marchaban hacia el templo para purificarse en la fuente Castalia, rito que terminó siendo propiciatorio para la inspiración poética.

Las musas eran hijas de Zeus y Mnemósine. Vivían en el monte con Apolo y cada una de ellas tenían un deber y una misión:

Calíope, la poesía épica.

Clío, la historia.

Polimnia, la retórica.

Terpsícore, la danza.

Melpómene, la tragedia.

Talía, la comedia.

Urania, la astronomía.

Erato, la lírica.

Euterpe, la música

Nicolás Poussin (1594-1665) fue un pintor que, aunque vivió la mayor parte de su vida en Italia, consagró su obra como representativa del arte francés. Como pintor de Luis XIII tuvo a su cargo la decoración de la Gran Galería del Louvre, dando eminente espacio a la mitología. Uno de sus lienzos, *El Parnaso*, que se exhibe ahora en el Museo del Prado, Madrid, España, presenta con maravilloso balance, figuras y colores, una reunión de poetas consagrados por Apolo que preside la ceremonia coronado por las Musas. La escena muestra veinte personas adultas y siete angelitos o amorcillos (niños desnudos y alados, generalmente portadores de un emblema del amor, flechas, carcaj o carcasa, palomas, rosas y otros símbolos tenues, etéreos, finos, inspiradores). A los pies, la fuente de las purificaciones rituales de Castalia. Algunos de los protagonistas son poetas consagrados que muestran sus obras famosas. Esta pintura, que se exhibe en el Vaticano, se inspiró en un fresco de Rafael Santi o Sanzio (1483-1520), uno de los grandes exponentes del Renacimiento.

Ahora, el Helicón: lugar de donde viene o adonde se va a buscar la inspiración poética. De *Helicon,* monte de Beocia, Tebas, en la antigua Grecia, dedicado a las Musas a quienes se las llamaba Helicónides, porque moraban en ese monte. También Tespíades, porque otra leyenda aseguraba que vivían en Tespias. Sobre la sierra de Beocia se destacan dos hermosos lagos que fueron creados cuando apoyó sus patas delanteras el insigne Pegaso, el fabuloso caballo alado de Belerofonte.

Los bardos, del celta, *bardd* y del latín, *bardus,* eran los poetas de los antiguos celtas. Por extensión, poeta heroico y lírico. Los celtas eran grupos tribales que dominaron Europa durante la Edad de Hierro, desarrollando la cultura *Tene,* nombre de la región cercana al lago Neuchatel, Suiza. Hablaban una lengua indoeuropea. Eran jinetes excepcionales, usaban armas de guerra y se extendieron rápidamente entre los siglos VI y V antes de Cristo, desde el sur de Alemania hasta las islas Británicas, cubriendo Italia, Macedonia, Asia Menor, Francia y España.

Su organización social incluía reyes grupales y sus respetados sacerdotes, los druidas, una clase alta encargada de los rituales que conmemoraban a los dioses. Combinaban funciones sacerdotales, judiciales y políticas. Sus ritos incluían sacrificios humanos y animales y veneración por el roble y el muérdago. Practicaban la adivinación y la astrología. Entre sus creencias tenía lugar destacado aquella según la cual, después de la muerte, el alma se transfería a otro cuerpo. Asumían la educación de los jóvenes y la transmisión de las tradiciones, la cultura, la vida intelectual y los mitos.

Sin embargo, los que tuvieron un papel crucial en el desarrollo y mantenimiento de la cultura celta y su comunicación a las nuevas generaciones, fueron los bardos, los poetas cantores, cuyos instrumentos fundamentales eran la voz y la memoria, pues no escribían sus relatos que sólo sobrevivían de boca en boca, de mente en mente, de memoria en memoria, con las alteraciones, agregados, imperfecciones y frescura que tal sistema implica. Los bardos eran figuras queridas y respetadas que tanto relataban ante reyes como en un rincón humilde, frente a un trago o frente al fuego.

Aún hoy andan algunos trotando calle y bares y hay quienes juran haber conocido un bardo que hizo lo suyo durante veinte años, sin que jamás se le oyera repetir una historia. Memoria prodigiosa, audiencias cambiantes o creativo puro.

Los primeros vestigios escritos aparecen a fines del siglo VI, pero testimonios firmes se reconocen en los alrededores del año 1000. El primer manuscrito de la mitología irlandesa es conocido con el curioso nombre de *Libro de la vaca parda*, porque su autor lo habría estampado sobre el cuero pulido de su vaca.

Los bardos eran respetados por todos, pues eran maestros, profesores de historia y establecían modelos de conducta a imitar. Siempre giraban en torno al héroe, la fortaleza espiritual, la preparación para el combate. Aunque eran sociedades guerreras, como buenos poetas, nunca dejaron de lado el amor, la trascendencia, el alma, la fe. La mayor gloria era morir en combate porque entonces sus espíritus ocuparían lugares jerárquicos en los tronos celestiales.

La sociedad celta tenía fuerte acento matriarcal, pues las mujeres gozaban de privilegios especiales. Podían disponer de un buen número de amantes y ocupar cargos de importancia, al punto que llegaron a tener una reina guerrera, Boadicea, quien alrededor del año 61 de nuestra era, encabezó, dirigió y triunfó en una revuelta contra invasores romanos.

La mitología celta es riquísima y digna de lectura actual. Seres sobrenaturales, animales fantásticos, pasiones incontrolables, sucedidos inexplicables que este libro pondera, cobija, retiene y difunde con particular devoción.

Y hablando de poetas.

Leopold Sedar Senghor, fue un estadista africano nacido en 1906, líder del movimiento panafricano, diputado del Senegal en el Parlamento francés y presidente de la República de Senegal en 1960. Fue uno de los primeros en invocar el concepto de la *negritud* (conjunto de valores culturales y espirituales) para rechazar el proceso que pretendía instaurar Francia de asimilación paulatina. Afirma la personalidad de su raza, sus creencias, su vigor y su presencia ineludible.

Senghor afirmó la herencia africana defendiendo el derecho de sus habitantes a decidir sus propios destinos, gobiernos e intereses. En 1980 se retiró voluntariamente.

Senegal tiene diez millones de habitantes en un territorio de 200 mil kilómetros cuadrados. Está situada al oeste de África y limita con el océano Atlántico, Mauritania al norte, Mali al este, Guinea al sur. Sus principales ciudades son Dakar, la capital, Thies y Kaolak. Más del 90% de la población es musulmana y el francés es su idioma oficial.

¿Por qué tiene Senghor un capítulo en este libro? Porque era poeta. Vocación no profesada (y seguramente despreciada) por la inmensa mayoría de líderes políticos, empresarios o sindicales. Y porque fue el primer negro en ser miembro de la Academia Francesa por su condición de hombre de letras.

Otros países han tenido la fortuna de contar con líderes políticos y presidentes que fueron intelectuales, escritores, poetas y amantes de la cultura.

El más reciente, el dramaturgo checo, Václav Havel, presidente de Checoslovaquia desde 1989 a 1992 y de la República Checa desde 1993 a 2001. Sus obras de teatro con duros ataques al totalitarismo se hicieron muy populares desde Praga, alcanzando reconocimiento internacional. En 1968, la invasión soviética prohibió su producción artística y Havel fue un disidente de peso, arrestado muchas veces y llevado a prisión en dos ocasiones. Alcanzó el más alto nivel en el Foro Civil que forzó al Partido Comunista a compartir el poder y finalmente, el cargo de presidente provisional. En 1990 fue elegido presidente por dos años. Renunció en 1992 cuando se produjo la secesión de Checoslovaquia a la que él se opuso, pero no pudo evitar. En 1993, fue reelegido presidente de la nueva República Checa.

Los argentinos tuvieron a Bartolomé Mitre (1821-1906), estadista, escritor y presidente constitucional en 1862. Escribió *Historia de Belgrano y de la Independencia argentina*, *Historia de San Martín de la emancipación americana*, tradujo la *Divina Comedia* de Dante y fundó el diario *La Nación*.

Lo sucedió en la presidencia del país en 1868, Domingo Faustino Sarmiento (1811-1888), periodista, escritor, autor de *Recuerdos de provincia, Conflictos y armonías de las razas en América, Facundo, Viajes*.

El poeta, escritor y abogado cubano José Martí (1853-1895) fue un intelectual luchador por la libertad de su tierra. Vivió en el exilio, pero vivió para su Patria. Fue asesinado en 1895 al final de la insurrección cubana contra el dominio español. Entre sus escritos figuran *Versos libres*, *Versos sencillos*, *Cartas a mi madre*, *Amor con amor se paga*, *Amistad funesta*.

Los mexicanos tuvieron a José Vasconcelos (1882-1959), nacido en Oaxaca, un escritor, filósofo y sociólogo que incursionó en política y también contra él se alzaron las fuerzas del mal que lo obligaron a exiliarse. Entre sus obras más famosas figuran *Prometeo vencedor*, *La cita*, *Ulises criollo*, *La intelectualidad mexicana*.

Rómulo Gallegos (1884-1969) fue un escritor y político venezolano nacido en Caracas. Fue elegido presidente en 1947 y también debió soportar un golpe militar que le arrebató el poder concedido por el pueblo. Entre sus obras más reconocidas, figuran *El último solar*, *Doña Bárbara*, *Sobre la misma tierra*, *La brizna de paja en el cielo*.

El 7 de febrero de 2003, a los 81 años, murió en México Augusto Monterroso, escritor y poeta guatemalteco, que había nacido en Honduras. Tuvo intensa actividad política en Guatemala y por ella, debió abandonar su país y exiliarse en México durante un largo período. Algunos de sus títulos más conocidos son *La oveja negra y otras fábulas*, *Movimiento perpetuo*, *Lo demás es silencio*, *Pájaros de Hispanoamérica*. Se lo considera el autor del cuento más corto jamás escrito:

"Cuando despertó, el dinosaurio todavía estaba allí".

Escribió en *El paraíso imperfecto*:

"Es cierto —dijo melancólicamente el hombre, sin quitar la vista de las llamas que ardían en la chimenea aquella noche de invierno—; en el Paraíso hay amigos, música, algunos libros, lo único malo de irse al Cielo es que allí el cielo no se ve".

Ahora lo sabe. O quizá se equivocó.

Julio María Sanguinetti Coirolo nació el 6 de enero de 1936 en Montevideo, Uruguay. Fue dos veces presidente de su país, político de fuste, escritor y orador exquisito. Historiador y periodista. Se recibió de abogado en 1961 y ejerció el periodismo juntamente con la práctica legal. Su primera presidencia fue desde 1985 a 1990 y la segunda desde 1995 a 2000. Ha escrito numerosos artículos periodísticos en su país y el extranjero y es autor, entre otros, de los libros *Alcance y aplicaciones de la nueva Constitución*, *La Nación, el nacionalismo y otros ismos*, *El temor y la impaciencia*, *El año 501*, *Un Mundo sin Marx*, *Meditaciones del Milenio*.

Mario Vargas Llosa, mundialmente famoso escritor peruano nacido en 1936, es autor de *La casa verde*, *Conversaciones en la catedral*, *Pantaleón y las visitadoras*, *La guerra del fin del mundo*, *La tía Julia y el escribidor*, *La guerra del chivo*. Disputó la presidencia del Perú contra Alberto Fujimori en 1990, fue derrotado y se marchó de su país. El que fue elegido, huyó después acusado de una larga cadena de corrupciones. Vargas Llosa vive en Europa, es miembro de la Real Academia y escribe todo el tiempo. Fujimori está escondido en Japón y no se sabe que dedique mucho tiempo a la literatura.

Entre los intelectuales y literatos diplomáticos han de mencionarse el chileno Pablo Neruda, los mexicanos Octavio Paz y Carlos Fuentes, el chileno Antonio Skármeta y el argentino Abel Posse.

Dicen los poetas: "Porque mi amor por ti es superior a las palabras, he decidido permanecer en silencio" (Kabbani).

Expresión del poeta sirio Nizar Kabbani, conocido como el poeta del amor y la mujer. Su obra aparece marcada por el suicidio de su hermana de 15 años, que no pudo casarse con el hombre que amaba. Su obra más conocida es *El libro del amor*, donde también puede leerse:

"Mi amada me pregunta: ¿cuál es la diferencia entre el cielo y yo? La diferencia, amor mío, es que cuando ríes, me olvido del cielo".

Kabbani murió en Londres en 1988.

"Habré de amarte hasta que la China se junte con el África. Y los ríos salten sobre las montañas y el salmón cante por las calles. Hasta que el océano sea recogido y puesto a secar colgado en una soga. Y hasta que siete estrellas vuelen por el cielo graznando como gansos" (*Mientras caminaba una tarde*, de Wystan Hugh Auden, 1907-1973, poeta angloamericano).

"Ningún artista se adelanta a su tiempo. El artista es su tiempo. Lo que sucede es que los demás están atrás de los tiempos" (M. Graham).

Martha Graham (1894-1991), bailarina, coreógrafa, profesora y directora, nacida en los Estados Unidos. Uno de las más grandes exponentes de la danza en su país y reconocida mundialmente por la gramática distintiva de los movimientos creados por ella en su obra *Graham Technique (Técnicas de Graham)*.

"El arte es plagio o revolución" (P. Gauguin).

Paul Eugène Henri Gauguin (1848-1903), pintor posimpresionista francés que pasó su infancia en Perú, luego vivió en Francia, más tarde se radicó en Tahití y finalmente, en las islas Marquesas donde murió.

George Gordon Noel Byron (1788-1824), uno de los más grandes poetas ingleses, nació con una pierna defectuosa y desarrolló un espíritu satírico y crítico. Su obra maestra fue *Don Juan*. Thomas Babington Macaulay (1800-1859), historiador y parlamentario inglés, lo definió con esta sentencia: "De la poesía de lord Byron se puede extraer un sistema ético, compuesto de misantropía y voluptuosidad, cuyos dos principales mandamientos eran: odia a tu prójimo y ama a la mujer de tu prójimo".

"Desearía que los jóvenes recordaran mi definición de prosa y poesía. Prosa es la selección de las palabras en su mejor orden. Poesía es las mejores palabras en su mejor orden" (Samuel Taylor Coleridge, 1772-1834, escritor y poeta inglés).

"La poesía es un acto de paz. La paz entra en la creación de poesía como la harina entra en amasar el pan" (Pablo Neruda).

Uno de los grandes dilemas de los poetas ha sido siempre describir el sentimiento del amor en palabras y más aún cuando el amor no es plenamente correspondido. El amor que duele. Trillones se han escrito. Lope Félix de Vega Carpio (1532-1635), poeta español, una de las cumbres de la literatura española, hizo lo suyo:

Amor
Mata con más rigor.
Amor.
Causa de tantos desvelos.
Celos.
Ése es el mal de mi bien.
Desdén.
¿Qué más que todos también
una esperanza perdida,
pues que me quitan la vida,
amor, celos y desdén?

La prosa es la estructura o forma que toma el lenguaje que no está sujeta, como el verso, a medidas y cadencias. La prosa, como forma artística está sometida también a leyes que regulan su acertado empleo. El poeta español José Hierro aseguró que la prosa es más rica en información que en sugerencia. Importa más por sus denotaciones que por sus connotaciones (que en la poesía se manifiestan por alusiones, ritmos sugerentes, guiños de complicidad dirigidos al lector).

El prosador o prosista es el que escribe en prosa. Prosaico es relativo a la prosa. También, figurativamente, refiere a personas o cosas faltas de ideales o elevación, insulso, vulgar. El prosaísmo es la falta de armonía, en la trivialidad o exagerada llaneza de la expresión o concepto. Prosita es parte pequeña de una obra en prosa.

"Quien quiera escribir bien, habrá de seguir el consejo de Aristóteles: hablar como la gente común, pensar como los sabios".

Sentencia de Roger Ascham (1515-1568), escritor inglés autor de una obra sobre el arte de la educación. Fue tutor primero y luego secretario de la reina Elizabeth en 1548.

"Escritor original no es aquel que se abstiene de imitar lo que otros ya han hecho sino aquel que es inimitable".

François René Chateaubriand (1768-1848), escritor francés, uno de los impulsores del Romanticismo.

Noticias

"Cuando un perro muerde a un hombre, no es noticia; pero cuando un hombre muerde a un perro, eso sí es noticia".

Definición adjudicada a Charles Dana (1819-1897), periodista nacido en los Estados Unidos y uno de los más famosos corresponsales de guerra. En 1868 compró el diario *New York Sun* y desarrolló la idea del formato *tabloid*, que luego en el norte se convertiría en sinónimo de sensacionalismo.

En los Estados Unidos han querido creer que el origen de la palabra *news*, noticia, que siempre se escribe en plural, es la cobertura global que significaba estar atentos a los acontecimientos noticiosos del mundo. Dijeron entonces: N, *north,* norte; E, *east,* este; W, *west,* oeste; S, *south,* sur; y con esas iniciales formaron la palabra NEWS.

La etimología corrige la ingeniosa perspicacia y sostiene que la palabra inglesa viene del francés, *nouvelles,* del latín, *novus,* del griego, *neo.* ¡Qué primicia!

La periodista argentina Clara Mariño citó en su programa radial, la siguiente definición atribuida al eminente constitucionalista argentino, doctor Pedro J. Frías:

"El rol del periodista es separar el trigo de la cizaña... y publicar la cizaña".

La cizaña es una planta anual cuyas cañas crecen hasta más de un metro. Se cría espontáneamente en los sembrados y la harina de su semilla es venenosa. También, significa vicio que se mezcla entre las buenas acciones o costumbres. Cualquier cosa que hace daño a otra, modificándola o echándola a perder. Disenso, enemistad. Se usa habitualmente con los verbos *meter* y *sembrar.*

Antes de que a algunos sesudos censores se les ocurran ideas al respecto, citaremos a Noam Chomsky, lingüista que revolucionó el estudio del lenguaje:

"Si no creemos en la libertad de expresión de aquellos a quienes despreciamos, no creemos en la libertad de expresión".

Por su parte, Mark Twain (1835-1910), uno de los maestros de la literatura norteamericana, cuyo nombre era Samuel Langhorne Clemens, autor de *Las aventuras de Tom Sawyer*, *Un yankee en la corte del rey Arturo*, *Las aventuras de Huckleberry Finn*, dijo:

"Por la gracia de Dios, en nuestro país disponemos de tres preciosas ventajas: libertad de expresión, libertad de conciencia y la prudencia de nunca ejercer ni una ni otra".

Quizá por eso, también afirmó que el hombre es el único animal que se ruboriza (de vergüenza).

Los jóvenes estudiosos deberían resolver un antiguo proverbio griego:

Quien afirma que miente,
si dice la verdad, miente.
Y si dice la verdad, entonces
no miente.

Escarapela

Divisa compuesta de cintas generalmente de varios colores, fruncidas o formando lazos alrededor de un punto. Esto es bien sabido. Pero en los vericuetos del idioma aparece otra definición interesante: riña en que de las injurias y dicterios se suele pasar a arañazos y repelones (tirones de pelo) entre mujeres y golpes de puño entre hombres. Frente a esta acepción, bien puede surgir la pregunta: ¿qué repartieron, realmente, French y Berutti, el 25 de mayo de 1810?

Tesauro

Del latín, *thesaurus,* diccionario, catálogo, antología, colección, tesoro. El idioma inglés ha recogido la palabra textualmente y llama *thesaurus* a los diccionarios de palabras y sus sinónimos.

Espeto

Aunque los brasileños han hecho popular el espeto corrido y la palabra ha parecido ser de ese origen, en realidad, proviene del alemán *spit*, hierro delgado y largo, usado como asador o estoque y figura como española. Un espetón es un espeto grande. O un hierro para remover las brazas, un alfiler grande o un golpe que se da con el espeto. Incluso así se denomina al conjunto de sardinas que se atraviesan para ser asadas. Espetar es atravesar con el asador u otro instrumento puntiagudo, carnes, aves, pescados.

Y como las palabras suelen ser puntiagudas y atravesantes, el verbo espetar refiere a decir de palabra o por escrito alguna cosa que cause sorpresa o molestia. ¿Qué tal?

Quinquelingüe

Que habla cinco idiomas.

Venéfico

¡Cuidado con las letras! Si alguien es invitado a un baile benéfico irá con la conciencia plena de dones. Pero si le cambian la *B* por la *V*, estará marchando hacia algo que tiene veneno, venenoso, venéfico. Un venéfico es alguien que emplea hechizos.

Cuando lo inviten, fíjese bien en los labios. Quizá sea una de las grandes razones para que coexistan *V* cortas y *B* largas. ¿Verdad?

Mameluco

Del árabe, *mamluk,* hombre que es propiedad de otro, esclavo. Seres capturados en el Cáucaso y el Asia Menor y llevados a Egipto para formar con ellos un cuerpo de soldados especiales, cuya principal misión era la custodia del Sultán, entonces descendiente del gran Saladino (1138-1193), héroe árabe de la tercera cruzada que se apoderó de Jerusalén. En 1250, los mamelucos habían crecido en importancia y número. Rápidamente, comprendieron que el poder estaba a su alcance. Se apoderaron del trono y nombraron a uno de ellos nuevo Sultán. Y así gobernaron hasta 1517 cuando fueron derrotados por el turco Selim I. Sin embargo, la presencia e influencia de los mamelucos se hizo sentir durante siglos hasta que en 1811 fueron exterminados por Mehemet Alí (1769-1849) que los hizo degollar en masa en El Cairo.

¡Guay!

Interjección por ¡ay! *Tener muchos guayes* es andar de achaques o contratiempos. Un buen ejemplo de su uso, lo dio Jorge Manrique (1440-1479), poeta español que alcanzó su más alto verso con *Coplas por la muerte de su padre*:

> *¡Guay de aquel que nunca atiende*
> *galadón de su servir!*
> *¡Guay de quien jamás entiende*
> *guarecer ya ni morir!*
> *¡Guay de quien ha de sufrir*
> *grandes males sin gemidos!*
> *¡Guay de quien ha perdido*
> *gran parte de su vivir!*

El célebre historiador alemán Emil Ludwig (1881-1948), en su obra *Napoleón*, sostiene que cuando Bonaparte se coronó, habría usado una antigua fórmula italiana: *¡Dio me la diede; guai a chi la toca!*

Parecen lunfardo

Pero no son. Palabras que tienen toda la apariencia de haber sido extraídas del lunfardo o del lenguaje orillero y que no siempre parecen apropiadas para quienes sólo se apegan al español puro. Todas estas palabras figuran en el diccionario y no tienen referencia a ninguna forma antigua, germanía o caló:

Arrabal: Remite al extramuro, al empedrado, al farol de la esquina, al chambergo echado sobre un costado del marote, al malevaje extrañado, a los pendencieros, al taquito, a la muchacha de pollera ajustada; al costado de la ciudad, a las tinieblas del amanecer. Tenga mano, tallador. Nada que ver. Ni siquiera figura en el *Diccionario del Lunfardo* de José Gobello. Y si allí no está, no es lunfardo, aunque sea arrabal y arrabalero.

La palabrita viene del árabe, *ar-rabad,* el barrio de las afueras. Arrabal o arrabalde es un barrio fuera del recinto de la población a la que pertenece. Arrabalero/ra su habitante. Y familiarmente se usa para la persona que en su traje, modales o manera de hablar, da muestras de mala educación. Un poquito de xenofobia lingüística nunca falta.

Achaque: Del árabe, *as-saka,* la queja, la enfermedad. Pasó al español como indisposición, enfermedad leve o ligera. También menstruo de la mujer y figurativamente, embarazo. El verbo achacar es excusa o pretexto. Denuncia que hace el soplón para arreglarse con el culpable y sacarle dinero. Multa o pena pecuniaria.

De esta última acepción, el antiguo término *achaquero,* juez que imponía achaques o multas. En el lunfardo argentino, *achacoso,* es alguien que padece una enfermedad y *achacado,* un enfermo o valetudinario (el que sufre los achaques de la edad). Por aféresis (supresión de algún sonido), *chacado* y luego *chacabuco,* por semejanza o paronomasia.

Bodrio: Caldo hecho de sobras, mendrugos, verduras y legumbres (fruto o semilla que se cría en vainas) que de ordinario se daba a los pobres en las puertas de algunos conventos. Guiso mal aderezado. Sangre de cerdo mezclada con cebolla para embutir morcillas. Cosa mal hecha, desordenada o de mal gusto. Ya se sabe pues, cuál de estas acepciones es la que suena más seguido.

Espichar: Morir. El espiche es un instrumento o arma puntiaguda.

Guita: Clásica palabra del lunfardo para dinero o sus distintas formas. La Real Academia le hizo un lugar como dinero contante y sonante, derivado de dita, del latín *dicta, dictus,* dicho. Persona o efecto que se señala como garantía de un pago. También préstamo con elevado interés. De manera que guita tiene una razón contante para ser dinero.

Changüí: Palabra española que define un engaño o chasco. En la Argentina, es dar ventaja en el juego.

Chiripa: Suerte favorable que se gana de casualidad. Algo inesperadamente favorable.

Chirlo: Herida prolongada en la cara, señal o cicatriz que queda después de curada. Golpe que se da a otro. *Chirla,* en cambio, es un molusco parecido a la almeja, de menor tamaño y distinta familia. *Chirlido* es el chillido de los pájaros.

Chirona: Cárcel de presos. *Estar o meter en chirona,* es el acto de estar preso o meter preso.

Chirriar: Onomatopeya de *chirr.* Rechinar. Cantar desentonadamente. *Chirrido* es el sonido agudo de algunas aves o animales como el grillo o la chicharra.

Chis: Poniendo el dedo índice en los labios, para pedir silencio. En el lenguaje infantil, pis.

Chisme: Noticia real o falsa que se difunde para indisponer.

Chiste: Dicho agudo y gracioso.

Chito: Voz familiar para imponer silencio. *A la chiticallando,* en silencio, sin escándalo.

Chocarrería: Chiste grosero.

Chochear: Debilitado y flojo por culpa de la edad. También extremar el cariño al punto de chochear. *Chochera o chochez* es la cualidad de chocho. Y además, chocho es algo dulce que se da a los niños para que se callen u obedezcan.

Chubasco: Del portugués, *chuva,* lluvia.

Chucha: Perra. ¡Chucha! voz que se usa para espantar al perro y que en el Río de la Plata, se usa como ¡cucha! para que vaya a su guarida. Para llamarlo, *chus.*

Chucho: Argentinismo reconocido por la Academia para escalofrío. En los ferrocarriles, deformación derivada del inglés *switch,* aguja para cambio de vía.

Chupatintas: Oficinista.

Churrasco: Onomatopeya de *churr,* carne asándose a las brasas.

123

Churro: Masa frita que se corta en trozos.

Chusma: Conjunto de gente soez. Del italiano, *ciurma*, canalla. También *chusmaje*.

Gayola: Del latín *cavea*, jaula. Cárcel de presos. Aunque la relación entre esta palabra de la lengua española y la expresión lunfarda pareciera muy estrecha, José Gobello, en su *Diccionario del Lunfardo*, la vincula con la expresión del portugués *gaiola*, jaula.

Gomia: En el idioma *vesre*, gomía es amigo. En la lengua española, sin tilde, viene del latín, *gumia*, tragón. Persona que come mucho y engulle con avidez y apresuramiento. También es una voz para asustar a los niños. Un sinónimo es tarasca, del francés, *Tarascón*, ciudad de Francia, persona que come mucho y con voracidad; que destruye, gasta o derrocha. Tarasca, también es la hembra del cerdo. *Tartarín de Tarascón*, es una novela del escritor francés Alphonse Daudet (1840-1897), cuyo personaje principal se ha convertido en el símbolo del sudeste francés, hablador, lleno de fantasías y apetitos insaciables.

Matón: De matar, pendenciero, guapetón. Ésta deriva de guapo, del latín *vappa*, malvado. Sin embargo, guapo/pa, es protegido por el idioma que lo define, en primera acepción, como animoso, bizarro, resuelto. Bien parecido. Galán que festeja a una mujer. Mujer bella. Guapura es cualidad de guapo. Matón, en cambio, se separa para ser el que quiere imponer su voluntad por la amenaza o el temor. Maula es cosa inútil y despreciable. Engaño. Persona tramposa o mala pagadora; perezosa, que no cumple sus obligaciones. *Ser uno buena maula*, es ser taimado y bellaco.

Matrero: Palabra española de origen incierto que define al hombre astuto. En el Río de la Plata se extendió su uso a fugitivo, vagabundo. Para algunos es un derivado de *matra*, una manta de lana gruesa que usaban los gauchos para dormir a la intemperie. En España se usa también para el toro mañoso que esquiva el trapo con que se lo invita y trata de embestir al torero.

Maula: La Real Academia le asigna varias acepciones. Cosa inútil y despreciable. Engaño o artificio encubierto. Persona tramposa o mala pagadora. También perezosa y mala cumplidora. En la Argentina, Perú y Uruguay, cobarde, taimado, despreciable. Su aumentativo es maulón.

Picota: Columna de piedra donde se exponían las cabezas de los ajusticiados. También parte superior en punta de una torre o montaña muy alta.

Galimatías

Jocosa invención del idioma francés mezclado con el griego para formar *enseñanza del gallo.* Es el lenguaje oscuro, inentendible, por la impropiedad de la frase o la confusión de ideas. Precisamente, lo más oscuro de la palabra, es su propio origen que algunos ubican en el siglo XVI cuando apareció una traducción al inglés de la monumental obra maestra de François Rabelais (1490-1553), *Gargantúa y Pantagruel,* pues en el capítulo I aparece el título "Galimatías de extravagantes conceptos". Considerada un derivado de *gallumaufry,* confusión, lío, revuelto y por extensión, a la olla, también guiso.

William Shakespeare, en su obra *Cuentos de invierno,* usa *gallimaufry* como sinónimo de las inglesas *hotchpotch, hodpodge,* batiburrillo, baturrillo, mezcla confusa.

La obra de Julio Cortázar (1914-1984), escritor argentino nacido en Bélgica, titulada *Rayuela,* fue traducida al inglés como *Hotchpotch.* Cortázar vivió en Francia gran parte de su vida adulta y es autor además de *Bestiario, Las armas secretas, Final de juego, La vuelta al día en ochenta mundos, 62-Modelo para armar, Libro de Manuel.*

Guarismo

Palabra usada repetidamente por comentaristas y relatores para elevar el nivel de sus representaciones culturales. Significa lo relativo o perteneciente a los números, cualquier expresión de cantidad compuesta de dos o más cifras. *No tener guarismo* refiere a algo innumerable.

Lo curioso es el origen de la palabra. Del árabe, *Jwarizmi,* sobrenombre del matemático Mohamed ibn Musa, creador de los logaritmos, por haber nacido en la ciudad de la antigua Persia, llamada *Jwa-*

rizm. Es el mismo origen de la expresión *algoritmo*, método y notación en las distintas formas del cálculo. Álgebra también desciende de la inmensa cultura árabe (*al-yabra*, la reducción).

El que ríe último

El zar Alejandro I (1777-1825) escribió una carta a su hermana Catalina luego de haberse encontrado con Napoleón en 1808. Allí decía: "Napoleón cree que soy un tonto, pero el que ríe último, ríe mejor". Alejandro, zar de Rusia, fue derrotado por Napoleón en Austerlitz en 1805 lo que forzó la Paz de Tilsit en 1807. Sin embargo, la crisis económica posterior llevó a Alejandro a romper con el sistema continental napoleónico y abrir los puertos rusos al comercio inglés. Napoleón invadió Rusia en 1812, expedición que le traería aparejado un tremendo desastre militar y político.

Palabras

Todo lo que usted quiera, sí señor,
pero son las palabras las que cantan, las que suben y bajan.
Me posterno ante ellas. Las amo, las adhiero, las persigo, las muerdo,
*   las derrito.*
Amo tanto a las palabras. Vocablos amados.
Brillan como piedras de colores, saltan como platinados peces,
son espuma, hilo, metal, rocío.
Son tan hermosas que las quiero poner todas en mi poema.
Las agarro al vuelo cuando van zumbando y las atrapo, las limpio,
*   me preparo frente al plato, las siento cristalinas, vibrantes.*
Y entonces las revuelvo, las agito, me las bebo, me las zampo,
las trituro, las emperejilo, las liberto.
Todo está en la palabra.
Una idea entera se cambia porque una palabra se trasladó de sitio,
o porque otra se sentó como una reinita adentro de una frase
que no la esperaba y que le obedeció.

(...)

Qué buen idioma el mío, qué buena lengua heredamos de los conquis-
*   tadores torvos.*
Éstos andaban a zancadas por las tremendas cordilleras, por las Amé-
*   ricas encrespadas, buscando patatas, butifarras, frijolitos, tabaco,*
*   oro, maíz, con aquel apetito voraz.*
Todo se lo tragaban. Religiones, pirámides, tribus, idolatrías.
Pero a los bárbaros se les caían de las botas, de las barbas,
de los yelmos, de las herraduras, como piedrecitas,
las palabras luminosas que se quedaron resplandecientes... el idioma.
Se llevaron el oro y nos dejaron el oro.
Se llevaron todo y nos dejaron todo.
Nos dejaron las palabras.

(Pablo Neruda, 1904-1973, en *Confieso que he vivido. Memorias.*)

La palabra

Así como la lluvia y la nieve descienden del cielo
y no vuelven a él sin haber empapado la Tierra,
sin haberla fecundado y hecho germinar
para que dé la semilla al sembrador
y el pan al que come,
así sucede con la palabra que sale de mi boca.
Ella no vuelve a mí estéril,
sino que realiza todo lo que yo quiero
y cumple la misión que yo le encomendé.

(*Antiguo Testamento* - Isaías, 55:10.)

Mitología, leyendas, cuentos y misterios

Gigantes

Nadie se atreva a negar la existencia de los gigantes. Todas las mitologías y crónicas antiguas hablan de seres de estatura descomunal, en algunos casos anteriores a los dioses. Los de la mitología griega fueron casi todos hijos de Urano y Gaia. Cuando intentaron sublevarse, fueron despachados a la Tierra con la ayuda de Hércules y enterrados bajo el Monte Etna. Entre los más famosos figuran Polifemo, Atlas, Cacus (el ladrón hijo de Vulcano que tenía tres cabezas y vomitaba fuego), los Cíclopes, Gog y Magog.

Encelado fue el más poderoso de los cien gigantes que se rebelaron contra Zeus. Ymir, el padre de los hombrones escandinavos; Fian Mac Cool, irlandés; el sarraceno Fierabrás, no cierran la lista.

En la literatura, los habitantes de Brobdingnag en *Los cuentos de Gulliver*; Bellerus, el gigante de ficción de John Milton (1608-1674); Gargantúa y Pantagruel de Rabelais; Orgoglio, gigante creado por Edmund Spencer en *Reina de las hadas*, cuyo nombre italiano es otorgado por el autor inglés a este personaje de tamaño igual al de tres hombres, para representar el poder tiránico de la Iglesia.

La propia Biblia, muy temprano, en *Génesis 6:4*: "En aquel entonces había gigantes en la tierra y también después que los hijos de Dios se unieron a las hijas de los hombres y ellas les engendraron hijos. Son éstos los héroes famosos desde antiguo". El relato bíblico recupera una antiquísima leyenda popular que hablaba de esos seres sobrehumanos.

Son de origen desconocido para el *Antiguo Testamento* y sólo aparece insinuándose su gestación al unirse los dioses con la raza humana.

En *Números 13:32*: "Hemos visto gigantes, hijos de Enac. Ante ellos, parecíamos langostas". También aparecen Enac, Goliat, Og, rey de Bashan, uno de cuyos huesos se usó como puente sobre un río.

En la Biblia, los gigantes se exponen, como seres sobrehumanos. Antiguamente se creía que habían existido y se explicaban por la unión de los seres celestiales con mujeres terrenas. El autor sagrado purifica lo folklórico y sin determinar la autenticidad de los personajes, los incorpora al relato. Otras miles de historias los introducirán en las narraciones populares.

Gigantes posteriores fueron Ogros, monstruos babeantes y peligrosos que tenían por terrible hábito comer carne humana.

Un gigante especial de la mitología griega, Orión, era muy elegante y buen mozo, lo que es mucho decir para las tradicionales historias de estos tamañuelos. Siempre lo acompañaba su perro. El hombrón se enamoró comprensiblemente de una bellísima mujer que rivalizaba con las diosas por su esplendor. Las diosas no toleraban estas competencias y la arrojaron a un acantilado. Orión anduvo triste un tiempo hasta que fue llamado por el rey Enopión para que librara a su comarca de unos monstruos inicuos. Emprendió la gestión y pronto se enamoró, ahora de la hija del rey. Merope, la princesa, no lo aceptó. Orión, angustiado de amores, se atragantó de vino y, borracho, hizo desmanes, entre ellos, atropellar a la princesa con ánimos perversos. Lo echaron del reino y lo cegaron. Ciego, el grandote se llevaba todo por delante, hasta que un niño se ofreció guiarlo. Pronto, Orión, que conservaba intactos sus atributos y elegancia, conquistó a Artemisa, pero nuevamente sus pasiones incontrolables lo impulsaron a arrojarse sobre la diosa. Grave error. Las diosas son huidizas y vengativas. Artemisa mandó un escorpión que le masticó la pierna al gigante y allí se terminaron las aventuras del inquieto, exultante y perverso Orión. Tanta pinta para eso.

Alpo es otra extraordinaria creación mitológica, no sólo era de inmensa estatura sino que además manejaba incontables brazos y lucía frondosa cabellera formada por víboras ponzoñosas. Vivía en las montañas y se dedicaba a la cacería de viajeros incautos y extraviados a quienes aplastaba y devoraba. Nadie se aventuraba a recorrer esa espesura, donde el silencio reinaba como un manto ominoso. Hasta que Dioniso (Baco) decidió poner fin a esas tropelías y marchó rumbo al recinto bestial. Alpo lo atacó furioso cargando rocas y blandiendo decenas de árboles enteros atrapados entre sus numerosas e inmensas manos. Pero el dios le arrojó su tirso (vara enramada cubierta de hojas de hiedra y parra) y le atravesó la garganta. Brutal y furioso, herido de muerte, el gigante cayó desde lo alto de sus lares al mar profundo que lo rodeaba. Y allí quedó hundido para siempre. No hay bestia que dure cien años.

Hubo otra vez un gigante llamado Bandaguido, rey de la Isla del Diablo, en el mar Egeo (no confundir con la isla de la Guayana Francesa), de fuerzas poderosas y mando dominante. Su pueblo vivía aterrorizado a pesar de los esfuerzos de la reina que era una mujer amable. Tenían una hija llamada Bandaguida a quien no se le acercaba ni un pretendiente por miedo al papi feroz. La hija enfureció, mató a su madre y embaucó a su padre con quien tuvo relaciones incestuosas. De ellas nació un monstruo peludo imbatible, de manos inmensas y equipado con un par de alas que eran además escudo protector. Sólo tenía dos dientes. Las trifulcas familiares eran constantes hasta que el rey, queriendo matar al engendro, hizo mal manejo de su espada, se cortó una pierna y murió. La locura cubrió el poblado y los habitantes huyeron despavoridos con diferentes rumbos. Hasta que apareció Amadís de Gaula y terminó el revoltijo liquidando todo vestigio de la horrible familia.

Amadís de Gaula es una célebre novela de caballería atribuida a Garcí Ordóñez de Montalvo a quien se debe la edición de Zaragoza de 1508, aunque ya para entonces la leyenda era muy conocida. Cervantes elogió la obra, cuyo héroe era el perfecto caballero, amante fiel, puro y poético. Amadís, conocido como el Caballero León o Beltenebros, era hijo del rey de Gales y la princesa de Bretaña. Abandonado al nacer, fue llamado el Niño del Sol. Luego de atravesar decenas de aventuras, se casó con Oriana. Era músico, poeta, lingüista y galante caballero errante. Le adjudicaron además los títulos de Caballero de la Espada Verde y rey de los enanos, pues no se quedaban cortos en los títulos.

Ojáncano es una palabra despectiva de ojo. Así se llamó a un gigante cantábrico, uno más de los muchos que pueblan las leyendas, el folklore y la mitología. El Ojáncano es uno de ellos, perteneciente a una región determinada y descripto como monstruo de largas barbas ensortijadas, un solo ojo en la frente, poseedor de una fuerza descomunal, capaz de triturar un oso y, ya que estamos, comérselo. Es habitante de la montaña, tosco y feroz, aunque algunos sostienen que había ojáncanos bondadosos, pero para qué tropezarse con ellos y probar el punto. Lo habitual era suponerlo un sacamantecas (criminal que despanzurra a sus víctimas).

Como siempre, habría de aparecer el joven héroe representante del pueblo que entablaría lucha con el ojáncano arrancándole su único ojo, lo que provocaba que la bestia ciega chocara contra las piedras de las montañas y terminara encerrándose en una cueva que el valiente tapaba para siempre.

La ojáncana era su compañera terrorífica, pues gustaba de la sangre animal o humana, la que sorbía como si fuera un caramelo. Esta bruja asquerosa era muy robusta y no sentía vergüenza alguna de andar mostrando sus peludas desnudeces por los contornos de la montaña.

Hijo de Balan, rey de España, ahí viene Fierabrás. El más gigante de todos, el más alto y ancho, el más fuerte y gritón. Tenía tantos títulos como altura pues se comenta que dominó las estepas rusas, era señor de Jerusalén y protegía el Santo Sepulcro. Sus armas eran poderosas flechas de mármol que atravesaban corazas y de un pisotón podía dejar fuera de combate a un escuadrón enemigo. Pero como a cualquiera le llega su día del inocente, acabó Fierabrás dominado por uno de los héroes de Carlomagno, Olivier, que lo doblegó, amansó y puso al servicio de sus causas, convirtiéndolo en humilde, tierno y acurrucado.

Son muchas las historias que se cuentan de Fierabrás, el de los fieros brazos. En otra, era un inmenso gigantón guerrero que medía tres metros y había nacido en Alejandría. Sarraceno (del árabe *sarquiyyin,* oriental) marchó a la cabeza de las tropas que conquistaron y saquearon Roma, robando dos recipientes con restos de los aceites y perfumes con que se había ungido el cuerpo de Jesús. Fierabrás, hijo de un almirante musulmán, finalmente se convirtió al Cristianismo y devolvió los bálsamos a Roma. Conservó algunos ungüentos y con ellos preparaba el *bálsamo de Fierabrás,* conocido en las leyendas como un curamento prodigioso, único y milagroso.

El Quijote lo menciona y la lengua castellana se apropió de su nombre y lo definió como persona mala, ingobernable. Y se aplica habitualmente a los niños traviesos. Curioso que a los más chiquitos e inofensivos, cuando se ponen revoltosos los llamemos como a un gigante indominable. ¿Por qué no llamarlos David? Con sólo recordar que Goliat también medía tres metros…

Un hijo de Neptuno, enorme y musculoso, llamado Albión, según la leyenda, descubrió Inglaterra y reinó en ella más de cincuenta años. Muchos prefieren suponer que su nombre originó el título poético de la isla: Albión. Otra historia cuenta que las cincuenta hijas del rey de Siria (la mayor llamada Albia), fueron obligadas a casarse el mismo día. Pero las muchachas decidieron librarse de sus consortes también el mismo día. Y los mataron simultáneamente.

Castigadas y obligadas a embarcarse en un barco dejado a la deriva, lograron alcanzar las costas de la isla británica. Entonces cada una eligió marido libremente entre los nativos disponibles, accesibles y proclives.

Pero además, albión, del griego *alouion* y del latín, *albio*, *albus*, es el nombre dado a Inglaterra por los blancos acantilados de Dover. Francis Drake llamó a California, la Nueva Albión cuando trató de anexarla a la corona inglesa. Napoleón la llamaba, en cambio, la pérfida Albión.

Otro es Paul Bunyann, héroe mítico de los campamentos de leñadores de Estados Unidos y Canadá, símbolo de grandeza, fuerza y vitalidad. Su más preciado bien era su buey *Babe the Blue* que tenía cuarenta y dos hachas por cuernos. La leyenda cuenta que un día salió a caminar arrastrando tras de sí alguna que otra hacha. El paseo duró una hora. Bunyan decidió descansar, se sentó y echó una mirada al trayecto recién cumplido. Asombrado advirtió que había abierto una impresionante hondonada, una huella tan fabulosa que desde entonces vino a llamarse el Gran Cañón del Colorado.

Anteo era hijo de Neptuno y Gea, la Tierra. Su fuerza aumentaba cuando tocaba a su madre. Vivía desafiando a los viajeros que pasaban por sus contornos y bastaba que Anteo apoyara sus grandes pies sobre la tierra para resultar invencible. El infaltable Hércules notó esa peculiaridad y al enfrentarlo, lo tomó en sus brazos, lo levantó y lo separó del suelo. Anteo fue derrotado. Su mito se ha repetido a lo largo de siglos como símbolo de la fortaleza y espíritu que emana de la Tierra, junto a sentimientos, hábitos y costumbres que no siempre son tenidos en cuenta por quienes agreden sin piedad el suelo en el que moran y del que viven.

Galicia tiene su gigante folklórico, Patarico, similar a los cíclopes de *La Odisea*. Es un ser enorme que está por allí a la espera de moverse y aplastarlo todo con sus patazas. Es una amenaza constante sobre los pobladores y un símbolo probable de que los lugareños deben comportarse con prudencia y respetuosamente o "los grandes" los aplastarán.

Los gigantes no existen, pero las amenazas sí.

Jasón

Uno de los grandes héroes de la mitología griega, criado por el centauro Quirón, quien le enseñó medicina. Ya adulto, Jasón reclamó el trono de su padre Yolco, que su tío Peleas había usurpado. Jasón vestía de manera muy extraña: se cubría con una piel de pantera, llevaba una lanza en cada mano y tenía descalzo el pie izquierdo. Llegó de incógnito, pero Peleas desconfió porque un oráculo le había advertido que desconfiara de alguien que exhibiera el pie izquierdo descalzo. Jasón se enfrentó al rey y exigió el trono. Peleas puso como condición que trajera la piel de carnero que había servido a Frixos como alfombra voladora. Pero ese cuero, el vellocino de oro, estaba bajo la custodia de un dragón. Jasón pidió asistencia a Argos, hijo de aquel Frixo, y juntos armaron el navío *Argo*. Los integrantes de la expedición se llamaron Argonautas (del griego, *Argo*, nave; *nautas*, tripulantes). Con los siglos, un molusco marino de ocho tentáculos similar al pulpo y al calamar, recibiría el nombre de argonauta.

Jasón y su equipo consumaron la hazaña. Regresaron, entregaron el cuero curtido con su lana y Jasón se casó con Medea, lo que dio origen a nuevas tragedias.

Apolonio de Rodas, poeta griego que vivió en el siglo III antes de Cristo, fue el autor de una novela épica, *Los Argonautas*, que describe toda esta historia. Fue además, director de la famosa biblioteca de Alejandría.

Se llama vellón a toda la lana obtenida de la esquila al cuero curtido. En el *Libro de los Jueces*, "La prueba del vellón" *(6:33)* del *Antiguo Testamento*, también aparece el tema:

> "Gedeón dijo a Dios: si realmente vas a salvar a Israel por mi intermedio, concédeme esto: yo voy a tender un vellón sobre la tierra. Si cae rocío sobre el vellón y todo lo demás queda seco, sabré que salvarás a Israel por mi intermedio".

Así sucedió. Gedeón se levantó a la madrugada, exprimió el vellón, sacó agua y la depositó en una vasija. Habló otra vez con Dios y le pidió otra prueba, pero inversa. Que ahora quedase seco y todo el resto mojado. Y así lo hizo Dios.

Gedeón o Jerubaal es uno de los grandes jueces de Israel y gran oponente del culto de Baal. Él derrotó al ejército de Madián, un pueblo beduino del norte de Arabia, al este de Palestina. Los madianitas quizás hayan sido los primeros en domesticar y usar camellos. Moisés se casó con la hija de Jetro, el gran Sacerdote de Maidán *(Éxodo 3:1)*.

El Dorado

Una de las más antiguas y perdurables leyendas americanas que provocó, excitó y desesperó a los exploradores y conquistadores suponiendo que se trataba de una región esplendorosa, fuente de tesoros maravillosos, donde el oro manaba a torrentes. Se hablaba del lago Guatavita en Bogotá, Colombia, donde el rey, a quien llamaban Eldorado, se bañaba desnudo para que sus súbditos le untasen el cuerpo con polvo de oro. Apareció en mapas y varios cartógrafos y exploradores le dedicaron decenas de páginas a estas quiméricas y prometedoras tierras que se desvanecieron confrontadas con la realidad más vegetal o al despertar de los sueños ambiciosos de los que arrasaron tierras, tribus, religiones e idolatrías.

Sir Walter Raleigh o Raleg (1554-1618) fue un explorador inglés, asiduo visitante de la Corte, favorito de la Reina Elizabeth I y posteriormente escritor. A pesar de que le habían otorgado tierras en

Irlanda, Raleigh organizó expediciones a América. Recorrió buena parte de América del Sur y la aventura terminó trágicamente en Roanoke, donde se estableció la más antigua colonia inglesa en América del Norte. Los primeros pobladores llegaron en 1585, pero apenas estuvieron un año. En 1591, un segundo contingente llegó a Roanoke, pero todo se perdió, desapareció. Raleigh intentó fundar otra colonia en la misma Virginia, pero también fracasó. El aventurero escribió una crónica de largo título: *The discovery of the rich and beautiful Empire of Guaiana, with a relation of the great and golden city of Manoa, which the Spaniards called El Dorado*, El descubrimiento del rico y hermoso imperio de Guayana, con un relato sobre la grandiosa y dorada ciudad de Manaos, que los españoles llaman El Dorado. Describe a los habitantes de la zona misteriosa como desinteresados del oro, salvo para usos decorativos y para adornar templos y palacios. Prefieren la comida y la bebida antes que el oro. Reciben a los visitantes con frutas, ensaladas, guiso de loro y colibrí relleno. Se pueden tomar las pepitas de oro que están esparcidas por todos lados y a medida que el visitante se torna desesperado y ansioso, tendrá que soportar las burlas de los nativos que no entienden esos ojos desorbitados, el sudor, la baba y las manos como baldes.

La capital de El Dorado es *Manoa*, fundada por los Incas en las orillas del gran lago de arenas auríferas cerca del Orinoco. Aquí todo es de oro: edificios, armas, símbolos, ídolos, calderos, muebles, ropa. La ciudad y sus habitantes brillan con encendidos tonos, porque aquí ciertamente, todo lo que brilla es oro. Raleigh informa además que allí cerca, en una isla solitaria, viven unas señoras pelirrojas muy salvajes, a las que es mejor esquivar en las exploraciones. No fueron las damiselas quienes lo apremiaron sino los españoles que lo forzaron a regresar a su tierra donde luego fue encarcelado y ejecutado por traición. La reina era otra. Le quedó como consuelo que la capital de Carolina del Norte hoy se llame Raleigh.

El inca Garcilaso de la Vega (1539-1616), historiador y cronista peruano, hijo del conquistador Sebastián Garcilaso de la Vega y de una princesa Inca, en su obra maestra, *Comentarios reales que tratan del origen de los Incas* (Madrid, 1609), también hace referencia a El Dorado.

135

Nunca se canceló la leyenda. Permaneció despierta y provocativa exacerbando las ambiciones desmedidas y el saqueo. Los locales sabían de la existencia de oro y plata y otras piedras preciosas y de hecho, los españoles trasladaron toneladas a la metrópoli, pero siempre que podían, los indígenas indicaban que el oro estaba *allá*, apuntando con el dedo índice lo más estirado posible para que allá significara lejos, detrás de la montaña, después del río, atravesando la selva, caminando leguas, con tal de que esos hombres desesperados marchasen con rumbo incierto a ignotas lejanías.

Hermanos

La Biblia es un conjunto de libros, una biblioteca de doble origen: divino y humano. Trasmitido por Dios a los humanos para ser difundido a todos los hombres. Es un mensaje sobrenatural. Y habitualmente histórico, legendario, simbólico, popular, místico. Cuando Caín mata a Abel, el mensaje es que los conflictos entre hermanos siempre acarrearán resultados dolorosos, graves y luctuosos. En muchos otros pasajes se presenta el conflicto fraternal, no siempre mortal, pero sí con furor, confusiones, engaños, desgracias, penas.

Y adelanta el permanente enfrentamiento entre pastores y agricultores que habría de darse por siglos en el desarrollo humano.

Poco después de los hijos de Adán y Eva, en *Génesis (27:41)*, Esaú anuncia que cuando termine el duelo por la muerte de su padre, matará a su hermano Jaboc a quien él mismo había vendido su progenitura.

Más adelante, el texto relata que los hermanos aborrecen a José porque suponían que su padre lo amaba más que a ellos por haber sido un hijo de su ancianidad.

Moisés monta en cólera con su hermano Aarón cuando al descender del monte con las Tablas de la Ley, descubre que está adorando al becerro de oro (*Éxodo 32:19*).

David, el joven héroe que terminaría con Goliat, fue severamente reprendido por su hermano por haber abandonado el rebaño y lo acusó de insolente y malicioso. Hay muchos otros casos de muertes de hermanos entre sí, por revancha, odios, procurar el trono, rencores viejos.

El folklore popular asumió el concepto y son muchos los cuentos y leyendas que enfrenta a hermanos con resultados trágicos. Una vieja historia española relata la historia de una viuda madre de dos hijos varones que no se toleraban. Crecieron en medio de constantes disputas y peleas, envueltos en trifulcas cada vez más graves. Hasta que, ya grandes, exigieron la repartición de los bienes. La madre agotada de hacer esfuerzos vanos, dividió su fortuna en partes iguales. Cada hijo tomó lo suyo. Cada hijo marchó. Cada cual construyó su castillo en distintas laderas de la montaña. Cada uno formó su ejército y se armó. Cada hermano fomentó su rencor y se preparó para la gran batalla. Eligieron un amplio valle despejado. Pertrechados, se alistaron frente a frente. Sería el final del viejo conflicto. Uno de los dos tomaría todo. Cuando ordenaron el ataque, la madre desesperada se lanzó a la carrera, tratando de llegar al centro del valle antes de que se produjera el encontronazo. Se arrodilló, rogó que depusieran las armas. Alzó sus brazos al cielo. Las tropas montadas siguieron avanzando a galope tendido y espantando el aire con los gritos de guerra. Cuando la mujer comprendió que su esfuerzo era inútil, rogó a Dios con tanta fe e intensidad, que tembló la tierra. Se agitaron las nubes. Huyó el sol. Ahogaron sus gritos los armados. La viuda cayo de bruces. Muerta. Su cuerpo se hundió en la tierra. Y allí mismo, brotó una enorme montaña con forma de mujer. Como la madre yacente. Por fin había logrado su propósito: los hermanos depusieron las armas. El conflicto había terminado. Volvieron las nubes. Brilló el sol. Los hermanos unieron sus castillos, sus fuerzas y sus destinos. Ella quedó allí para siempre.

Serendipity

Horacio Walpole (1717-1797) fue un autor inglés, prolífico escritor de cartas que han sido conservadas y reflejan las costumbres y tendencias de su tiempo. En una de sus obras literarias, desarrolló una antigua leyenda persa. Lo que es hoy Sri Lanka, antes Ceilán, al sudeste de la India, fue en el remoto tiempo Serendip, palabra que era deformación de *Shinhaladvipa*, la Isla de los *Sinhalese*, cingalés, natural de Ceilán. En esos parajes vivían tres príncipes dotados de una suerte infinita, continua y constante. Todo el tiempo tropezaban con piedras preciosas, amuletos mágicos, joyas valiosas. Pescaban las mejores especies y cazaban las mejores piezas sin esfuerzo. Todo de casualidad. De pura suerte, nomás. Nunca necesitaron ser sagaces porque simplemente fueron afortunados. Pero muy afortunados.

La obra de Walpole se llamó *The three princes of Serendip*, Los tres príncipes de Serendip, y creó la palabra *serendipity*, que ha sido asumida en inglés como la facultad de encontrar lo inesperado, tropezar con la fortuna y hallar cosas siempre positivas y beneficiosas.

Aunque este libro tiene un particular apego por la lengua española, al autor le ha parecido atractivo ofrecer la palabrita a sus lectores porque su uso otorga aquella facultad principesca y porque, por cierto, suena muy linda.

¡Serendipity! ¡Oh, qué suerte, un lector!

Preste Juan

Rey de los abisinios porque en la antigüedad por esos lares, los príncipes solían ser sacerdotes. Preste, del latín, *presbyter*, presbítero o sacerdote.

Abisinia es el nombre con el que antes se conocía a Etiopía, al noroeste de África. Limita con el mar Rojo, Bjibouti, Somalia, Kenia y Sudán. Según la tradición, el reino fue fundado en el siglo X antes de Cristo por Menelik I, hijo del rey Salomón y la reina de Saba.

La Biblia cuenta que el mar Rojo era, en tiempos del gran rey bíblico, lugar de intercambio comercial y riquezas, así como costumbres, idiomas y sabidurías.

Para muchos autores (quizá más legendarios que sus personajes), el Preste Juan reinó en gran parte de Oriente, desde la India hasta Medio Oriente y parte de África. Sus dominios abarcaban cuarenta y dos reinos. Los afiebrados fabulistas agregan miles de islas que pululan por los mares adyacentes.

En algún momento, Preste Juan se casó con la hija del Gran Kan y éste con la hija de Juan.

John de Mandeville sostiene que en esos desiertos los hombres no hablaban. Sólo gruñían y tenían cuernos en la cabeza y pies de cabras. Los pájaros coloridos sí hablaban y saludaban a los paseantes. Cuando el Preste Juan se trenzaba en batalla no llevaba bandera sino trece cruces. Cada cruz sobre un carro y cada carro seguido por diez mil hombres a caballo y cien mil a pie. Lo acompañaban platos de oro para demostrar su poder económico y fuentes con piedras preciosas que indicaban su señorío y nobleza. Una pléyade de reyes y arzobispos asistían a Juan en sus reinados y es tanto el territorio que cubría su manto real que bajo ellos ocurrían todo tipo de fenómenos físicos, geográficos y humanos.

Una de sus posesiones más notables era el territorio conocido como Feminia, gobernado por tres reinas con un enorme ejército de mujeres y muchos miles de pigmeos.

Preste Juan disponía de armas especiales, engendros de todo tipo, hechizos múltiples, espejos mágicos, fuentes de aguas milagrosas, ríos que transportaban piedras preciosas y muchas otras linduras.

Todos hablaban del Preste Juan. Nadie jamás trató con él.

Sin embargo, Ludovico Ariosto (1474-1533), poeta lírico italiano, en su genial obra *Orlando Furioso*, describe la ciudad de Nubia, capital de Etiopía, bajo el reinado de Senafo, como una tierra de oro, joyas, bálsamos, ámbar y muchas delicadas maravillas. Muchos viajeros aseguran que Senafo era en realidad el Preste Juan.

Quien quiera haya sido, una vez atacó las montañas consideradas el Paraíso Terrenal. Marchó con sus elefantes, carros, camellos y la mencionada infantería. Pero Dios se molestó por la inicua audacia y mandó unos cuervos bravos a liquidar algunos miles de soldados. Los pájaros atacantes no satisfechos con la matanza masiva de combatientes, volaron sobre sus víveres y defecaron sobre ellos lo suficiente como para hambrear a los otros miles aún vivos. Y aunque sólo eran pájaros cumplieron sus evacuaciones con indignante precisión y volumen. El rey de Francia acudió en ayuda de los castigados. Tapándose la nariz y superando el asco de las circunstancias para sus reales sensibilidades, apresó a los cuervos y los encerró en jaulas infranqueables. Se asegura que aún se escuchan los graznidos de los oscuros alados que han quedado atrapados, sedientos de sangre. Y secos de vientre.

Drácula

La obra de terror del novelista inglés Bram Stoker, escrita en 1897, ha dado varias veces la vuelta al mundo y quien más, quien menos, todos conocen el argumento de terror. Pero poco se sabe del castillo central de la historia, emplazado en los Montes Cárpatos, cerca de Bestercze, antiguo pueblo de Hungría occidental.

Si mi querido lector está por decidir su viaje a esas regiones, sírvase leer estas instrucciones. Al emprender la gira, es conveniente pasar la noche en el Hotel Golden Krone. Al día siguiente se toma el coche que lo conducirá hasta el paso de Borgo, donde un carruaje del propio conde Drácula, lo transportará hasta la puerta del vetusto edificio. Se llegará —por supuesto— a la medianoche en punto. El castillo fue construido al filo de un profundo precipicio y resulta prácticamente inexpugnable. La residencia es bastante confortable. El lugar más visitado es la capilla, donde se exhiben ataúdes del conde Drácula y sus familiares. Ha de comprenderse que esos cajones son utilizados para el descanso de los vampiros durante el día y no debe visitarse la capilla durante la noche porque los murciélagos de gran tamaño andan revoloteando con ganas de chupetear humores circulatorios. Téngase en cuenta que estos bicharracos alados forman su nombre con *mus*, ratón y *caeculus*, cieguito.

En las alforjas de los visitantes nunca debe faltar una buena provisión de cruces, tiras de ajo, estacas de madera y martillos para proceder a la ceremonia salvadora en caso de tener la desgracia de enfrentamientos ineludibles.

Vampiro viene de *vampir*, espectro o cadáver de un viejo criminal que, según creencias arraigadas en esas regiones, va por las noches a chupar la sangre de los vivos. También se llama vampiro a un murciélago que tiene sobre la cabeza un apéndice en forma de lanza. Vuela de noche con facilidad por un sistema de sonidos y rebotes, similar al radar, que le permite evitar obstáculos aun cuando vuele a gran velocidad. Se alimenta de insectos y también de la sangre de personas y animales a quienes les hace la extracción cuando los encuentra dormidos.

Nuestro amplio idioma ha extendido la palabra vampiro a las personas codiciosas, malvadas y dañinas que se enriquecen por malos medios, chupando la sangre del pueblo (definición textual de la Real Academia y hechos textuales ocurridos en sociedades draculianas).

Como se ve, los vampiros son leyenda. Pero los hay, y no vuelan, se arrastran, muy cerca nuestro y se apoderan de la sangre ajena cualquiera sea el grupo sanguíneo, pues son insaciables y omnitragones.

Jorguín/na

Del vasco, *sorgin*, bruja. Persona que hace hechicerías y la jorguinería es el arte de la hechicería.

Proteo

Extraordinario personaje de la antigua mitología griega. Tuvo a su cargo cuidar focas y otros animales marinos, pues era un dios del mar. Vivía en la isla de Faros y le había sido concedida una capacidad inusitada: convertirse a placer en animal, otra persona, en lluvia, fuego o lo que fuese. Sumaba el don de la profecía, pero jamás comunicaba sus conocimientos a quienes acudían por su ayuda. Para ello, cambiaba constantemente de aspecto.

Nuestro idioma ha asumido la palabra proteico para definir a las personas que cambian a menudo de opinión, ideas, afectos, vinculaciones, ideales. Suele ocurrir que por tanto cambiar y reubicarse, se sienten impunes. Pero a cada Proteo le llega su Menelao, quien habiendo concurrido a utilizar los servicios proféticos, se encontró con que Proteo se modificaba a sí mismo en serpiente, río, león, chancho, lluvia, hojas de árbol, lo cual complicaba seriamente la posibilidad de forzarlo a pronunciarse. Hasta que, harto, Menelao logró apresar uno de esos cuellos y lo obligó a sosegarse. Proteo apareció entonces viejo y arrugado. Suele ocurrir.

Psique

El nombre del alma. Y protagonista de una de las historias más hermosas de la mitología, donde tiene participación directa el dios Eros. Psique era princesa y tenía dos hermanas. Las tres muy bellas, pero ella era deslumbrante. Las hermanas se casaron, pero Psique no lograba concertar relaciones estables, porque los hombres temblaban ante su belleza y esplendor y huían atemorizados. El rey sentía gran angustia porque no podía encontrar pareja justamente para la mujer más bella de la Tierra. Naturalmente, el monarca consultó con su mago de cabecera quien le sugirió vestir a Psique con los ropajes de boda y abandonarla en una roca, donde entonces aparecería un monstruo que solucionaría el problema. El rey cumplió y con terror dejó a su hija sola vestida de blanco. La joven lloraba y temblaba. Un viento suave la levantó en el aire y la transportó a un fantástico palacio de oro, piedras preciosas y maravillosos prados verdes. Psique despertó e intuyó que a su lado estaba el tal monstruo, pero invisible a sus ojos. Él habló y le dijo que la haría feliz, inmortal y siempre joven, pero que era imposible que ella pudiese verlo. La pareja se unió. Por las noches, él abrazaba con pasión a su esposa inquieta. A ella ya no le importaba tanto mirar a su enamorado. Cerraba los ojos.

Psique era feliz de noche y durante el día recorría los pasillos, se extasiaba con las joyas, las pinturas, las esculturas y los tapices. Pronto, sintió nostalgias y comenzó a pensar en su familia. El rey y las hermanas la suponían muerta. Psique rogó y lloró a su marido invisible que le permitiera volver, aunque sólo fuese por un tiempo.

El mismo viento que la trajo la llevó de vuelta. Pero cuando las hermanas vieron que Pisque estaba más bella aún y tan feliz, sintieron celos. La asediaron con inquisiciones buscando sus intimidades y secretos, hasta que ella confesó su marido invisible. Las celosas hermanas la abrumaron y presionaron. Le sugirieron llevar una lámpara y esconderla en el dormitorio y así podría ver la cara del ahora amado sin formas cuando la oscuridad protegiera su secreto.

Psique se dejó convencer y al regresar al palacio, la mismísima primera noche del reencuentro encendió la lámpara mientras su hombre invisible dormía. Psique tembló de emoción y la lámpara dejó caer una gota de aceite hirviendo en el cuerpo del dormido amante. Quemado y molesto, despertó. Era Amor. El dios Amor. Ofendido y quemado, Amor desapareció. Y Psique quedó sola, sin la protección de Amor. No sólo sus hermanas la habían hecho cometer un desatino sino que las otras diosas ahora la hostigaban por envidia. Había tenido el Amor a su lado, rendido, entregado, y lo había dejado marchar. Psique se echó a llorar, se sentía sola en el inmenso mundo y cayó en un largo sueño. Tan profundo que pareció interminable.

Pero Amor no pudo olvidar a Psique. Regresó. La vio dormida y la despertó con una de sus flechas encantadas. Y fueron felices para siempre.

El personaje invisible era un dios: Eros, del griego, amor. Un dios de notable personalidad, hijo de Poros (Recursos) y Penía (Pobreza). Sabía por tanto ingeniarse para lograr su objetivo y tenía medios para conseguirlo. Es quizás uno de los dioses más sagaces porque nada puede impedirle sus deberes.

Eros es el conjunto de tendencias e impulsos sexuales de la persona humana. Los mitólogos aseguran que es clave en el desarrollo de los humanos al asegurar la procreación y continuidad de la especie. Erótico es lo perteneciente al amor, aunque también algunas personas alejadas de la mano del dios, sientan atractivos similares por el dinero, el poder, la ostentación y los privilegios. Eros tiene distintas formas y, en general, los artistas han preferido identificarlo con el nombre romano de Cupido.

Sueños

El rey de Polonia manda a su hijo a la cárcel, a una lóbrega torre, porque los astrólogos —habituales informantes de los poderosos con miedo— habían presagiado que el vástago le quitaría el trono para ocuparlo él. Al pasar los años, el rey siente un leve remordimiento y ordena que traigan a su hijo del encierro para ser juzgado en palacio por su probable intención. El príncipe echa furias y se comporta de malas maneras porque se sentía perseguido injustamente y no conocía los modales de la corte. El rey ordena que lo encierren otra vez. El joven, nuevamente atrapado en la oscuridad, supone que jamás abandonará el tormento y que su fugaz paso por el juicio palaciego había sido sólo un sueño.

Una revuelta de los súbditos provoca la caída del rey y el joven ahora liberado ocupa finalmente el trono. Temeroso de regresar al rincón de sus desgracias y convencido de que la vida era un sueño, se comporta como un príncipe con discreción y altura.

La vida es sueño es la obra cumbre de Pedro Calderón de la Barca (1600-1681), uno de los más grandes dramaturgos de España. El drama refiere el conflicto entre la libertad y la predestinación, el honor, la venganza y el dolor:

> *¿Qué es la vida? Un frenesí.*
> *¿Qué es la vida? Una ilusión,*
> *una sombra, una ficción,*
> *y el mayor bien es pequeño,*
> *que toda la vida es sueño*
> *y los sueños, sueños son.*

Historias verdaderas

Título de un libro escrito por un personaje semilegendario llamado Lucien de Samosata, que por su naturaleza despierta enormes inquietudes con respecto a la veracidad de las historias. Pero aun cuando imaginadas (y sobre todo porque son imaginadas), da gusto repetirlas. Los italianos han dicho y el mundo ha repetido: *Se non e vero, e molto ben trovato,* si no es verdad ha sido bien contado. Veamos.

Cuenta Samosata sobre la Isla de los Sueños en el océano Atlántico, un territorio que se desplazaba sobre el mar, lo que complicaba su localización. Ésa era la idea. Una vez en tierra, se podía conocer que su capital estaba rodeada de bosques y por el aire volaban "los pajarillos de la isla", unos murciélagos horrendos que a la hora del descanso colgaban invertidos de sus colas como negras velas. Las paredes de las construcciones eran multicolores, hechas de hierro, ladrillos, cuernos y marfiles. La pared de cuernos era el pasaje a los sueños; la de marfil, a las pesadillas. Los habitantes son ellos mismos, los sueños, y lucen largos, delicados, hermosos, llenos de gracia o feos, duros, antipáticos. Algunos usan capas y coronas, otros vuelan y no faltan los reyes y reinas volátiles.

El sueño es una actividad mental que ocurre en períodos de buen dormir, aunque Samosata sólo soñaba de día bien despierto, cuando escribía. Lo sabía Cervantes cuando anotó:

> *Bien haya el que inventó el sueño, capa que cubre todos los*
> *humanos pensamientos, manjar que quita el hambre,*
> *agua que ahuyenta la sed, fuego que calienta el frío,*
> *frío que tiembla el ardor y, finalmente,*
> *moneda con que todas las cosas se compran,*
> *balanza y peso que iguala al pastor con el rey,*
> *al simple con el discreto.*

Urinales de Vespasiano

Titus Fabius Vespasianus (9-79), emperador romano, fundador de la dinastía Flavia, fue responsable de la erección del Coliseo. Fue emperador durante un período de orden y prosperidad. Lo sucedió su hijo, Titus Flavius Sabinus Vespasianus (39-81), conquistador y destructor de Jerusalén en el 70.

Pero vamos a relatar aquí un episodio que le ocurrió al padre y que poco tiene que ver con imperios, conquistas y despliegues poderosos.

La orina es un fluido que se forma en los riñones, por lo común de color amarillo, que contiene productos excrementicios. Noventa y cinco por ciento es agua, en la que el ácido úrico, sales minerales, toxinas y otras sustancias se disuelven. Y amoníaco. Que desde muy antiguo se ha usado como producto de limpieza, especialmente por las lavanderas. Advertido por sus sabios de tal cosa, Vespasiano mandó levantar en Roma retretes públicos dispersos por toda la ciudad. Hizo un gran aporte a la salud pública evitando las habituales descargas callejeras. Pero he aquí que esos retretes estaban equipados con grandes tanques para contener la orina. Luego, rancia, se vendía a las lavanderas incrementando el erario público. Su hijo le recriminó semejante procedimiento y el padre contestó, sacudiendo un bolso con monedas: *Pecunia non olet*, el dinero no tiene olor.

Flavio Josefo (37-100), historiador judío autor de *De la guerra judía* y *Antigüedades judaicas,* cuyo nombre era José ben Matías, fue a los 31 años gobernador de Galilea y general del ejército enemigo de Roma. Derrotado, fue llevado ante Vespasiano y perdido por perdido, Josefo declaró que Vespasiano era el Mesías que los judíos estaban esperando. Josefo fue incorporado al séquito imperial, recibió la ciudadanía romana y pensión vitalicia. Pasó el resto de su vida escribiendo historia y procurando explicar las razones de su comportamiento.

O sea que Vespasiano, casi Mesías, gobernante en tiempos de orden y riquezas, levantó urinales, erigió el Coliseo y fue el precursor de los baños en las veredas que adornaron París, aunque nunca se supo si con iguales propósitos sanitarios y fiscales.

Orinar, quién no lo sabe, es expeler líquido que secretan los riñones que pasa a la vejiga de donde va fuera del cuerpo por la uretra. Quién no sabe que se puede decir *hacer pis, hacer pipí, mear...* y que estar *meado por los perros*, es tener la peor suerte.

Pero supongamos que todas esas expresiones caen mal y pueden resultar dañinas a oídos tenues. Entonces, úsese *desbeber* que, como la palabra lo indica, es devolver lo bebido, es reintegrar el líquido ingerido. Ya puede deducirse qué es *descomer*. Una monada.

Algunos avispados practicaban la uromancia, adivinación por medio del examen de la orina y aunque nunca se supo qué adivinaban, seguramente se hicieron fuertes en *cálculos*.

El amoníaco o amoniaco es un gas incoloro de olor irritante, soluble al agua, compuesto de ázoe (nitrógeno) e hidrógeno. Curioso origen tiene su denominación: del latín, *ammoniacus,* que proviene de Ammón, sobrenombre de Júpiter, que se representaba con la figura de un carnero.

Extrañas y viejas historias relatan que cerca de un templo dedicado a Ammón, en el desierto de Libia, había un gran depósito para recolectar la orina de los camellos. Por siglos la orina de los camellos mezclada con sal formaba lo que se llamó *Sal de Ammón* usada para lavado y limpieza.

Los amonitas eran un pueblo bíblico de la Mesopotamia, descendiente de Amón, hijo de Lot. Cuando Abraham obedece al llamado de Dios, Lot, que era su sobrino, parte con él. Luego sería protagonista del dramático episodio de la destrucción de Sodoma, cuando su mujer se convierte en estatua de sal, por volver su cabeza hacia atrás, lo que le había sido prohibido por mandato divino *(Génesis 11:14).*

En 1782, el químico sueco Tobern Olof Bergman, creó una nueva palabra, *ammonia,* amoníaco, para definir el gas compuesto de ázoe e hidrógeno que, unido con el agua, sirve de base para la formación de ciertas sales.

Arquitecto

Palabra de origen griego de curioso significado: mandar a los obreros. Pasó al latín como *architectus.* La arquitectura es la ciencia de proyectar y construir edificios, monumentos, conducir las aguas, construir obras sobre o bajo ellas. En el lenguaje español se ha extendido como sinónimo de autor, creador, padre de un tema o teoría, generador.

La necesidad de construir se ha desarrollado también en moluscos, arañas, pájaros, hormigas, abejas, castores. En el ser humano, la historia de la construcción sugiere la historia de las gentes. Irrefrenable instinto que se desarrolla en las primeras etapas de la cultura, buscando levantar sobre la tierra cobertizos, techos, protecciones familiares, siempre hacia arriba, aunque su entorno les estaba enseñando que todo empuja hacia abajo.

Es ineludible la referencia arquitectónica cuando se estudian las construcciones mesopotámicas, egipcias, aztecas, mayas, griegas, romanas, islámicas, cristianas, orientales.

En la mitología griega, Agamedes, fue un célebre arquitecto y sus hijos siguieron la misma actividad del padre. Juntos idearon y construyeron famosos edificios. Uno de ellos fue el templo de Apolo en Delfos. Al concluir la obra reclamaron al dios su paga. Apolo les pidió que volvieran en ocho días, pero mientras tanto que no se privaran de ningún placer ni comida. La octava noche, los arquitectos murieron agobiados de manjares, vinos y excesos. El dios creyó que ésa había sido la mejor paga.

La popular expresión *paga Dios,* refiere a quien se hace el tonto cuando llega la hora de afrontar un gasto. O sea, paga Dios, paga nadie. De algún lado surgen las conductas.

El arquitecto más famoso de aquellos tiempos griegos, fue Dédalo. Personaje notable, siempre asociado al laberinto de Creta que él construyó por orden del rey Minos. Allí habría de ocurrir la maravillosa historia del Minotauro, Ariadna, su ovillo de hilo y Teseo. El propio Dédalo quedó atrapado en el laberinto con su hijo Ícaro, de donde salieron por arriba, con alas de cera.

Menos conocida es su historia con el rey Cócalo en Sicilia. Cuando Dédalo escapó por los aires huyendo del rey Minos, de quien había perdido sus favores, Cócalo lo ocultó. Minos ideó una trampa intelectual para atrapar a Dédalo, a quien sabía un hombre de inteligencia excepcional. Minos recorría los caminos anunciando grandes premios a quien supiese cómo pasar un hilo por los intrincados vericuetos de un caracol que forman un laberinto aparentemente sin salida. Minos supuso —y supuso bien— que Dédalo se sentiría atraído por el desafío.

El arquitecto, en secreto, ató un hilo a una hormiga y puso a la pequeña caminadora a la entrada del caracol. Allí marchó el himenóptero rumbo al extremo insignificante del caracol de donde emergió con el hilito. Cócalo exhibió la concha enhebrada a Minos y éste exigió la entrega de Dédalo, seguro como estaba de su intervención. Cócalo pidió a sus hijas que antes preparasen el baño para el invitado real que, incauto, marchó a la inmersión, que el propio Dédalo hizo fluir hirviendo, a través de un sistema de cañerías que había diseñado al efecto. Al primer hervor, se fueron el rey y sus rencores.

Valle de los diamantes

Historia de autor anónimo de origen árabe. En el océano Índico una isla había adquirido fama entre los aventureros, porque en sus valles abundaban inmensas cantidades de diamantes tirados por el suelo... como si tal cosa. Sin embargo, no era cuestión de meterlos en bolsa, pues los diamantes preciosos eran carnívoros. Así como se lee y se supo. Mano que se les arrimaba, mano que se tragaban.

Hasta que un explorador sagaz ideó un método notable. Sus colaboradores sacrificaban unos cerdos, los desollaban y cortaban sus carnes en trozos bien untados en aceite. Y dejaban los bocadillos al alcance de las piedras hambronas. Los diamantes se abalanzaban sobre la carne y engullían los bocados. A la tarde, los diamantes, al igual que los humanos, debían descansar tras los banquetes y echaban una siesta. Trozos de carnes adheridos a los diamantes adornaban el paisaje. Aparecían entonces las águilas que arrasaban con las sobras que eran nada menos que diamantes envueltos en jamón. Las aves, al retornar a sus nidos en las alturas, encontraban exploradores que las asustaban y espantaban. En los nidos quedaban los trozos buscados. ¡Cuántos dedos de damas empinadas lucirán anillos con diamantes de este valle contencioso!

Lago del caldero

Irlanda conoce la historia del gigante rubio que encontró un enorme caldero que tenía propiedades mágicas. Si un muerto es depositado en su interior, recuperará la vida; pero jamás volverá a hablar. Los revividos por este sistema se convirtieron en notables guerreros. Pero evitaron la carrera política.

El gigante se llamaba *Llasur Llaesggyvnewid*. Su mujer e hijos gastaban el día realizando todo tipo de maldades. Los habitantes de la región, agotados por tanto daño, construyeron una jaula de acero donde lo encerraron hasta que fue remitido a Gales. Llasur rompió la cárcel, pero luego enmendó su conducta, sirviendo lealmente al rey. El caldero permaneció en Irlanda donde es celosamente custodiado.

Vikram

El explorador inglés Richard Francis Burton (1821-1890), experto en lenguas y escritor, viajó en 1853, disfrazado, aprovechando que dominaba el árabe, a las ciudades sagradas de Meca y Medina, donde no se permiten extranjeros infieles. Burton trató infructuosamente de encontrar la fuente del río Nilo. Entre sus trabajos, figura una notable traducción de *Las mil y una noches* al inglés. En su obra *El rey Vikram*, cuentos clásicos hindúes de aventuras, magia y amor, relata la historia de Gandharva-Sena que ofendió al soberano del firmamento y por ello fue convertido en asno y obligado a andar sin rumbo fijo. Sólo durante la noche, por gracia de los dioses, podía ser hombre. Cuando lucía humano era de buena facha y así consiguió que el rey le otorgara la mano de una de sus hijas. Pero la boda debió celebrarse de día y se apareció el asno para desesperación de la Corte y sus habituales empingorotados y pingorotudos circundantes. Cundió la duda en el rey, pero el asno habló en perfecto lenguaje sánscrito y le recordó que una promesa debe ser cumplida, especialmente por los soberanos. El rey carraspeó, pero dio el visto bueno. El asno y la princesa se casaron. Tuvo suerte la niña porque de noche se aferraba al apuesto caballero y de día, bueno, andaba desconsolada. Finalmente, el asno se reconvirtió y recicló. Todos procuraron olvidar las peripecias del asno parlanchín. Y la novia calló para siempre sus secretos de alcoba.

Burro flautista
Fábula en verso de Tomás de Iriarte

Esta fabulita,
salga bien o mal,
me ha ocurrido ahora,
por casualidad.
Cerca de unos prados
que hay en mi lugar,
pasaba un borrico por casualidad.
Una flauta en ellos

halló, que un zagal
se dejó olvidada
por casualidad.
Acercóse a olerla
el dicho animal
y dio un resoplido
por casualidad.
¡Oh! —dijo el borrico—
qué bien sé tocar.
¿Y dirán que es mala
la música asnal?
Sin reglas del arte
borriquitos hay
que una vez aciertan...
por casualidad.

El asno es animal solípedo (que tiene los dedos fundidos en el casco, como el caballo), sufrido y trabajador. En la Biblia aparece decenas de veces cumpliendo todo tipo de tareas de carga y hasta integrando un ejército montado: "Si ves caballería, parejas de caballeros, hombres montados en asnos, hombres montados en camellos, presta mucha atención" (*Isaías 21:7*). El asno era en aquellos tiempos posesión valiosa o un buen regalo o materia de trueque. En la historia de Balam (*Números 22:21*) habla y salva a su amo del castigo de Dios. La mandíbula de un asno es la que usa Sansón para derrotar a mil filisteos.

En el *Evangelio según San Lucas*, Jesús ridiculiza la mezquindad de las prescripciones sabáticas que han formulado los fariseos al preguntarles: "¿Es lícito curar en sábado o no?" Y luego agrega: "¿Quién de ustedes si su hijo o un *asno* cae a un pozo, no lo saca inmediatamente aunque sea sábado?"

La imagen de Jesús montado sobre la grupa de un asno es un símbolo muy fuerte, porque no era animal fácil de montar. Según la tradición, la tira de pelo blanco en la espalda del asno, cruzada por otra sobre sus hombros, fue la cruz que se marcó en el animal cuando Jesús lo montó en Su entrada triunfal a Jesuralén.

El arte cristiano le dio un lugar importante en la escena de la Natividad. El idioma, por el contrario, lo ha tratado duramente. Asno se usa para definir a una persona ruda, torpe y de poco entendimiento.

Asno cargado de letras, quien se las da de erudito, pero tiene pocos alcances.

Caerse del asno, comprender finalmente que aquello que se sostenía con fiereza, era un error.

No ver tres sobre un asno, ver muy poco.

Asnejón es aumentativo y despectivo, persona torpe.

Loros

En 1750, apareció en Londres el trabajo de un cronista francés que relataba un viaje a una montañosa región que iba a ser llamada Isla de los Loros, situada en alguna latitud de la imaginación.

Un navío inglés llegó a sus costas para reabastecerse de agua fresca. Entre los pasajeros viajaba un mago al que nadie prestó demasiada atención durante la travesía porque parecía un charlatán. Al llegar a tierra, el mago anunció pomposamente que esa isla sería desde ahora su residencia oficial y que él gobernaría el territorio del que tomaba posesión en ese instante. La tripulación y pasajeros reembarcaron y retomaron su rumbo. El mago quedó en tierra. Con hechizos y pases conquistó el favor de los nativos que lo hicieron su jefe. ¡Era mago, nomás!

Pero había un truco notable que el hombre aprovechó. Los lugareños eran mudos. Todos. Bastó con que el hombre hablara un poco para que los habitantes quedaran patitiesos, sorprendidos, extrañados, embelesados. Nunca habían escuchado semejante prodigio.

La vida transcurrió tranquila, pacífica y alegre. Pero el mago se hizo viejo. Nunca les había enseñado a hablar conservando para sí la palabra y el poder. Y murió.

Tiempo después un naufragio arrojó a las arenas de la isla un hombre, una mujer y un loro. Cuando los indígenas escucharon hablar al lorito supusieron ahora que hablar no sería tan complicado si el bicharraco emplumado podía hacerlo. Ya no se trataba del rey mago. Ahora eran dos personas andrajosas y un pájaro parlanchín.

Poco a poco el loro fue contando su historia. Era un príncipe a quien su propio padre había convertido en loro, asegurándole que sólo recuperaría su aspecto real cuando hiciera una gran obra.

El loro creyó que esta isla y sus mudos paisanos serían su oportunidad. Y comenzó la tarea. Enseñó a hablar a los niños, formó grupos, levantó escuelas. Las gentes eran ahora voraces parlantes. Una de las jóvenes isleñas sintió atracción hacia el lorito y aunque le costó explicárselo, una tarde lo tomó en sus brazos y le aplicó un beso en el pico. Por supuesto: el loro se transformó en esbelto joven. El pueblo proclamó a la pareja reyes de la isla y se dedicaron a importar loros para criarlos en la ahora *Isla de los Loros*. La vida ya no fue igual. Ahora conocieron la poesía, los discursos y los dobles mensajes, la mentira, la adulación, los juramentos y las palabras groseras. Hablaban. Como loros.

Montaña de las Nubes

Para acceder a esta montaña, era necesario llegar acompañado por magos persas que conocían los senderos que evitaban los precipicios. Los magos tenían conocimientos de alquimia, por lo que los excursionistas que contrataban sus servicios debían tomar cuidadosos recaudos, porque los magos solían sacrificar a los viajeros para emprender tortuosos experimentos químicos. Por eso, los turistas debían estar muy atentos al momento en que los guías encendían la mecha y calentaban sus calderos. Los humos emergentes, espesos y oscuros, se convertían en camellos. Prontamente había que treparse en los etéreos animales e insertarse entre las jorobas. Marchar siete días hasta encontrar un palacio de paredes doradas donde las hijas del rey tratarían de seducirlos con artes incitantes. Si las chicas los despreciaban, era indispensable matar a los camellos, cubrirse con sus pieles y acurrucarse envuelto en ellas. Llegaban los buitres que se lanzaban sobre las pieles creyéndolas animales muertos y con sus garras prisioneras levantaban vuelo con la carga hacia la cúspide de la Montaña de las Nubes. Tan pronto eran depositados en el suelo, los viajeros debían echar alaridos estentóreos, lo cual hacía que los buitres huyeran despavoridos pues no tenían experiencia ni instintos que alertaran sobre camellos muertos que chillaran de tal forma. Los estímulos interiores de las aves rapiñosas les ordenaban huir de tal engendro. Los humanos debían hacer otro tanto.

Este turismo de aventura por escalamiento ha sido descripto por los emprendedores como complejo y ordenaban la conveniencia de largarse de allí tan pronto hubiese terminado la exploración, bajando por la ladera que conducía al mar. Y así podía concluirse con este periplo legendario. No sólo de oro, piedras preciosas, especias y joyas vive el hombre.

Némesis

La febril actividad mitológica no daba descanso a los habitantes de esos tiempos turbulentos. Dioses, diosas, mensajeros, guerreros, descendencias complejas, luchas incesantes, viajes interminables poblaban las avenidas de la realidad fantástica. Y para cada fenómeno, un personaje. Así nació Némesis, la venganza divina, preparada para castigar el crimen y convertirse en rival formidable. A quienes cometieran barbaridades, les retribuía de malas maneras, aunque Némesis también atendía otros excesos, como la abundancia de felicidad en los mortales o la exagerada vanidad de los poderosos.

¿Dónde andará Némesis estos días?

Nicolás, el peje

Increíble personaje popular italiano, que dividía su tiempo entre Sicilia y el continente, aunque nada de barcazas o canoas. Nadando, señor. Iba y venía echando brazadas. Saludaba a los marinos de ambas márgenes y les traía noticias. Un correo acuático sin patas de rana ni asistencia alguna. Por eso era el peje, el pez (misma expresión usada por el *Martín Fierro),* pues vivía más tiempo en el mar que en la tierra. Un día, el rey de Nápoles, lanzó al mar por razones desconocidas, perversas o descuidadas, una vasija de oro, reluciente y ape-

154

titosa. Nicolás, el peje, que además de correveidile marino, tenía ambiciones terrenales, se arrojó a las aguas en su procura. Y allí terminó su historia. Nunca se supo más de él, ni de la vasija ni del rey. Una por dorada, otro por avaricia y el tercero por olvido de la historia selectiva. Suele pasarle a los reyes.

Arimaspian

Tierra imaginada por autores tan distintos y no contemporáneos como Herodoto, John de Mandeville, Marco Polo o Gustave Flaubert. Emplazada en las Montañas de la Luna, África, está habitada por una raza de seres con un solo ojo, enemigos feroces de los grifos (criaturas fabulosas mitad águila, mitad león). Estos grifos son tan fuertes que pueden levantar un buey con sus dos garras y un caballo con sólo una. Nadie sabe para qué harían semejante cosa, pero, bueno, es lo que hacen estos grifos.

Además de los uniojos y los grifos, viven en sus praderas los Mercoleones, que por delante parecen leones y por atrás hormigas. Por su naturaleza compleja, no pueden comer carne (porque son hormigas) y no pueden comer semillitas (porque son leones). De manera que perecen prontamente.

Quienes cuentan sobre ellos, juran haberlos visto en sus viajes o recogido información veraz de *fuentes fidedignas*. Ante mí que doy fe, habría dicho Plinio el Viejo (23-79 a. de C.) cuando escribió su *Historia natural*, treinta y siete tomos sobre el universo, geografía, antropología, zoología, botánica y mineralogía, contando sobre lugares que jamás había visitado y repitiendo historias que le contaban aventureros de sillón.

El problema con Plinio no eran las fantasías sino las mentiras serias. Peores que la imaginación irreal y alegre. Contra los relatos de ficción, hay defensa, aunque inventen realidades. Contra los mentirosos, la buena fe queda inerme.

Calcurá

En el suroeste argentino se conoce la piedra negra con agujeros, supuestamente aurífera, llamada Calcurá. Los aborígenes la conocen como *melimilla,* cuatro oros. Los visitantes suelen usar las hendiduras de la piedra para insertar en ellas bolsitas con azúcar, monedas, migas de pan y otras menudencias tendientes a obtener favores de un brujo que vive aprisionado en el interior de la roquita.

Debe tenerse presente que no basta con insertar regalos sino que el devoto ha de dirigirse a la piedra de ojos negros y profundos y expresar su pedido en voz suave. Se sugiere devoción y confianza. Y sacar la mano con rapidez. Nunca se sabe…

Cavalet

La isla donde los peces de la mar vienen una vez al año a hacer reverencias, según cuenta John de Mandeville en su fantástico *Libro de las maravillas del mundo.* Es tierra hermosa y de todo bien, donde el rey hace traer para sí las más hermosas mujeres de la Tierra y elige una por noche y otra para otra noche y así transcurre su vida. Sólo es fiel cada noche. Aprovechando su capacidad de procreador perseverante, tiene gran número de hijos. Además, es dueño de trece mil elefantes (obtenidos por otros medios). Los paquidermos son usados en combate y cargan castillos sobre sus lomos. Los caracoles son de tal tamaño que suelen ser usados como viviendas, como los caños de otras latitudes.

Se comprende ahora por qué los peces hacen reverencias y cómo el rey ha sabido cumplir el mandato: "Sean fecundos, multiplíquense, llenen la Tierra".

Kroac

Personaje mítico del norte de Europa que alguna vez le arrebató a un espíritu perverso un espejo de oro que aquél usaba para cautivar mujeres hermosas. Kroac enterró el objeto maligno. De noche la tierra temblaba, justo donde él había escondido el espejo y aparecían lenguas de fuego que asustaban a las damas. Kroac decidió recuperarlo. Cavó durante días sin éxito. Tres meses de excavaciones hasta que llegó al submundo de Yanac, el diablo verde que custodiaba el fuego. Kroac encontró el espejo y lo arrojó a esas llamas, donde el artefacto mágico se derritió.

Desde entonces, en la región se fabrican espejos de oro como aliados indispensables para atraer, seducir y conquistar a las más bellas.

Si mal de amores es el problema, espejo de oro es la solución.

Megapatagonia

Un relato anónimo francés del siglo XVI imagina y describe un archipiélago llamado Megapatagonia, entre Tierra del Fuego y la Antártida, habitado por seres humanos que actúan como animales. En una isla están los hombres-perros; en otra, los hombres-osos, los hombres-monos y así sucesivamente. Sólo una isla está ocupada por hombres-hombres, tan incivilizados que son bestiales.

Sólo trabajan cuatro horas por día en lo que les plazca y lo consideran un gran placer. Como son lo opuesto a Francia, su idioma es inverso al francés. Buen día, *bon jour,* se dice *nob ruoj.* Usan sus botas en la cabeza y los sombreros en los pies. Como resulta obvio, la capital de este extraño condado es *Sirap.*

República de los Césares

Varios autores escribieron en los albores del siglo XIV, historias descriptivas de esta tierra al pie de los Andes, entre Chile y la Argentina. Contaron que un grupo de familias holandesas habría llegado en tres barcos, luego de cruzar el Estrecho de Magallanes. Los acompañaban doscientos huérfanos. Traían animales, semillas, armas, provisiones, instrumentos y herramientas para afincar en una tierra nueva y promisoria. Construyeron casas muy agradables, las rodearon de jardines y emprendieron las obras del Museo de Curiosidades Naturales, la Biblioteca, la Escuela y el Cementerio. La capital se llamó Salem. La Constitución ordenaba que todos los habitantes eran hermanos y todos debían trabajar, con excepción de viudas y huérfanos, de quienes se ocupaba el Estado. Los legisladores debían tener 40 años, ser protestantes y casados. Los conquistadores españoles buscaron activamente este territorio que nunca fue hallado.

Los materialistas creyeron que se trataba de la montaña de plata, Potosí. Sebastián Caboto envió en 1536 al capitán Francisco César como encargado de una expedición que debía encontrar aquella sierra plateada. Salió del Río de la Plata que ya anunciaba la idea, tomó hacia el norte, luego al oeste, pero no pasó de las sierras de Córdoba, que, lamentablemente, carecían de preciosidades minerales. El capitán fracasado habría dado su nombre a las tierras perseguidas y no encontradas.

Cuando, finalmente, Potosí fue encontrado, el horror cubrió las faldas del cerro encantado, aunque de los holandeses nunca se supo.

Potosí, situada a 4000 metros de altura al pie del cerro que lleva su nombre en Bolivia, fue una de las capitales más importantes del continente nuevo, llamada por entonces Villa Imperial.

Los Incas conocían el cerro maravilloso, *Sumaj Orcko*, gigantesco, pletórico de colores porque guardaba en sus entrañas rocosas, piedras preciosas y minerales ricos. Los primeros indígenas que extrajeron esos pedernales brillantes sintieron que todo temblaba y la tierra rugía cuando una voz les advirtió que esas gemas no eran para ellos. Pertenecían a los dioses. Huyeron despavoridos y cambiaron aquel nombre por el de *Potojsi*: que truena y tiembla. Pero otros semidioses carnales y acorazados, llegaron y abrieron una herida ancha en el cerro donde la luna echó sus luces que rebotaron en muchos espejos extraños. Plata. En aquellos tiempos casi o más valiosa que el oro. Los ecos de la montaña no fueron escuchados, sordos como estaban los mineros nuevos. La herida se hizo enorme y derramó sus entrañas sobre los recién llegados que no eran los dioses, pero ciertamente eran lejanos, de otros mundos, del más allá comprensible.

Los poetas suelen llamar a la Luna, estrella de plata, mancha de plata y otras menudencias estilísticas. ¿Por qué no vemos, entonces qué es la plata? Metal blanco, brillante, dúctil, maleable. Uno de los metales preciosos. Símbolo: *Ag (Argentum).* De los primeros usados por los seres humanos. Ejemplos de su uso artesanal se encontraron en Asia, Egipto, Fenicia, Roma, Bizancio. La plata de las colonias españolas, fue fundamental en ornamentos tradicionales indígenas. Su búsqueda dio origen a los nombres Río de la Plata y Argentina. Es un gran conductor de electricidad y se usa para espejos, monedas, utensilios, antiséptico, joyería y odontología. En estado puro es casi blanco, lustroso, blando, dúctil, maleable y muy sensible a la luz.

Para los antiguos folklores, la plata era además un metal con poderes mágicos y sobrenaturales. Las balas de plata se reservaban para matar vampiros, hombres lobos, gigantes perniciosos, brujos malignos y brujas desquiciadas. La plata es protectora contra el mal de ojo, malos espíritus e influencias negativas.

Desde muy antiguo ha sido usada en amuletos protectores.

Los incas no consideraban a la plata un mero metal sino material divino, asociado con la Luna y por eso lo llamaban *lágrimas de luna.* Los alquimistas también vinculaban la plata con la Luna. Los chinos llaman a la Luna, vela de plata.

El platino es un metal de color plata, menos vivo y brillante, muy pesado. Es otro metal precioso. Símbolo: *Pt.*

Platero es quien trabaja la plata. Platero es también el asno de color gris plateado y de allí *Platero y yo,* la encantadora obra en prosa de Juan Ramón Jiménez (1881-1958), maestro de la literatura española, que cuenta sus andanzas por tierras de Moguer, a lomos de un paciente burrillo, Platero. Otras obras suyas en verso, *Alma de violeta, La soledad sonora, Estío.* Jiménez fue Premio Nobel de Literatura en 1956.

Ofir

En diferentes libros de la Biblia (*Reyes, Crónicas, Salmos, Isaías*), se menciona el fabuloso reino de Ofir, al sudeste de Arabia. Las leyendas no bíblicas exageran explicando que en estos lares los valores principales eran la vida santificada (oro), la justicia (plata) y la rectitud (marfil). El propio rey Salomón fue quien trajo las riquezas y encargó el gobierno a los monos y los pavos reales. La blasfemia, la grosería del lenguaje y la torpeza eran severamente castigados. Los ladrones debían devolver el doble de lo que hubiesen robado y los criminales sentenciados cargaban sobre sus cabezas yunques de hierro tan pesados como fuese posible.

En el *Antiguo Testamento*, la reina de Saba homenajea al rey Salomón regalándole madera de sándalo y piedras preciosas transportadas desde Ofir.

Silvano

Anciano romano de largas barbas blancas, pero con la fuerza de un joven atleta, fenómeno con el que aún sueñan los modernos ancianos no mitológicos. Silvano fue autor de un prodigio extraordinario. Durante una batalla entre etruscos y romanos, la contienda fue larga y sangrienta. El campo de lucha quedó cubierto de cadáveres y era casi imposible saber quién había triunfado. O si ambos habían perdido.

Cuando las luces de la tarde comenzaban a esfumarse, se oyó una voz inmensa, fenomenal, de volumen descomunal que atravesó con su sonido el campo anunciando el triunfo de los romanos, porque los etruscos habían perdido un hombre más que ellos. Los sobrevivientes procedieron a la macabra contabilidad de los muertos. Tras horas de espantos y recuentos, quedó probado el punto. Un cadáver más de los etruscos. Fin. Batalla ganada.

El gran héroe no había sido el espadachín vigoroso, ni el luchador desmesurado ni el revoleador de mazas truculentas. Había sido Silvano, el que gritó. La clave del encuentro. Había aprovechado su fuerza atlética para alimentar sus pulmones y cuerdas vocales y proferir el alarido de la victoria.

Desde entonces, fue consagrado dios de los bosques (*silvae*) y aparecía rodeado de árboles, quizá símbolos de los muertos inmóviles. Con el tiempo, menos atlético y más viejo, Silvano se volvió bromista y malicioso. Asustaba a mujeres y niños y espantaba a leñadores y cazadores porque depredaban sus dominios. Aún quedan en estos tiempos silvanos varios que gritan mucho, asustan gente, pero no sirven para nada.

Isla de los Caníbales

En algún lugar del Caribe, debidamente oculto, está la Isla de los Caníbales que guarda el secreto de sus habitantes que se hacen llamar *Caribes*. Son aficionados a los pajaritos a los que capturan encendiendo pequeñas hogueras al pie de los árboles. El humo sofoca a las aves hasta que caen mareadas. Ningún extranjero puede intentar este método por el riesgo de incendio en los bosques, porque sólo los Caribes saben controlar el fuego. Sienten, además, especial atracción por la carne humana. Aseguran que los humanos tienen varias almas, la principal en el corazón. A la muerte, el alma magna es guiada al cielo y las otras se dispersan, provocando luego tormentas y malas conductas terrenales. Cuando uno de ellos muere, todos deben asistir al funeral y si alguno falta, se supone que él ha matado al fallecido y por lo tanto, debe seguir su destino o defenderse matando a todos los asistentes. Como es de suponer, el ausente suele ser comida como parte del velorio.

Hay otras tribus que ofrecen a los forasteros exquisitos manjares y leche de coco. Pero se ha sabido que esas comidas incluyen fuertes polvillos alucinatorios que provocan la locura. Entonces, los nativos preparan banquetes de turistas *à la mode*, con salsas fuertes sólo para el rey y más suaves para el resto de los muchachos. Sobre gustos no hay nada escrito, dicen en estas islas imaginadas, donde cada día son más escasas las ofertas culinarias.

Isla de los Pingüinos

Fue descripta por Anatole France (1844-1924), cuyo nombre era Jacques Anatole Thibault. Escribió la historia de un aventurero condenado al destierro por el mismísimo diablo en una solitaria isla del Ártico, sólo habitada por pingüinos. Los animales descienden del *Auk*, ave nadadora de la familia *Alcidae*. Son torpes en tierra firme donde sólo establecen sus nidos, lugar al que retornan cada año. Los originales *Auk* se extinguieron a mediados del siglo XIX. Lo curioso de Anatole France es que estableció su isla imaginaria en el Ártico, donde no hubo ni hay pingüinos, animal exclusivo de las zonas australes, donde no hay mamíferos enemigos. Pero para eso, la imaginación.

De todas formas, el aventurero que llegó desterrado, era un hombre tierno y creyente y como no tenía más compañía que las aves, decidió bautizarlas. El arcángel Gabriel se conmovió ante este gesto y convirtió a los pingüinos en seres humanos e hizo que la isla derivara hasta el norte de Francia. Los pingüinos venidos a ser mujeres y hombres, al igual que Adán y Eva, primero descubrieron su desnudez, luego la propiedad y más tarde se dividieron en clases (quizá por eso el idioma español llama a los pingüinos "pájaros bobos"). Finalmente, llegaron a ser una república de cincuenta millones de habitantes.

Todo señala que la isla siguió flotando a la deriva y nadie sabe su actual destino, aunque se puede encontrar su historia completa en la obra escrita en 1908. Buen viaje.

Ciudad de los Monos

Relato anónimo del siglo XIV que cuenta de esta ciudad sobre el océano Índico. Seres humanos y monos compartían el territorio. Pero, de noche, simios de toda laya, invadían la ciudad y arrasaban con cuanto ser humano se atreviese a andar por las calles, matándolos sin piedad. Por supuesto, hombres, mujeres y niños, en cuanto caía la tarde, huían a refugiarse en los barcos surtos en el puerto. Allí dormían. Por la mañana, el poder cambiaba de manos. Los monos se retraían cansados por sus aventuras nocturnas y, agotados, daban la espalda a la ciudad y a sus habitantes que, ahora armados de piedras y palos, perseguían con furia a los peludos que trotaban rumbo al bosque y los árboles. De ese modo comenzó a forjarse la riqueza exportadora de la ciudad, pues los monos al huir, para mantener a raya a los humanos, les arrojaban cocos en cantidades fantásticas. Recogidos y vendidos en mercados vecinos, los habitantes se regocijaban durante las jornadas soleadas y partían presurosos a las primeras sombras de la noche.

Y así durante mil y una noches y millones de cocos.

162

Kukuana

Las minas del rey Salomón es el título de la obra de Henry Rider Haggard (1856-1925), novelista inglés, autor de las aventuras que alcanzaron fama mundial. Se trata de una expedición al África en 1884 que encuentra en una montaña una hendidura cavada en la roca que, a través de varias galerías, transporta a los audaces aventureros a Loo, la capital de Kukuana y desde allí, a la montaña de las Tres Brujas. En su cúspide se pueden ver las minas de diamantes que estremecen los espíritus por su magnificencia y esplendor. Tres enormes estatuas actúan como protectoras de las minas y representan una diosa y dos dioses. Uno de los pasillos, que parecen brillar como antorchas, lleva al patio de los muertos, tumba de los reyes de Kukuana, donde un gigantesco esqueleto con una lanza en la mano y poderosa piedra en la otra, pareciera indicar que en cualquier momento la calavera se lanzará al ataque. Superada esta instancia se llega a la cámara del tesoro donde, además de miles de diamantes de todo tamaño, se guardan cuatrocientos colmillos de elefantes. Se advierte a los visitantes tener sumo cuidado al cerrar la puerta, porque suele trabarse atrapando a lo usurpadores de toda calaña. Sería bienvenida tal puerta como custodia de los tesoros públicos. Se sabría quiénes intentaron robarlos y se conservarían los caudales.

Filemón y Baucis

Bella y dramática historia de Zeus, el máximo dios del panteón griego y su hijo, Hermes (Mercurio para los romanos). Hermes es el mensajero de los dioses, conductor de las almas hacia el mundo oculto, dios de los viajeros, de la música, de la suerte, de la elocuencia, del comercio, las trampas y los ladrones.

Extraña mescolanza envolvía a este Hermes que, además, usaba sandalias con alas, cubría su cabeza con un casco de ala ancha y blandía el caduceo, vara delgada, lisa y cilíndrica envuelta por dos culebras, símbolo antiguo de la paz y hoy del comercio.

Pues bien, padre e hijo, figurados como simples viajeros recorrían los pueblos pidiendo asilo a sus habitantes. Éstos, desconfiados, le fueron negando ayuda hasta que los paseantes llegaron a la débil casucha de Filemón y Baucis, dos ancianos pobres que apenas se sustentaban. Sin embargo, ellos los acogieron bajo su techo. Los dioses enviaron un terrible diluvio que ahogó al pueblo y sus habitantes, pero protegieron la casa de los ancianos elevándola. Luego transformaron la enclenque choza en un majestuoso templo y para que Filemón y Baucis no fuesen nunca separados, los convirtieron en hermosos árboles que hoy se alzan frente al templo que fue cabaña.

Nuestros modernos tiempos ofrecen ejemplos inversos: templos, hospitales, edificios públicos, estatuas beneméritas, instituciones sólidas, terminan convertidas en casonas inservibles y los ancianos en trémulas plantitas que nadie riega ni cuida.

Glauco

Hay varios en la mitología clásica que responden al nombre de Glauco. En este artículo se contará la historia de un niño de ese nombre, que siendo muy pequeño cayó accidentalmente en un gran barril lleno de miel. Su padre lo buscó desesperadamente. Finalmente encontró su cuerpo exánime. Atacado de tremenda angustia, buscó la ayuda de adivinos, curanderos, magos y milagreros que le devolvieran la vida. Unos personajes que tenían dones proféticos le sugirieron buscar el auxilio de un hombre que fuese capaz de describir con exactitud el color de una determinada vaca, cuya tonalidad cambiaba tres veces por día: blanca, roja y negra, para volver a repetir el ciclo al día siguiente. Quien lo hiciese podría resucitar al niño.

El padre de Glauco reunió a los hombres más inteligentes de la comarca para averiguar quién podía resolver el acertijo. Uno de ellos, Polido, dijo que el color de la vaca era como la mora porque comienza siendo blanca, luego roja y más tarde cuando madura, negra. El color de la mora era el color con exactitud. Él debía ser capaz de resucitar a Glauco.

Resuelto el enigma, Polido se encerró con el cadáver de Glauco y al poco tiempo vio entrar a una serpiente. Temeroso de que lastimase el cuerpecito, mató al ofidio. Poco después otra serpiente entró al recinto. Cuando vio a su congénere muerta, se retiró para volver con unas hierbas en sus fauces, las que arrojó sobre el cuerpo de la víbora muerta. Ésta se recuperó en el acto y ambas se marcharon reptando alegremente. Polido buscó la misma hierba, frotó a Glauco quien revivió de inmediato.

El tema de las serpientes curadoras se reitera. Una heroína de las fábulas llamada Moria, es protagonista de otro suceso. Su hermano, Tilo, fue mordido por una serpiente y el joven murió en el acto. Moria llamó desesperadamente a los dioses procurando ayuda ante lo irremediable. Mandaron al gigante Damasén, quien llegado al lugar arrancó un árbol y aplastó a la serpiente dañina. La hembra víbora que acompañaba al portador de la ponzoña ahora cadáver, huyó al bosque, regresó rápidamente cargando unas hierbas que aplicó sobre la nariz de su difunto compañero de aventuras arrastrosas. El ofidio se recuperó. Moria hizo lo mismo y Tilo volvió a la vida hecho un pibe.

¿Será verdad? La gran ventaja de la mitología es que todo puede suceder. Mejor así.

Cuniraya Huiracocha

Remota leyenda andina, asociada con la sierra Huarochiri o Waru Chiri, Perú. Cuniraya era un dios campesino que ocultaba su jerarquía vistiéndose con harapos y recorriendo pueblos mientras soportaba ser tratado indignamente y con desprecio. Él, sin embargo, preparaba la tierra para los cultivos, regaba, abría acequias y generaba frutos. Cierto día, divisó a lo lejos a la mujer más bella que sus ojos habían ubicado. Averiguó su nombre: Cahuillaca, que también era hija de dioses y pretendida por hombres de alta estirpe. Cuniraya, andrajoso, prefirió convertirse en pájaro y voló hasta un árbol cercano, donde descansaba la doncella. Cuniraya vertió su semen en uno de los frutos del árbol y luego hizo que la rojiza y tentadora fruta carnosa, cayera junto a la joven que rápidamente comió la fruta. La diosa quedó embarazada siendo virgen. A los nueve meses dio a luz un niño sin saber cómo habían ocurrido las cosas ni quién sería responsable de la magia, pues ella sabía a ciencia cierta que nunca había concretado relación alguna.

Al año, la joven citó a todos los dioses para imponerles la verdad y exponer a su hijo ante ellos. Todos supusieron que tal encuentro era para elegir consorte. Vinieron todos, incluso Cuniraya, pero hecho un desastre harapiento. Todos los dioses negaron su paternidad y la doncella ni siquiera interrogó a Cuniraya: no suponía ni imaginaba que ese guiñapo pudiera haber engendrado a su niñito. El chico, que ya gateaba, bajó de la falda de su madre y se arrastró hasta los pies de Cuniraya, apretándose a él. La madre, presa de pánico tomó al bebé entre sus brazos, gritando horrores y desesperada, porque todo indicaba que aquel ser despreciable era quien la había poseído. Cuniraya comprendió el malestar que había causado y cambió sus harapos por un traje de oro y piedras preciosas que echaban fulgores coloridos. Lo rodeaba un arco iris brillante y gritaba sus amores reclamando los de Cahuillaca. Ella no quiso escuchar ni mirar. Huyó y comenzó a correr desenfrenada. Llegada al filo de la sierra se arrojó al mar con su hijo en brazos. El dios mendigo trató de alcanzarla y a medida que corría interrogaba a los animales que venían a su encuentro por su amada. Un cóndor, un zorrino, un zorro y un puma le fueron dando información, pero tardía. Cahuillaca y su niño habían llegado al fin de sus vidas y otro gran dios benefactor los había convertido en islas.

El pobre amante frustrado nunca pudo calmar su pena y desapareció vagando por el mundo al que baña con su llanto constante. *O acaso, ¿no saben que la lluvia es ese llanto?*

Heimdall

Antiguo dios vikingo de gran porte. Para Heimdall no corría lo de madre hay una sola, porque siendo un personaje de gran importancia, tuvo nueve madres. La historia no especifica cómo se organizó el parto, pero ya se sabe que estos dioses se daban todos los gustos.

Cuando joven, robusto y empecinado, amó a las mujeres apasionadamente y se cuentan sus amores por cientos. Tuvo tantos hijos que sus descendientes fundaron decenas de pueblos. Todos los campesi-

166

nos y guerreros son parte del árbol genealógico de Heimdall. Tiene a su cargo el cuidado y defensa del puente que conduce al arco iris que desde su vigilancia nunca pudo ser cruzado.

Hera

Diosa equivalente a Juno para los romanos. Quizá la más importante de todas las diosas del Olimpo. Era hermana de Zeus, el supremo. Mitología permisiva de por medio, se casó con él resultando entonces la mujer más poderosa del universo. Pero con tanto poder —no podía ser de otra manera— Hera se volvió terrible, celosa, perversa, durísima, vengativa. Como Zeus era un amante griego pero parecía latino, no paraba de andar envuelto en las redes del amor. Hera se las agarraba con las chicas que él seducía y las atormentaba. A ellas y a los hijos que habían procreado con el dios más pudiente.

Así, Hércules tuvo que sufrir horrores por haber sido hijo de su mamá y de Zeus, y al nacer, Hera le mandó dos serpientes que tenían por misión matar al bebé. Pero Hércules ya tenía destino de fortachón y estranguló a las víboras con sus manitas regordetas. Después, Hera repitió sus andanzas vengativas por todos lados atacando a diestra y siniestra.

A pesar de todo, se convirtió en la diosa protectora de las mujeres, los matrimonios y los nacimientos. Algunas cosas son difíciles de entender, aun en la mitología, cuya comprensión está muy lejos de los humildes mortales.

Pero en materia de designaciones, se han dado casos tan incomprensibles como el de Hera: algunos gobiernos han designado lobos como custodios de gallineros y a manos largas con dedos pegajosos, protectoras de tesoros públicos.

Filis y Acamante

Terminada la guerra de Troya, el joven valeroso y audaz Acamante comandaba su barco que una tormenta arrojó contra los acantilados de Tracia. Recogido y protegido por el rey, la hija, princesa Filis, se enamoró del náufrago y como tenía siempre todo listo para cualquier emergencia, se casó con él rápidamente. Acamante debió partir, según dijo, para arreglar algunos asuntos en su tierra y ella aceptó dándole una pequeña caja y rogándole que nunca la abriese. ¿Para qué se la dio entonces? Las personas fabulosas no tienen comportamientos ni razonamientos mortales. Él no era un tipo de palabra y olvidó a su esposa. Filis, en cambio, mantenía vivo el recuerdo de su amado y corría hacia la costa todo el tiempo a la espera de ver regresar el barco de su querido. Hasta que, habiendo perdido toda esperanza, como buena protagonista de amores trágicos, se mató.

Ese mismo día, Acamante, que se había casado con otra, abrió la cajita. Salió del pequeño recinto un espectro horripilante que asustó a su caballo que, encabritado, arrojó al falsario de su montura. Cayó el bígamo sobre su propia espada y se mató.

Filis y Acamante quizás abrieron la interminable lista de parejas frustradas, amantes trágicos, pasiones mortales que parecieran ser ineludibles en la liturgia artística de todos los tiempos.

Herne

Leyenda británica de los tiempos del rey Ricardo II. En una partida de caza, el rey iba acompañado por su asistente real, Herne, quien se ocupaba de localizar la pieza, asesorar al monarca y procurarla llegado el caso. En una ocasión, un ciervo mayor, herido y furioso, arrancó desenfrenado en dirección al rey y Herne se arrojó frente al animal salvando al jefe, pero recibiendo heridas mortales. Mientras el leal servidor agonizaba, apareció un mago que indicó que se podía salvar al abnegado Herne, arrancando la cornamenta del ciervo e implantándola en la cabeza del herido. Hecho. Herne se recuperó y ganó tantos favores del rey que los cortesanos celosos comenzaron a malquistarlo, hasta que el desagradecido cabeza del reino, lo despidió.

Hay quienes aseguran que Herne se ahorcó y que el árbol donde lo hizo se tornó azul. Otra leyenda asegura que un cazador espectral recorre parques y bosques, especialmente el castillo de Windsor y sus alrededores porque le quedó mal recuerdo de aquel rey desgraciado.

Herne se calza la cornamenta, arrastra unas cadenas ruidosas y monta un horrible caballo de gran bocaza. Lo acompañan perros fantasmas que completan la escena con ladridos horripilantes.

El pobre Herne dio la vida por su jefe y ahora anda asustando a los súbditos. ¿Por dónde vagará ahora el alma de Ricardo II?

Íncubos

Pequeños genios de actividad nocturna. En sus andanzas se posaban sobre el pecho de los durmientes para provocarles sueños desagradables. Al despertar, atribuían las irremediables consecuencias de opíparas comilonas y descollantes tragos, a los íncubos, que además se aventuraban con mujeres dormidas, pero con propósitos menos digestivos. Usaban un pequeño bonete que en sus correrías noctámbulas, a veces, perdían. Se sabe que quien encuentra uno de esos bonetes, recibirá fortunas, bienaventuranzas, buena digestión y dinerillos. Bueno, bueno, a no correr. Primero, terminar el libro. Por sus páginas quizá salte un bonete.

Para la lengua española, los íncubos son espíritus, diablos, demonios que asumen formas de varón para consumar sus pasiones. Una segunda acepción es sueño intranquilo o angustioso. No es para menos.

Indalo

Símbolo de Almería, España. Figura rupestre que data de cuatro mil años antes de Cristo. Luce como un hombrecillo de perfil simple y cabeza redondeada con los brazos abiertos y levantados, como implorando o agradeciendo al cielo. Es un dibujo simple, de trazo infantil, de gran inocencia. La leyenda dice que otorga buena suerte, riqueza, abundancia y paz. La figura fue descubierta en 1860 en la llamada Cueva de los Cetreros y se le adjudicó el nombre de Indalo en homenaje a San Indalecio, introductor del Cristianismo en el sudeste español.

Los cetreros eran quienes practicaban la crianza, domesticación y cura de los halcones y otras aves que servían para la caza de volatería. Esos halcones y aves especialmente entrenadas servían para la caza de otros animales a los que perseguían y capturaban.

Si pasa por Almería no deje de llevarse un Indalo. Y aléjese de los cetreros.

Kunlun

La montaña de Kunlun aparece en un texto anónimo del siglo IV antes de Cristo: *El libro de las montañas y los mares*. Este promontorio está en algún lugar de la China, capital del Imperio Celestial. Su guardián es Lu Wu, una criatura espeluznante con cuerpo de tigre, nueve colas, garras felinas y rostro humano. Kunlun es una montaña que algunos geógrafos han estimado tiene muchos miles de metros de altura y cubre varios kilómetros de superficie. Para dar una idea, sus árboles sólo pueden ser rodeados por seis hombres tomados de la mano. ¿A quién cuida el guardián monstruo? Pues a la Reina Madre que tiene largos cabellos, una tiara de oro sobre una cabeza de singular belleza, pero cola de leopardo y dientes de tigre, lo que hace titubear y pensar dos veces la idea de besarla en los labios.

Mitología de la montaña

La montaña encierra personajes y leyendas creados por la imaginación del pueblo incentivada por las sombras, los sonidos extraños, las ramas temblorosas de los árboles encorvados, las raíces retorcidas, los gemidos de animales de todo tamaño, el rayo de luz que atraviesa misteriosamente la maraña, las ramas que caen crujientes. Sabandijas, quimeras y follajes, grutas, hoyos y bichos de toda especie. La montaña y su vegetación son como un concierto de misterios cambiantes, nunca los mismos, que alucinan con sus provocaciones luminosas y ecos difusos.

Lugar predilecto para morada de los dioses por su cercanía con los cielos. ¿Cómo no habrían de surgir de sus entrañas personajes raros y difíciles, huidizos y traviesos? ¿Cómo no habrían de discurrir por sus senderos pedregosos y húmedos, enanitos montados sobre alimañas ignotas?

La montaña tiene energía telúrica, pétrea. Misterios impenetrables y bosques milenarios. ¡Qué mejor morada para albergar duendes, fantasmas, jayanes (gigantes), estantiguas (procesión de fantasmas), espíritus de las cavernas y habitantes de las raíces! Y las hermosas Oréades, las ninfas de los bosques y montañas. Y los Cuines, diminutos, viejitos, arrugaditos, pero virtuosos y ordenados, ángeles de la guarda de los niños. Los aldeanos solían contar historias a sus hijos donde el personaje principal era un cuin. El relato comenzaba: "Había una vez… un cuin".

En el norte de España un personaje popular asociado a las nubes y los fenómenos celestes, tormentas, rayos, truenos, lluvias y nevadas, es el Nuberu. En el folklore gallego, su compañera es la Nubeira. Juntos se entretienen lanzando rayos y truenos. Se los representa como feos, muy feos, de largas narices aguileñas, oscuros, pequeños, de largas piernas muy delgadas y torcidas. Serían parientes lejanos de Júpiter, el máximo, dios del cielo, la luz diurna, llamado también Júpiter tronante. El relámpago es un fenómeno que se atribuye a Mari, el que provoca los vientos, tormentas, lluvias, aguaceros y sequías.

Una vieja leyenda cuenta que una bella joven desobedeció fieramente a su madre provocando en ésta un enojo feroz; gritó enloquecida: "¡Que mil rayos te partan!" La voz de la señora era cosa seria y fue escuchada en algún remoto lugar del firmamento. La respuesta fue un rayo luminoso que cayó sobre la niña y se la llevó a una caverna del monte. La aterrorizada joven pudo ver cómo Mari soplaba tormentas, escupía lluvia y azotaba truenos desde su carruaje tirado por fenomenales caballos rojos.

La madre angustiada por el desbarajuste que había provocado con su maldición, se arrojó al suelo de rodillas e imploró que le devolvieran a su hija. Con las gotas del rocío de la mañana, se deslizó como una nube liviana la niña que desde entonces iba a pensar dos, tres y cuatro veces, antes de gritonear a su mami.

En la montaña también suele discurrir el Trasgo. Un duende de ojos verdes, cojo, siempre vestido de rojo, con una caperuza del mismo color, sonrisa irónica, traviesa y pícara. Hay leyendas que lo pintan de piel negra y un agujero en la mano, de largas uñas y sin pantalones, por lo que anda siempre cubriéndose los cueros. Saltarín y ocurrente, nunca maligno, pero tampoco benigno. Entra a las casas por la chimenea, derrama azúcar, sal y harina y asusta con chillidos a los que están durmiendo. De día sube a los árboles y arroja piedras a los paseantes. Como se ve, los trasgos no cumplen misión alguna, pero molestan. El idioma español ha adoptado la palabra para fingir; niño vivo y travieso; imitar la bullanguería que se supone producen los duendes.

Otro pequeño de la montaña es el Trenti, que siempre se cubre con hojas y raíces. Malicioso, pícaro e inquieto. Pertenece al folklore de la Cantabria y luce como un atado de ramas, hojas y yuyos que se arrastran, con lo cual al avanzar se le suman otros restos del bosque. Un pariente cercano es el Tentirujo, diablillo, que tenía como único propósito excitar a las jóvenes mozas que se dedicaban a las tareas campestres o pastorales. Este monstruo feo y orejudo se arrimaba y les decía cosas secretas que nadie ha podido descifrar, pero que alteraban la paz espiritual y carnal de las niñas que perdían el sosiego y temblaban con sensaciones desconocidas. Cuando alguna moza terminaba conociendo cómo aplacar esas inquietudes y comenzaban a notarse indicios de sus enredos amorosos, el pueblo comprendía en el acto "que había tropezado con el tentirujo". (Y ciertamente, con algún joven de la comarca.)

Cuerpo humano, algunas disecciones, pan y vino

Cuerpo humano

El doctor Alexis Carrel (1873-1944), cirujano y biólogo nacido en Francia y nacionalizado estadounidense, premio Nobel en Fisiología o Medicina en 1912, escribió en su libro *La incógnita del hombre*:

Existe un notable contraste entre la durabilidad de
nuestro cuerpo y el carácter transitorio de sus elementos.
El ser humano está compuesto de una materia blanda, inalterable,
susceptible de desintegrarse en pocas horas.
Sin embargo, dura más que si estuviese hecho de acero.
No solamente dura, sino que vence sin cesar las dificultades
y los peligros del mundo exterior.
Se acomoda mucho mejor que los demás animales,
a las condiciones variables del medio que lo rodea.
(...)
Los músculos, desde un punto de vista funcional,
no son sino una parte del cerebro.
(...)
La mano es una obra maestra. Actúa como si estuviese
dotada de vista. Los dedos son esas cinco palanquitas
compuestas cada una de ellas de tres segmentos articulados.
La mano se adapta lo mismo al trabajo más duro que al
más delicado. Ha manejado con la misma
destreza el cuchillo de sílex del cazador primitivo
que el martillo del herrero,
el hacha del leñador,
el arado del labrador,
la espada del caballero medieval,

los mandos del moderno piloto,
el pincel del artista,
la pluma del escritor,
los hilos del tejedor.
La elasticidad, fuerza y adaptabilidad de los miembros inferiores,
cuyas oscilaciones de péndulo determinan el andar y el correr,
no han sido nunca igualadas por nuestras máquinas,
que sólo emplean, en general, el principio de la rueda.

El doctor Alexis Carrel y el famoso aviador Charles Lindbergh, piloto del primer vuelo transatlántico individual sin escalas (1912), fabricaron un corazón artificial con el que lograron mantener vivos algunos tejidos y órganos. Unieron la ciencia y la tecnología. La intuición, el saber, la experiencia y la insaciable curiosidad imaginativa.

Los científicos han expuesto por siglos múltiples teorías que explican el origen del mundo y del ser humano. Ciencia, mitología, religiones, misticismo, esoterismo. El *big bang.* El hombre a imagen y semejanza del Creador.

Lo que nunca ha sido claramente desarrollado para el entendimiento común es cómo y por qué el cuerpo humano puede diferir en todos los aspectos imaginables: altura, gordura, tamaño del cerebro, color de la piel, caminar encorvado o erecto, vivir en el hielo o en la selva, el desierto o la montaña... pero su organismo y sistema de reproducción es el mismo, desde siempre, en todos las latitudes. ¿Por qué el cerebro, sus circunvoluciones, el corazón, las venas y las arterias, los vasos capilares, los pulmones, hígado, riñones, estómago, intestinos, la digestión, la circulación sanguínea, la visión, la estructura ósea, por qué son siempre lo mismo? En un pigmeo o en un gigante. En un rey o en un humilde escritor. A través de centenas de miles de años.

¿Puede ser obra de una casualidad natural, de una adaptación al medio, y aún aceptando las teorías del mono, la bacteria, las lagartijas o el huevo hindú, o creyendo ciegamente en Adán y Eva, o siendo agnóstico o ateo, cómo se explica que la esencia maquinal del ser humano ha sido y es la misma? Si todo hubiese sido obra de algún fenomenal suceso espontáneo, ¿cómo es que todos se hicieron igual? ¿Por qué no suponer que el ser humano pudo aparecer en varios lugares al mismo tiempo cuando las condiciones físicas, químicas, orgánicas, celestiales, disposiciones divinas y los cataclismos así lo permitieron? Y entonces, de nuevo, ¿cómo y por qué todos iguales?

Todo pareciera, para un alma ingenua, obra de un *diseño* prodigioso, inexplicable, inmutable, fantástico, minucioso, automático, adaptable al paso del tiempo y al crecimiento del cuerpo exterior, siempre imperturbable. ¿Por qué semejante e intrincada elaboración?

¿Por qué? ¿Por qué y cómo? ¿Cuándo y cómo? ¿Y cómo puede aceptarse que tal dechado de ingeniería detallista y depurada, sea finalmente, desechable? O quizá no lo sea. ¿Cuál será la verdad? ¿Habrá una sola acaso?

Altura

"A los tres años, las personas miden la mitad de lo que medirán cuando sean adultas" (Leonardo da Vinci, 1452-1519, italiano, pintor, escultor, arquitecto, músico, ingeniero, científico, máximo genio del Renacimiento).

Jeta

Aunque parezca lunfardo o arrabalera, la palabra tiene origen árabe: *jatm*, hocico, pico, nariz. Boca saliente por su forma o por tener labios abultados. También se designa como jeta a toda la cara. *Estar uno con tanta jeta*, es una expresión española para andar con el semblante enojado, con disgusto o mal humor.

Jetazo es dar un golpe con la mano en la jeta, un bofetón. Un jetón o jetudo es quien tiene cara grande.

Jeta también es el hocico del cerdo o jabalí y un hongo, una seta de Andalucía.

Geta, en cambio, es de origen griego y define a un pueblo escita situado al este de la Dacia.

Naso

Tiene toda la apariencia de ser una palabra del lunfardo. Pero su raíz estricta es latina: *nasus*, nariz gande. *Nasol* es todo lo relativo a la nariz. *Nasalizar* es producir sonidos del lenguaje con la nariz y *nasardo* es uno de los sonidos del órgano, porque imita la voz de un gangoso o sonido nasal. *Nasudo* es quien tiene la nariz grande y *nasofaríngeo* es lo que está situado por encima del velo del paladar y detrás de las fosas nasales.

Ñato

De nariz corta y aplastada. En veterinaria, variedad de vaca.

Lúnula

Mírese las manos. Ahora los dedos. Ahora las uñas. ¿Cómo se llama el espacio blanquecino semilunar de la raíz de las uñas? Bueno, ahora lo sabe. No confundir con cutícula que es piel delgada y delicada que suele crecer en la lúnula.

Bigote

Hay historias difíciles de creer y aceptar. Si ésta no estuviese apoyada por el diccionario de la Real Academia Española, sería una de ellas. En la Edad Media, los germanos que invadieron la península Ibérica, eran rubios, fuertes, barbudos, gritones. Cargaban furiosos garrotes y lucían unos ramilletes pilosos sobre los labios que salían como alas flotando bajo sus narices. Manijas parecían. Los nativos no entendían la jerga extraña de los invasores y sólo, a veces, reconocían algo así como *¡bi Got!* Que vinieron a deducir significaba ¡por Dios! Porque aparentemente cuando bajaban los garrotes imploraban perdón o se decían brazos armados de Dios, como suelen hacer los desalmados, tiranos y arrasadores de derechos ajenos. Los pobres apaleados preferían huir despavoridos antes que iniciar discusiones teológicas. Cuando luego relataban el episodio vivido, comenzaron a llamar a los germanos *bigot* que finalmente terminó siendo bigote.

Como suele suceder, hay más de una historia alrededor de los bigotes pero casi todas concuerdan en que germanos, o normandos o ingleses o suizos, los bigotudos, se caracterizaban por su grito habitual que dio nombre al pelo que nace sobre el labio superior. Los antiguos autos a bigote recibieron ese nombre por las palancas extendidas a partir de la columna de dirección. Eran los bigotes del volante. Y en el lunfardo nacional, bigotear es pensar detenidamente, observar, mirar con cuidado, por el acto de mesarse los bigotes de quienes reflexionan.

Mayéutica

Arte de realizar partos. Del griego, *perito en partos*, *arte de la comadrona*. Se usa en sentido figurado desde Sócrates, para designar el arte con que el maestro, mediante su palabra, va *alumbrando* en el alma de su discípulo nociones que éste ya tenía, pero sin saberlo. Esto sí, realmente, es dar a luz.

No sólo de pan...

"No sólo de pan vive el hombre, sino de toda palabra que sale de la boca de Dios" (*Deuteronomio 8:3* y *San Mateo 4*).

Todo lo relacionado con la alimentación humana hubo de ser imaginado, pensado, tentado y adoptado. Salvo la leche materna, que llega a los labios del neonato por un impulso atávico, instintivo y compulsivo. Humanitos y animalitos se arrojan a buscar la tetilla como atacados de corrientes multimilenarias, eléctricas y compulsivas. Todo lo demás es imaginación. ¿Por qué criar y comer gallinas y sus huevos, aceitunas, uvas, tunas, cocos? ¿De dónde vino el afán de cultivar la tierra imaginando que desde los terrones hundidos surgiría algo digno de ser comido? Papas y zanahorias aterronadas, uvas aplastadas, huevos que surgían a empujones de las entrañas de un ave de dos patas, secreciones de bichos voladores, la misma leche animal que sorbían cabras y terneros. ¿Cómo imaginar que esos acuáticos, plateados y chatos animales flotantes podrían ser sustento? Y que una gran parte del planeta devoraría lomos, costillitas, lenguas, mondongos y rabos. Por eso, hemos dedicado un espacio a los comestibles y las comilonas, otra prueba de la asombrosa imaginación humana.

En distintos versículos de la Biblia, se mencionan acontecimientos importantes o milagrosos relacionados con la alimentación: comidas, banquetes, sorprendentes comestibles.

Ya en el *Génesis (3:6)* Adán y Eva comen un fruto prohibido del Árbol del Conocimiento, del Bien y del Mal. En ese mismo libro *(18:1)*, el Señor y dos ángeles se presentan ante Abraham y él entonces les sirve de comer. Esos mismos ángeles luego van a Sodoma donde Lot los invita a su casa y les ofrece un banquete. Más tarde, *Génesis (25:29)*, Esaú vende su derecho de primogenitura a su hermano Jacob cuando éste le entrega pan y un potaje de lentejas. "Esaú comió y bebió, se levantó y se fue. Así menospreció Esaú su primogenitura". Cuando Isaac, padre de Jacob y Esaú, yace enfermo, pide comer y le preparan un guisado de cabritos. Se suscitan una serie de confusiones con respecto a quién era cuál hijo, pues siendo Jacob el menor que había adquirido la primogenitura, debe hacer creer a su padre que en realidad era Esaú, que había renunciado a ella.

En *Éxodo (12:1)*, Ley de la Pascua, se dedica un largo relato a la comida asada, los panes ácimos o ázimos (sin poner levadura a la masa) y las hierbas amargas y a la forma de cocinar, comer y quemar lo sobrante.

En *Parábola de las bodas reales, Evangelio según San Lucas (16:15)*, Jesús cuenta la historia del que ofreció un banquete a personas que rechazaron la invitación. El dueño de casa llamó a las gentes del pueblo para que llenaran su casa y comieran su banquete.

Juan el Bautista es decapitado a pedido de la hija de Herodías luego de un banquete ofrecido por Herodes *(Marcos 6:21)*.

Y también hay que considerar la Última Cena que Jesús celebra con sus discípulos y las posteriores tres comidas después de su resurrección.

Además, hay relatos sobre fenómenos milagrosos relacionados con comidas, como el "maná del cielo", "pan del cielo" o "pan de los ángeles", como una escarcha sobre la superficie del desierto ante lo que Moisés dijo: "Éste es el pan que Yavé os da para comer". En esos lugares había un árbol, el tamarisco o taray, que en los meses de más calor dejaba caer una especie de resina dulce, como una goma comestible, pero que nada habría tenido que ver con el maná milagroso.

En *Evangelio según San Juan (6:5)*, Jesús alimenta a cinco mil seres con cinco panes de cebada y dos peces mediante el milagro de multiplicación hasta que fueron saciados. Y en *Mateo (15:32)* alimenta a cuatro mil hombres, sus mujeres e hijos con siete panes y unos pequeños peces.

Y ahora, a la despensa.

El aceite, del árabe, *az-zait,* jugo de la oliva. Grasa líquida de color verde amarillento que se obtiene por presión de las aceitunas. Los griegos y romanos usaban el aceite como parte de sus cultos y similar mención aparece en el *Antiguo Testamento.*

Durante la vida de Jesús, el monte de Getsemaní ocupaba un lugar trascendente en sus movimientos. Era el monte de los olivos. Para los primeros cristianos, el aceite era símbolo de salud porque se le atribuían curaciones, el don de ahuyentar los malos espíritus y purificar el agua. En la Iglesia Católica se usa el aceite para los sacramentos del bautismo, la confirmación, la ordenación y la extremaunción.

La mitología griega asigna a Atenea la invención del aceite de oliva y la introducción del olivo a su tierra.

También se llama aceite al líquido oleaginoso que se encuentra ya formado naturalmente, como el petróleo. *Aceite de Aparicio*, es una preparación medicinal vulneraria (que cura las llagas o heridas), inventada en el siglo XVI por Aparicio de Zubia, cuyo ingrediente principal era el hipérico o corazoncillo, planta herbácea medicinal con hojas pequeñas llenas de glandulitas traslúcidas y frutos acorazonados y resinosos. Luego vino a usarse la expresión *Caro como aceite de Aparicio* para indicar el precio excesivo de alguna cosa.

El aceite de hígado de bacalao es el que fluye naturalmente del hígado del abadejo (nombre genérico de varios peces, como, por ejemplo, el bacalao). El aceite virgen es el que sale de la aceituna por primera presión en el molino y sin los repasos en prensa.

Echar aceite al fuego es equivalente a echar leña al fuego.

La aceituna es la fruta del olivo, del árabe *az-zaituna*, la oliva. Se llama *aceituna de la reina* a la de mayor calidad y tamaño. *Aceituna gordal* a la más larga. *Aceituna zapatera* a la que ha perdido su color y sabor. La *zorzalera* es una especie muy pequeña y redonda, llamada así porque los zorzales son adictos a esos frutos. La aceituna *tetuda* es la que remata en un pezoncillo.

Llegar a las aceitunas o llegar a los anises es ir hasta el fondo de un asunto.

Acético, del latín, *acetum*, vinagre. Perteneciente o relativo al vinagre o sus derivados. Vinagre se origina en el latín *vinum acre*. Es un líquido agrio y astringente, producido por la fermentación ácida del vino y otras sustancias. Por extensión, se califica de vinagre a toda persona de mal genio, áspera y desapacible. *Tener cara de vinagre*, es aparentar disgusto, amargura.

El azafrán, del árabe, *az-za'faran* es una planta de la familia de la iridáceas que procede de Oriente y es quizá la especie culinaria más cara del mundo. Se usa para condimentar manjares y para teñir de amarillo. En medicina, se usaba como estimulante y emenagogo (del griego *que conduce el menstruo*), remedio que provoca la regla o evacuación menstrual. Los entendidos sostienen que es además carminativo (antigás), antiespasmódico y antihistérico. Originario del Asia Menor y de la península Balcánica.

El azafrán comercial es conocido por su masa de filamentos flexibles, de color rojo anaranjado, mezclados con otros de color amarillo. Los más conocidos son el azafrán italiano, siendo el *Aquila* el más apreciado; el azafrán francés o de Gatinois; el español y el oriental. Se cometen muchos fraudes al mezclar el azafrán con glicerina, jarabe, miel o grasas para aumentar su peso o con estigmas agotadas. Para obtener el mejor azafrán y la máxima seguridad, debe darse preferencia al azafrán en hebras. Para producir un kilogramo se necesitan doscientas mil flores. Es un cultivo típico de pequeñas explotaciones, pues requiere muchas jornadas de trabajado delicado, teniendo sin embargo gran incidencia en las economías regionales. Al tratarse de un producto no perecedero, se puede almacenar y vender todo el año.

Existe la Fundación del Azafrán de la Mancha, paso previo para la Denominación de Origen que se inscribirá en el Registro de la Unión Europea.

Desde la antigüedad se otorgó al azafrán poderes mágicos, posesión de los dioses, y con él se teñían capas, alfombras, mantos para otorgarles el amarillo del oro, símbolo eterno del poder.

El hígado es una víscera voluminosa, propia de los animales vertebrados, que en los mamíferos tiene forma irregular, color rojo oscuro y está situada en la parte anterior y derecha del abdomen. La palabra reconoce un origen latino, *ficatum*, de *ficus*, higo, que a su vez proviene del griego, sazonado con higos. La higuera, *ficaria*, es un árbol de la familia de las moráceas, cuyo fruto tardío es el higo, *ficus*.

Curiosa etimología, porque todas las palabras que se relacionan con el hígado reconocen otro origen: *hepaticus*, como hepático o hepatitis. Los griegos cebaban a sus gansos con higos, *sycon*. Luego producían el hoy famoso paté de hígado de ganso que ya en tiempos remotos era considerado manjar. Y llamaban a este producto, *sykoton*, hígado sazonado con higos. Los romanos adquirieron el exquisito alimento y la palabra luego perdió la *f* y tomó la *h*, aunque los franceses llaman al hígado *foie* y los italianos, *fegato*.

La higuera, a su vez, es el único árbol frutal que se menciona en el *Génesis:* "Entonces se abrieron los ojos de los dos (Adán y Eva) y descubrieron que estaban desnudos. Por eso se hicieron unos taparrabos entretejiendo hojas de higuera". La manzana fue incluida por decisiones populares, pues no aparece mencionada en el *Génesis.*

Según la leyenda, al nacer en Nepal, Siddharta Gautama o Gotama (563-483 a. de C.), se predijo que sería maestro del mundo. Su padre, jefe de la tribu de los zakyas, Suddhodana, lo educó en medio de grandes lujos, pero a los 29, Siddharta se retiró a meditar bajo una higuera, árbol sagrado, y allí se convirtió en Buda, el sabio, o Zakyamuni, el solitario de los zakyas y creó la nueva religión que hoy congrega a quinientos millones de fieles.

La breva es el primer fruto de la higuera. Ablandabrevas o ablandahigos es una persona inútil, que sirve para poco.

Abrevar es dar de beber al ganado; remojar las pieles para adobarlas (ablandarlas); dar un brebaje. Un abrevadero es un estanque o parte de un río, arroyo o manantial para dar de beber al ganado.

Sicofante/ta es una antigua y extraña palabra, cuyo origen se remonta al griego y significaba literalmente *el que delata al que exporta higos de contrabando.* Luego se concentró en definir al impostor o calumniador. En tiempos muy pasados eran personajes que cumplían en la sociedad griega el papel de delatores, acusadores, pero no eran mal mirados... del todo. Andaban por allí buscando infractores a leyes, tradiciones o dioses multitudinarios. ¿Por qué la asociación con higos? *Sykon*, higo en griego, es también vulva femenina, pero además, chuparse el dedo gordo. Este gesto era como un dedo acusador, algo así como marcar al infractor.

La Real Academia define a la leche, del latín, *lactis*, como líquido blanco que segregan las mamas de las hembras de los mamíferos y sirve de alimento a sus hijos o crías dada su riqueza en grasas, proteínas, lactosa (azúcar), manteca, caseína (sustancia albuminoidea), vitaminas, sales minerales y otros ingredientes. La leche de algunos animales se emplea también como alimento de las personas.

Lechal es el animal de cría que mama. Lechar es también el animal que mama y aplícase a la hembra cuyos pechos tienen leche. Lechazo es el cordero lechal.

Lechada es una masa muy fina de cal o yeso o de cal mezclada con arena o yeso con arena y que sirve para blanquear paredes.

Las lechecillas son las mollejas del cabrito, cordero, ternera. Lechón es el cochinillo de leche y por extensión, cerdo. Lactante es el que mama y también quien amamanta. Lactescente, que tiene aspecto de leche, lacticíneo es perteneciente a la leche, lacticinio es la leche o cualquier manjar compuesto por ella. Lactífero, del latín *lactis*, leche y *ferre*, llevar, aplicable a los conductos por donde pasa la leche hasta llegar a los pezones de las mamas.

Pezón es también la ramita que sostiene la hoja y el fruto de las plantas. Textual de la Real Academia: "botoncito que sobresale en los pechos o tetas de las hembras, por donde los hijos chupan la leche". Más claro, échele leche.

Pezón es también extremo del eje expuesto de las ruedas en los carros. Parte saliente de ciertas frutas, como el limón o la naranja, que en algunos lugares pudorosamente se llama ombligo. Y como ya se dijo, sin pudor alguno, la aceituna *tetuda* es la que remata en un pezoncillo.

El español llama *leche de los viejos*, al vino.

Como una leche: Cuando un manjar cocido o asado está muy tierno.

Estar con la leche en los labios: Alguien que es muy joven e inexperto.

Mamar en la leche: Aprender en los primeros años de vida.

Pedir leche a las cabrillas: Pedir imposibles. Se llama cabrilla a un pez de boca grande con muchos dientes, de carne blanda pero insípida. También arrojar piedras planas sobre la superficie del agua (patitos) de modo que corran y reboten y a las pequeñas olas blancas y espumosas que se levantan en el mar cuando se agita.

La Lechera
(Fábula en verso de Félix Samaniego, 1745-1801, prosista y fabulista español).

Llevaba en la cabeza
una lechera el cántaro al mercado
con aquella presteza,
aquel aire sencillo, aquel agrado
que va diciendo a todo el que lo advierte:
¡Yo sí que estoy contenta con mi suerte!
Porque no apetecía
más compañía que su pensamiento,
que alegre le ofrecía
inocentes ideas de contento,
marchaba sola la feliz lechera,
y decía entre sí de esta manera:
Esta leche vendida,

en limpio me dará tanto dinero
y con esta partida,
un canasto de huevos comprar quiero
para sacar cien pollos que al estío
me rodeen cantando el pío-pío.
Del importe logrado
con tanto pollo, mercaré un cochino;
con bellota, salvado, berza y castaña,
engordará sin tino.
Tanto, que puede ser que yo consiga
el ver cómo le arrastra la barriga.
Lo llevaré al mercado,
sacaré de él, sin duda, buen dinero.
Compraré de contado
una robusta vaca y un ternero
que salte y corra toda la campaña,
desde el monte cercano a la cabaña.
Con este pensamiento
enajenada, brinca de manera
que a su salto violento
el cántaro cayó. ¡Pobre lechera!
¡Qué compasión! ¡Adiós leche, dinero,
huevos, pollos, lechón, vaca y ternero!
¡Oh loca fantasía!
¡Qué palacios fabricas en el viento!
Modera tu alegría,
no sea que saltando de contento
al contemplar dichosa tu mudanza,
quiebre tu cantarilla la esperanza.
No seas ambiciosa
de mejor o más próspera fortuna,
que vivirás ansiosa
sin que pueda saciarte cosa alguna.
No anheles impaciente el fin futuro:
Mira que ni el presente está seguro.

Hay que ganárselo con el sudor de la frente, día por día, y es desde siempre un manjar. Caliente, tostado, durito, blando, solo, con manteca, el pan es uno de los principales, primordiales, primitivos y básicos alimentos del ser humano.

Ya se sabe que ser un *pan de Dios* es ser muy buena persona.

Pan de pistola es el largo y duro que se usa en la sopa. Pan de mollete, ovalado y esponjado. Pan subcinericio, cocido en el rescoldo o debajo de la ceniza.

Cogerle el pan bajo el brazo: Ganarle la confianza a alguien.

Comer el pan con corteza: Ser una persona adulta que se vale por sí misma.

Del pan y del palo: Sugiere no usar excesivo rigor sino suavidad en el castigo.

Contigo, pan y cebolla: Sólo amor.

Haber pan partido: Cuando hay confianza entre dos personas.

Pan por pan, vino por vino: Dicho llanamente, sin rodeos.

Plancton, del griego, *errante.* Conjunto de los seres pelágicos, animales y plantas que flotan o nadan en el mar superficial, a diferencia de los bentónicos. Bentónico, del griego, profundidad, es el animal o planta que habitualmente vive en el fondo del mar.

El plancton se compone de muy pequeños y microscópicos animales y plantas que no tienen poder de locomoción o movimiento propio y simplemente flotan o son arrastrados por las corrientes en la superficie de los mares. Se encuentra en todas las latitudes tanto en aguas saladas como en ríos. Entre los animales se incluyen protozoos (una sola célula), pequeños crustáceos, aguavivas, larvas. Directa o indirectamente el plancton es la fuente de alimentación de todos los animales marinos.

Pororó, palabra de origen guaraní que significa ruido o estruendo, por el efecto que produce el maíz al tostarse. También se lo llama ancua, pochoclo y con el anglicismo *pop corn* que explica lo mismo: maíz que salta o se abre con un saltito. En quechua, *chojjlo*, maíz verde, dio origen a pochoclo.

Este asunto de calentar maíz pisingallo hasta que salte convertido en una bolita blanda considerada golosina, nació como negocio en 1928, en una pequeña localidad de Indiana, Estados Unidos.

La Argentina es el primer exportador del maíz para pororó, pochoclo, ancua, *pop corn*, del mundo con 120 mil toneladas anuales.

Hay muchas historias en torno al vino y al café, dos brebajes muy apetecidos desde antaño. Uno de las más interesantes está referida a Estáfilo que en griego significa racimo. Era un joven pastor que diariamente y con obediencia repetida, llevaba las ovejas del rey a pastar en los montes vecinos. En cierta ocasión, comenzó a advertir que una de las ovejitas se separaba del grupo un rato y cuando regresaba, echaba saltitos y parecía muy alegre. Estáfilo la siguió para descubrir que el animalito engullía con placer unas frutitas que él nunca había visto. Arrancó un trozo y presuroso lo llevó al rey que, intrigado, no encontró mejor destino para esos granitos que estrujarlos. Un líquido comenzó a fluir entre sus dedos reales y el monarca se chupó el pequeño manantial. No le pasó al rey lo mismo que a la oveja, pero algo sintió y ordenó entonces hacer lo mismo con muchos racimos. Entonces sí, comenzó el festín. Así nació el vino. En algunas regiones distantes, se cuenta la misma historia para el café.

Otra leyenda pretérita indicaría a Estáfilo como el primero que mezcló vino con agua, costumbre que afincó en muchos lugares, especialmente en los que producían vino, que vino a llamarse familiarmente: *bautizar el vino*.

El vino es un licor alcohólico que se hace con el zumo de las uvas. Vínico es todo lo relacionado con el vino. Vinícola es la unión de *vinus*, vino y *colere*, cultivar. Vinicultor/ra, la persona que se dedica a la vinicultura. Vinífero, que produce vino. Vinillo, vino flojo. Vinolencia, beber en exceso. Viña, el terreno plantado con vides. La vid es una planta vivaz y trepadora de la familia de las vitáceas, con tronco retorcido, vástagos muy largos, flexibles y nudosos, cuyo fruto es la uva. Como es fácil suponer, muchos refranes rodean este asunto.

Como que hay viñas: Se usa para asegurar que algo es verdad.

Como por viña vendimiada: Fácilmente, sin problemas.

Dormir el vino: Echarse a dormir después de la borrachera.

Hay de todo en la viña del Señor: Hay defectos y virtudes en todos. También se usa *de todo hay en la viña: uvas, pámpanos* (pimpollo de la vid) *y agraz* (uva sin madurar).

La viña del Señor: Conjunto de fieles.

Pregonar el vino y vender vinagre: Buenas palabras, pero acciones ruines.

Ser una viña: Algo que produce muchas utilidades.

Tener mal vino: Pendenciero cuando embriagado.

El romancero popular español se ha ocupado largamente del vino en versos, cuentos, ficciones, historias y leyendas. Ésta es una selección de coplas:

De los pies a la cabeza
eres un ramo de flores.
Bendita sea la madre
que por ti pasó dolores.

•

De borracho a loco...
va muy poco.

•

La mujer y el vino
sacan al hombre de tino.

•

Castellano fino:
al pan pan
y al vino... vino.

•

El primero: amar a Dios.
El segundo: a la botella.
El tercero: a la mujer.
El cuarto: dormir con ella.

•

Vino que del cielo vino,
vino de tanto primor.
Que al hombre que no sabe letras
lo hace predicador.

•

Dicen que del cielo vino
la semilla de la cepa.
Siendo el vino tan divino,
bebamos cuanto nos quepa.

•

En el pinar canta el cuco
y en la torre la cigüeña.
En el campo la perdiz
Y el borracho en la taberna.
El grillo canta en la tierra,
el cucudrilo en el mar
y no hay brindis más bonito
que el beber y no pagar.

•

El hombre que bebe agua
teniendo vino en la mesa,
es como el que tiene novia
y la mira y no la besa.

•

Beber, beber, beber
es grandísimo placer.
que el agua es pa' bañarse
y pa' los peces... que nadan bien.

Tocino

Panículo (faja de tejido adiposo) muy desarrollado en ciertos mamíferos, especialmente el cerdo. Por extensión, cerdo, cochino, puerco. Pero también, por esas curvas cerradas del idioma, es dulce compuesto de yema de huevos y almíbar cocidos juntos hasta que estén bien cuajados. Un postre popular es llamado *tocino del cielo*.

Conviene certificar.

Sífilis

Enfermedad venérea (derivado de Venus) infecciosa adquirida por contagio. La palabra tiene historia. Nuestro diccionario mayor la reconoce como derivada de *Siphylo*, Sífilis, personaje de la obra *De morbo gallico* (La enfermedad francesa), del médico, astrónomo y poeta veneciano, Girolamo Fracastoro (1483-1553). La leyenda rodea al autor que habría nacido en Verona, Italia, descendiente de médicos. Se contaba que al nacer, su madre murió herida por un rayo. El niño nació con la boca cerrada al punto que hubo que hacerle una incisión para abrirla. Fracastoro fue el primer científico que estudió a los microorganismos como causantes de enfermedades. Aunque la idea había sido analizada en el siglo I por el romano Marcus Varro, fue Fracastoro quien describió el contagio, las infecciones y los gérmenes patógenos.

La obra publicada en 1530 relata la historia de un criador de cerdos llamado Sífilis, un seductor empedernido, que es atacado por una enfermedad enviada por los dioses. El nombre lo formó con las expresiones griegas *sialos*, cerdo, *philos,* amigo, o sea, chanchero, amigo de los chanchos.

El porquero se curará porque los mismos dioses intervienen para reparar su grave dolencia y mejorar el miserable aspecto en que había caído postrado el pastor. Los dioses le aplicaron una nueva medicina: madera de gaïac.

Después vendrían los antibióticos.

Témpano

Del latín, *tympanum.* De allí también, tímpano. Pero vamos por partes. Témpano es un timbal, instrumento musical. Un tambor o atabal, del árabe *at-tabal*, especie de tambor. Piel extendida del pandero o tambor. Pedazo de cualquier cosa dura, extendida o plana, como tierra o hielo y de allí, témpano de hielo. *Iceberg* es palabra de origen nórdico que significa montaña de hielo y que se usa en casi todos los idiomas.

También se llama témpano a la hoja de tocino, quitados los perniles (ancas y muslos del animal).

El tímpano también es un tambor; un instrumento musical. Y la membrana extendida y tensa (como la de un tambor), que limita exteriormente el oído medio de los vertebrados y en los mamíferos y aves establece la separación entre esta parte del oído y el conducto auditivo externo.

Timbal tiene el mismo origen. Es un gran tambor con caja metálica en forma de media esfera. Y la masa o grumo de arroz en forma de cubilete. *Timbal de arroz.*

Timpánico es lo relativo al tímpano, pero además, lamentablemente, el sonido de tambor que producen ciertas cavidades del cuerpo cuando están cargadas de gases. Y si éstos se agrupan y empujan, se produce la timpanitis, porque se acumulan gases en el conducto intestinal y, bueno, como el peritoneo se pone tenso como la piel de un tambor, se produce la asociación. Y aparecen los zullencos, personas que no pueden contener la cámara y ventosean con frecuencia. Y con ruiditos. Que no son ni tantarantán ni tintirintín ni tuturutú.

Pantalones

Curiosa historia tiene esta prenda de vestir que, ciñéndose al cuerpo en la cintura, baja cubriendo cada pierna hasta los tobillos. La palabra nace con San Pantaleón, un médico de los primeros siglos del Cristianismo, que tuvo dudas con su fe. Cuando la recuperó, fue tan profundo el impacto en su espíritu que dedicó su ciencia sólo a los pobres.

Su nombre significa *todos los compasivos* y es santo patrono de la medicina junto a San Cosmas y San Damián, que tienen su propio artículo. Su día se celebra el 27 de julio.

En el siglo XVI nació en Venecia un niño a quien sus padres llamaron Pantaleón, por el santo, muy popular en esas latitudes. De joven se dedicó a la comedia y cuando actuaba lo hacía con una prenda de vestir de gran amplitud y colorido que cubría sus piernas y pasaron a ser un distintivo de su personalidad artística. Los contertulios llamaron a esa prenda con su nombre, *pantaleone*. La Real Academia reconoce este extraño y curioso origen.

Cosmas y Damián

Mellizos nacidos en Arabia. Ambos estudiaron medicina en Siria y se convirtieron en médicos famosos. Marcaron su profesión con el inusual hecho de no cobrar sus consultas y tratamientos, porque sostenían que no era de buen cristiano comerciar la salud y sí, en cambio, signo de caridad, ofrecer su ciencia y práctica. Se los conoce como los *pobres hermanos*, porque no tenían un centavo. Eran los tiempos de Diocleciano (245-313), el emperador romano que ordenó la persecución de los cristianos. Los mellizos fueron detenidos y encarcelados, a pesar de sus antecedentes generosos y eficientes. No aceptaron doblegar su fe y se mantuvieron unidos aun cuando los colgaron de dos cruces. Una multitud de mercenarios los apedreó y los soldados les arrojaron flechas hasta causarles la muerte. Fueron decapitados. Esto ocurrió en 303. Sus cuerpos fueron rescatados por manos piadosas y llevados a Siria.

Pronto comenzó la leyenda: las personas que soñaban con los hermanos, curaban sus males. Mientras discurría entre las gentes del pueblo, la leyenda persistió, pero cuando Justiniano (483-565) muy enfermo, soñó con Cosmas y Damián, y curó repentinamente, los hermanos sabios de la salud, fueron convertidos en héroes y el emperador levantó una iglesia en su honor en la ciudad de Constantinopla.

Son, junto a Pantaleón, santos patronos de la medicina. Su día se celebra el 26 de setiembre.

Médicos, terapeutas y clínicas

En sus orígenes, los idiomas eran muy machistas y no previeron la posibilidad de que las mujeres fuesen presidentas, ministras, generalas, abogadas, pilotas, juezas, jinetas.

Incluso, se cometía el desatino de llamar *médica* a la mujer del médico. Si hoy un hombre se hace llamar médico porque es el esposo de una médica, va preso. Especialmente, si ejerce... de médico.

De todas formas, si se es médico, también se es menge, del latín *medicus,* persona autorizada a ejercer la medicina; mengia es medicamento.

Quiroteca es guante para cubrir la mano. Quirurgo es cirujano. De allí, quirúrgico. Quirófano viene del griego, *mostrar la mano*. Originalmente era un recinto acondicionado para hacer operaciones quirúrgicas de manera que pudieran presenciarse por otras personas, a través de un cristal. Luego se aplicó a todas las salas donde se efectúan operaciones, aunque estén vedadas a ojos curiosos.

Terapeuta, del griego, es servir, cuidar. Así se llamaba a quienes integraban una secta religiosa de origen judaico que en los primeros tiempos de la Iglesia, observaba algunas prácticas del Cristianismo. La terapéutica es la rama de la medicina que enseña preceptos y remedios para el tratamiento de las enfermedades. Terapia es sinónimo de terapéutica.

Clínica nace del griego, *kliné*, cama. Antiguamente se denominaba clínico a la persona adulta que pedía el bautismo en la cama, por hallarse en peligro de muerte.

Curiosamente, policlínica/o que es un establecimiento con varias clínicas o departamentos, surgió como el establecimiento de salud pública, dedicado a atender a la ciudad, *polis*. El prefijo no respondía a mucho, sino a planta urbana. La hierba conocida como clinopodio, tiene cuatro pétalos aparentando las patas de una cama.

Doctor es quien ha recibido el último y preeminente (superior, honorífico) grado académico que confiere una universidad u otro establecimiento autorizado. Título que la Iglesia otorga a algunos santos que, con mayor profundidad de doctrina, defendieron la religión o enseñaron lo perteneciente a ella. En lenguaje usual, médico, aunque no tenga grado académico. Doctor proviene del latín *docere, doctoris*, el que enseña. De allí mismo descienden *doctor* en inglés; *docteur* en francés; *doktor*, alemán; *dottore*, italiano; *doutor*, portugués. El latín lo tomó del griego, *dokein*, que diera origen a dogma, ortodoxia, paradoja, didáctica, docencia, doctrina, documento.

Pero, mire usted, disciplina se define como doctrina, instrucción, especialmente en lo moral. Arte, facultad, ciencia. Aunque el idioma hace una cabriola y llama disciplina a un instrumento hecho de caña con varios ramales, cuyos extremos o canelones más gruesos servían para azotar. Será por eso que el lenguaje añoso llamaba dócil al buen alumno.

En las novelas de caballería se llamaba *maestro* a los cirujanos que realizaban sangrías y curaciones. En *Amadís de Gaula*, Elisabad, el Maestro, era un personaje importante y respetado. En este caso, Elisabad era además sacerdote. O sea que curaba. Pero si fallaba, también se ocupaba del último adiós.

Estornudar

Despedir o arrojar con estrépito y violencia el aire de los pulmones por la espiración, involuntaria y repentina, por la nariz y la boca en un reflejo espasmódico. Desde muy antiguo era considerado como la expulsión de los malos espíritus encerrados en el cuerpo. El propio Aristóteles se habría ocupado del tema como una costumbre de sus antepasados y otros autores griegos lo asociaban con la plaga de Atenas.

Siempre se usan expresiones protectoras para ahuyentar los presagios o consecuencias de las expulsiones nasales. La más familiar a las modalidades modernas parece remontarse a cuando una plaga azotaba Europa y el estornudo se consideraba síntoma de la gravedad del mal. Ante el bramido, se imploraba: "Dios te bendiga", pues se había iniciado el gran viaje. Luego se dulcificó la idea y bastó con decir "¡Salud!", que era obviamente menos grave. Muchos idiomas siguen diciendo la primera y original sentencia.

Por las dudas, el romancero popular ha creado:

> *Si estornudas el lunes, a la suerte te unes.*
> *Si estornudas un martes, de viaje partes.*
> *Si en miércoles estornudas, pronto te mudas.*
> *Si lo haces un jueves, ropa te pruebes.*
> *Si es en viernes, dinero en ciernes.*
> *En sábado y domingo, mejor descansas.*
> *Ni estornudos ni labranzas.*

Animales de todo pelo, tipo y alas, de novela y de ficción

Animalejos, animaluchos y veterinarios

Los seres humanos somos idénticos en estructura, entrañas, formas, maneras de reproducción y la totalidad de nuestros órganos se repiten en cualquier latitud, estirpe, raza, grupo étnico, tribu o época histórica. Salvadas las diferencias entre hombre y mujer, todos tenemos los mismos corazones, riñones, hígados, intestinos, brazos, pies, manos, cabezas, cerebros, ojos, narices, dientes. Los organismos humanos son intrincados y multicomplejos, pues simultánea y coordinadamente funcionan sin la voluntad del ser que forman. Los seres humanos respiramos sin que la voluntad lo demande. Las uñas crecen sin que nadie lo dictamine. Los cabellos crecen o se desmoronan sin que haya voluntad del titular y aun contra su decidida voluntad. La piel que es nuestro órgano más grande (dos metros cuadrados) tiene la facultad de repararse a sí misma. No sabemos cómo crecen los huesos, nuestra estatura, nuestras uñas, de dónde viene la saliva, cómo evacuamos, de dónde sale la transpiración, las lágrimas, por qué tenemos pelos en ciertas partes del cuerpo y por qué cuando viejos esos pelos crecen en cualquier lado menos en la cabeza.

Trillones de células, conformaciones organizadas, espirales identificatorias, huellas exclusivas que diferencian a todos y cada uno.

Todos iguales. Todos distintos.

Los humanos hemos aprendido a alimentarnos de vegetales y animales. De estos últimos, muchos disfrutan de carne, huevos, entrañas, secreciones, rabos, sesos, leches, mieles y así, comemos con placer lo que producen vacas, terneros, corderos, abejas, gallinas, peces, crustáceos, aves y nos vestimos, calzamos y adornamos con sus cueros, lanas, sedas, cuernos, plumas. Y hay quienes se atreven con los chinchulines, creadillas, gusanillos queseros o insectos alcoholizados.

Pero los humanos despreciamos con asco todo lo que nuestros cuerpos producen: caspa, mucosidad, flema, lagañas, cera y recusamos con repugnancia partes de nuestro propio organismo y sus deyecciones. La única producción apetecible son las propias ideas. Y la gestación sublime es cuando mujer y hombre se unen para producir una entraña viva, un descendiente astuto que tan pronto pueda, succionará, sin que se lo enseñen, los pechos maternos en busca de la leche salvadora, que tampoco es apreciada por los adultos cuando tienen la ocasión de probarla.

Los animales representan una parte de la Creación extraordinariamente imaginativa. Centenas de miles de especies, todas distintas, todas desconocidas entre sí, todas de las más diversas formas y modos de vida. Muchas decoradas con colores, fosforescencias, capacidades aéreas, marinas, subterráneas. Hay animales colosales y minipuntitos ambulantes; hay bichitos imperceptibles al ojo humano y miríadas de especímenes que ni siquiera conocemos o sabemos que existen. Seres de otros planetillos, de otras latitudes, de otros mundos.

Incluso, para referir a la moneda o dinero, se usa pecunial o pecuniario, perteneciente al dinero en efectivo. Su origen es latino, *pecuniarius*, *pecunia*, dinero, derivado de *pecus*, ganado, ovejas u otros animales similares. Las ovejas eran el medio de trueque más habitual o moneda de pago porque tenían valor estable. Monedas remotas tenían grabadas imágenes de bueyes u ovejas.

El que cuida, protege y cura a los animales es el veterinario o veterinaria. Antigua profesión cuyo origen se pierde en la historia, aunque hay algunas discusiones sobre la palabra. La Real Academia la define como descendiente de *veterinarius*, *veterinae*, bestias de carga. Parece ser que antaño esas personas eran sólo protectores de los animales viejos, *vetus*, también raíz de vetusto y veterano.

En la Antigüedad guerrera, los hombres de armas que se retiraban, cargaban la gloria de sus hazañas, eran protegidos y honrados con títulos y tierras. Los caballos que habían montado en sus conquistas, cuando viejos (*veterinus*, *veterinae*), habían perdido su condición atlética, pero aún eran útiles y por lo tanto, había que cuidarlos para prolongar su vida. Así surgieron los *veterinarius*. Los que atendían a los animales viejos.

La denominación de la profesión universitaria se extendió a todo el reino animal. Nuestro idioma reconoce además como sinónimo de veterinario, albéitar, del árabe *al-baitar*, y albeitería, a la sede de la veterinaria o clínica para animales.

Otra palabra que define al veterinario es hipiátrico, de *hipo*, caballo.

La más curiosa de las acepciones se relaciona con mariscal, del germano *marahskalk*, de *marah*, caballo y *skalk*, el que cuida. El título que se otorga a grandes jefes de ejército y gobiernos, en el pasado era para quien apacentaba la caballería y después se redujo a mera dignidad hereditaria. Era tarea importante cuidar los caballos, toda una jerarquía, al punto que a sus esposas, se las llamaba mariscalas.

Hay animales ponzoñosos que están listos para inyectar venenos potentes a enemigos indeseables. Animales arquitectos y textiles que edifican nidos, canales, telas. Carpinteros o aserraderos que derriban árboles a puro dentellón.

Los que se enroscan. Los que tienen, usan y pierden cornamentas maravillosas; trofeos de combate por la hembra singular o simplemente desmoronados de sus testas como hojas de otoño.

Otros tienen garras, pinzas, caparazones, colmillos filosos, armaduras, espinas protectoras, alas, picos, colores diversos, capacidad para mimetizarse con el medio ambiente tomando prestados colores ajenos, otros nacen pintados de maravillas con brillos sorprendentes. Hay animales que tiran carros, arados o norias. Los hay vestidos de tal manera que se tornan invisibles. Otros usan repelentes químicos o descargas eléctricas para protección de sus colonias. Forman ejércitos y tienen relojes biológicos.

Se iluminan en la oscuridad, pueden ser ciegos y volar equipados con emisores de sonidos que rebotan en los obstáculos y advierten peligros. Algunos poseen extraordinarios olfatos y percepción auditiva miles de veces superior a la humana. Son capaces de recorrer cientos de kilómetros para regresar al hogar perdido. Tienen antenas, bigotes sensitivos y sistemas de comunicación con códigos indefinibles. Cuando se lanzan a hacer el amor, danzan, baten alas, cambian sus colores, se hinchan, juegan en círculos en movimientos incitantes y mensajes claramente entendibles para la eventual pareja.

Hay animales saltarines, fétidos, de cuatro patas o multipatas, con colas prensiles. Algunos ambulan con lentitud parsimoniosa y otros purasangre que se movilizan montados a 70 kilómetros por hora sin ser los más veloces, trofeo que se lleva el cheeta o guepardo que alcanza los 110 kilómetros horarios en distancias cortas y es el cuadrúpedo más veloz de la Tierra.

Hay animales que viven días, otros años y algunos décadas. Unos migran distancias enormes y poseen mecanismos inexplicables para su orientación en vuelo. Hay los que viven en el hielo, en la montaña, en el desierto, bajo tierra, en el agua, en el aire o son anfibios.

Hay animales feroces, simpáticos, fieles, amigos, pastores, policías, guías, lazarillos. Y se habla, en algunas cordilleras, de mulas contrabandistas que son cargadas en un lado de la montaña y sin dirección humana, recorren los mismos senderos retorcidos y pedregosos, ida y vuelta transportando a través de las fronteras el comercio prohibido.

Los animales apelan al sexo por demandas naturales, no tienen problemas económicos, ni de impuestos, no se divorcian, ni anotan a sus hijos, ni siquiera les dan nombre, no se perturban con el incesto, no tienen más ropa que la puesta ni se adornan ni lavan más que por medios propios. Todos tienen pareja, aunque —como los humanos— no siempre vivan juntos ni acostumbren a regresar por las noches a su casa, nido, guarida, madriguera, pocilga, colmena o zorrera.

Algunos son muy limpios, otros asquerosos y sucios. Los hay coquetos sólo y siempre que la Naturaleza así lo haya dispuesto.

El poeta francés, Teóphile Gautier (1811-1872) reconocía que jamás había visto un perro poniéndose pendientes o pintándose los labios o ajustándose la corbata, a menos que sus atildados humanos amos se ocuparan de festonearlos.

Sus formas son extraordinariamente imaginativas llámense mariposas, tigres, abejas o caracoles, cada cual tiene una función, una gestión, una armadura distinta y absolutamente diferenciada de los otros animales o insectos. Han sido utilizados como símbolos de la realeza, la paciencia, la torpeza, la fidelidad y la sabiduría. Y desde siempre están en el Génesis, el Paraíso, con los Reyes Magos, en alfombras mágicas, cruzando espacios, en el Zodíaco, en las constelaciones, venciendo cordilleras imaginadas y en las mitologías más añosas cumpliendo roles sagrados o terribles. Junto a reyes, déspotas, santos, párvulos o tarzanes. Y en *La república de los animales*, libro de historias bestiales de Jean Jacobé de Frémont d'Aclancourt, quien en 1654 imaginó una región sólo habitada por animales que se llevan entre sí como en una pintura. Ovejas y lobos corretean por los prados; los halcones discurren por el aire con las palomas y las serpientes se cruzan con los cisnes. El gobierno es ejercido por el Ave Fénix que despacha representantes que son monos. El ejército se compone de tigres, leones y perros; los gansos son los clarines y los loros intérpretes. Adoran al sol. A la luna, en cambio, sólo le rinden culto los elefantes que son díscolos. Siempre han vivido en paz, aunque han debido dominar algunas revueltas iniciadas por víboras que por su condición de arrastradas, fueron rápidamente aplastadas.

Caballos

De los seres no humanos que acompañaron a nuestros primitivos, el caballo se ganó un lugar privilegiado en la historia, porque juntos hicieron historia. Hubo tiempos en que fue sustento, contribuyó a los asentamientos como bestia de tiro y carga, fue el primer medio veloz de transporte e incomparable aliado en las guerras.

El animal, tal como es conocido, es producto de una larga evolución que le llevó desde pequeño mamífero acompañante a figura casi mítica. Milenios atrás el caballo era un animalito del tamaño de un perro con cuatro dedos en las manos y tres en las patas en lugar de cascos. Los investigadores más reconocidos (Charles Darwin, Thomas Henry Huxley, Wladimir Kowalewsky, Joseph Leidy, Othniel Charles Marsh) asumen que los fósiles reconocerían una antigüedad cercana a los cincuenta millones de años. La teoría más reconocida, sustentada por la mayoría de los tratados de hipología, aseguran que el caballo de Przewalsky, habitante de las llanuras de Mongolia, es el ancestro original. Existen algunos ejemplares conservados en zoológicos.

La cebra, el anagro, hemíono o asno silvestre, asno y mula, forman parte de la misma familia. Pero el caballo difiere de todos por su tamaño, estructura robusta, crines y cola abundante.

El itsmo de Bering, apenas una callejuela de tierra que unía Alaska y Siberia, que luego se abrió dando lugar al actual estrecho de Bering (por Vitus Jonassen Bering, 1681-1741, explorador danés al servicio de Rusia), fue el puente natural usado por los animales para viajar desde el norte de América al continente asiático. Diez mil años atrás, se extinguieron en los territorios americanos y sólo regresarían con los conquistadores para aposentarse, procrear y extenderse como nacidos para vivir en esas tierras, como si sus genes hubiesen reconocido la cuna ancestral.

El más famoso hipólogo de la antigüedad fue Jenofonte (430-355 a. de C.), historiador griego, discípulo de Sócrates, que escribió varias obras fundamentales y algunas sobre los caballos, cría, cacería, equitación y psicología de la doma.

Su transformación se fue gestando paulatinamente junto a los humanos. No apareció como un extraño. En los primeros tiempos, cuando los hombres aprendieron a dominar los ímpetus equinos y pudieron subírseles al lomo, lograron prodigios. La capacidad motora se acrecentó muchas veces. La distancia y el poder. Se podía ir y volver rápidamente. Arrasar aldeas vecinas, alcanzar al que fugaba, asestar golpes desde la altura, infundir miedo. Los cuerpos de hombre y caballo se mimetizaron. Eran uno. Pero el humano daba las órdenes y el manso se dejó domar y dominar. Estaba dispuesto a servir. Como medio de transporte era incansable. Se alimentaba con poco; dormía en cualquier lado; requería escasa atención. Con un tiempo de gestación de once meses, a pocas horas de su nacimiento el recién nacido se incorporaba y aprendía a caminar solito. Abría los ojos y ya era independiente.

La relación hombre/mujer/niños/ancianos con el caballo se hizo fácil y necesaria. Se aprendía a montarlo desde la infancia y se lo dominaba hasta la ancianidad. Era juego, transporte, diversión, medio de carga y traslado de enfermos. Les sirvió cuando fueron nómades. Cuando se asentaron en villorios. Cuando debieron huir. Sobre su lomo, dormían. Con su cuerpo generoso se cubrían de los ataques.

El caballo caminaba o corría; cruzaba vados, desiertos o pedregales. Trepaba cerros o volaba en las llanuras. Un caballo entrenado y fuerte podía alcanzar velocidades cercanas o superiores a los sesenta kilómetros por hora a campo traviesa y montados.

Piénsese que habrían de pasar decenas de miles de años para que los seres humanos alcanzaran, con las primeras locomotoras a vapor, los veinte kilómetros horarios y a fines del siglo XVII, los cincuenta.

En aquellas primeras andanzas, donde el paso del tiempo no abrumaba ni exigía apuros insolentes, cuando el hombre pudo aliarse físicamente a su corcel, se sintió alado. Había adquirido una condición nueva y prodigiosa. Una más que sumaba a sus recientes conquistas fabulosas; el fuego, por ejemplo.

La herradura, desarrollada posteriormente con el descubrimiento del hierro, dotó al animal de una capacidad motriz muy superior e inigualada hasta muchos siglos después sólo por medios mecánicos, en aquellos tiempos insoñables.

Atila, Gengis Kan, los persas, Alejandro Magno, montaron y conquistaron enormes territorios.

Los romanos construyeron hipódromos para carreras con carros de dos, tres y cuatro caballos (bigas, trigas y cuadrigas). El más grande fue el *Circus Maximus*, que tenía seiscientos metros de largo y ciento cincuenta de ancho y capacidad para doscientos mil espectadores. El más famoso auriga que registra la historia fue Diocles, que desde el año 130 participó en más de cuatro mil carreras ganando mil quinientas pruebas.

Cuenta la leyenda árabe que Mahoma ordenó dejar sin agua a una tropilla de caballos durante siete días. Cuando los liberaron, todos corrieron al abrevadero, pero bastó que el Profeta los llamara, para que cinco yeguas se arrimaran a él prestamente antes de beber un sorbo. Todos los purasangres árabes descienden de esas cinco yeguas que procrearon una de las razas más fuertes, sufridas y veloces del mundo. Mahoma predicó la importancia del caballo en la vida árabe y en el Corán hay una mención "por cada grano de cebada que hayas dado a un caballo, Alá perdonará un pecado".

La aparición de Hernán Cortés deslumbró con su armadura de metal, vociferante, con sus cabellos y barbas rojizas, imaginado como un posible Quetzalcoatl (serpiente emplumada), desparramando terror, atronando con su pólvora… *y montado sobre un monstruo indescriptible, aun para la fértil imaginación de los aztecas.* Ellos, que dominaban la agricultura, la metalurgia, las artes, la astronomía, el calendario, no pudieron con el caballo. Excedía sus culturas. Y además, cuando veían que de esa bestia de dos cabezas se desprendía un cuerpo vivo y beligerante, asociaban la monstruosidad del cuatro patas con el ensañamiento del dos patas recién desmontado. Nunca visto ni soñado. Un animal del que se desprende otro… aunque este último era más parecido a ellos que el desmontado.

La ausencia de la rueda en las sociedades americanas previas al descubrimiento, pareciera estar ligada a la falta de caballos; el principio sí era conocido pues se han encontrado juguetes rodantes. Pero la rueda como fenómeno de transporte no se concretó hasta la llegada del caballo, porque fueron ellos los que le dieron sentido. La rueda se asocia al caballo como dos partes de un fenómeno que cambió la vida de los seres humanos. Antes, el tronco de árbol y otros elementos circulares que rodaban, fueron adquiridos en ciertas etapas del desarrollo. Y costó mucho. El cuerpo humano y de los animales y la naturaleza no ofrecen ejemplos copiables, como si lo circular no existiese y sólo pudiera ser inventado.

Cuando se pensaba en la posibilidad de acrecentar el tamaño, faltaba tracción. La rueda estaba allí, cerca, pero para qué servía, era impracticable, hasta que se la asoció al caballo. La rueda con el empuje humano ofrecía las ventajas de una carretilla de la que ya disponían, aunque con el método de arrastre personal.

Cuando dominaron al caballo, imaginar dos ruedas multiplicó sus apetitos. Un carro equivaldría a varios hombres y los traslados se harían con más facilidad y extensión, pudiéndose portar hasta la propia vivienda.

De la asociación surgirían los caminos más estables que ya habían marcado otros animales. Las ruedas tenían peso y profundidad y perduraban sus huellas. Fue elemento de transporte vital y decisivo. Y a su vera surgieron poleas, sinfines, norias para asistir en pozos de agua, minas, alfarería.

El hombre es el ser más imaginativo, creador y dominante. Dominador del fuego. Poseedor de un lenguaje. Organizado en clanes. Con sentido del pasado y del futuro. Con alimento al alcance de sus manos; rico en proteínas y grasas que hacían innecesario comer todo el tiempo. Ese tiempo servía para descansar, reponerse y seguir tentando. Armado con poderes a distancia. Observador nato. Instructor y amo de los animales que lo rodeaban. Montado sobre un corcel que le daba poderes mágicos, como pájaros que volaban. Como tigres por su fuerza y velocidad. Avasallantes. Y además, pensaban. Imaginaban.

Bucéfalo

Otro de los grandes caballos de la historia. Vivió hace 2400 años. Su nombre significa *cabeza de buey*, porque era de frente muy ancha, cara redondeada y una estrella blanca le marcaba el rostro. Una leyenda afirma que Bucéfalo era el resultado del cruce de dromedario y elefante. Fue el corcel de Alejandro Magno (356-323 a. de C.) rey de Macedonia, el más grande conquistador de la antigüedad. Dominó Grecia, Persia, Egipto (donde fundó Alejandría), toda la Mesopotamia y parte de la India. Murió a los 33 años, víctima del paludismo.

Cuando era niño, su padre, el rey Filipo, estaba un día comprando caballos. Uno de los corceles aún salvajes, comenzó a cocear, saltar y revolverse en círculos indómitos. El rey ordenó que se lo llevaran. Alejandro que sólo tenía doce años, pidió domarlo ante la incredulidad de todos. Alejandro creyó adivinar que el caballo se asustaba de su propia sombra y lo giró de frente al sol, lo tomó de las crines y saltó a su grupa.

Alejandro tenía su Bucéfalo. Nunca jamás nadie pudo montarlo. Sólo Alejandro. Juntos recorrieron distancias y batallas. Cuando murió a los treinta, Alejandro celebró un solemne funeral y fundó una ciudad con su nombre.

Francisco Álvarez Hidalgo —nacido en Los Corrales de Buelna, Canabria, España, actualmente vive en Los Ángeles, Estados Unidos— le dedicó un poema:

Bucéfalo

Negro como un espíritu del Hades,
ligero como un dios, la piel brillante,
rebelde a la montura y al montante,
quebró orgullos, deshizo voluntades.
Alejandro no halló dificultades.
Doblegó su poder tan desafiante,
lo cabalgó en su caminar triunfante,
y en su nombre fundó varias ciudades.
El potro de mi sangre alborotado
caracolea en fiero remolino
sin mano firme a sujetar la brida.
La crin flotando al viento desatado,
relincha galopando en el camino
hacia una libertad no restringida.

Babieca

Muchos de los héroes históricos tienen sus monumentos ecuestres donde el personaje monta un maravilloso corcel al tiempo que empuña espada erecta. Pero Babieca quizá sea de los pocos, sino único, que tiene su propio monumento, sin nadie a su grupa, en La Fuxard, Mont Juic, Barcelona.

Babieca fue el caballo de Rodrigo o Ruy Díaz de Vivar nacido en Burgos, España (1040-1099), llamado El Cid (del árabe, *as-sid*, señor). La historia y la leyenda lo convirtieron en El Cid Campeador (que distingue o sobresale, campeón). Definido como personaje semihistórico y semilegendario, pasó la primera parte de su vida en los dominios de Sancho de Castilla, que luego sería rey. Cuando Sancho fue asesinado en 1072, Rodrigo sirvió al nuevo rey, Alfonso VI, pero le exigió juramento de que no había participado en el asesinato. Alfonso, molesto por la insolencia de Rodrigo, envió a su demandante vasallo al exilio. Partió Rodrigo Díaz por los caminos de España buscando, como correspondía a todo caballero, aventuras, honor, gloria y botín. Su vida fue de guerra constante, ora contra los moros, ora contra los cristianos y en los últimos años de su existencia reconquistó Valencia de los moros y la mantuvo aislada pese a los contraataques, hasta que murió el 10 de julio de 1099.

Uno de los documentos más confiables sería *Historia Roderici*, detallado relato de un testigo, el historiador árabe Ibn'Alqamah. Su biografía presenta sin embargo enormes dificultades porque la leyenda se apoderó de su memoria y lo elevó rápidamente a la condición de héroe nacional de Castilla.

Uno de sus romances cuenta que necesitado de pertrechos, caballos y armas para combatir durante su destierro, recurre a unos prestamistas que aceptan facilitarle su pedido, tomando como garantía dos cofres repletos de oro que les deja el Cid. Confiados en su palabra impoluta, entregan los pertrechos (*El caballero intachable había mentido. Los cofres sólo contenían arena. Pero sólo él lo sabía*).

El Cid marchó hacia tierras extrañas. Y regresó tras larga ausencia, ahora rico. Visitó a sus prestamistas y les confesó su mentira, pero pagando en su totalidad el préstamo solicitado. Pudo El Cid haber olvidado, escapado de su compromiso, borrado todo. Pero su nobleza era superior a toda codicia. Y dicen que cantó:

> *Rogarles he de mi parte*
> *que me quieran perdonar,*
> *que con acuita lo hice*
> *por mi gran necesidad.*
> *Aunque lo que cuidan es arena,*
> *lo que en los cofres está,*
> *quedó soterrado en ellos,*
> *el oro de mi verdad.*
> (*Acuita:* con aflicción.)

En el siglo XII se reunieron los romances que sobre él se habían escrito en algunas de las más famosas épicas hispanas: *El cantar del mío Cid, Crónicas rimadas* y *Crónicas del Cid*. Se exaltan los valores de honor, gloria y prudencia que adornaron a este bravo y generoso personaje que, envuelto en los misterios de la leyenda, inspiró luego a famosos escritores para extender sus aventuras en relatos inmortales.

Pierre Corneille (1606-1664), dramaturgo francés, inspirado en *Las mocedades del Cid* de Guillén de Castro, escribió en 1636, una de las obras maestras de la literatura francesa: *El Cid*.

Babieca era el caballo del Cid Campeador. Se decía que era el brazo del caballero, su otra mitad. Como si estuviesen pegados. El uno para el otro. Cuando el héroe murió en batalla, sus hombres ataron su cadáver a la silla de Babieca y con él a la cabeza prosiguieron el combate.

El corcel sobrevivió a su amo por dos años y medio y durante ese tiempo a nadie le fue permitido montarlo. Cuando murió, lo enterraron a las puertas del monasterio de Valencia y se plantaron dos olmos en su tumba para que siempre se lo recordase.

En los *Versos preliminares al libro de don Quijote de la Mancha*, Babieca mantiene un diálogo con el corcel del manchego caballero:

Babieca: ¿Cómo estáis, Rocinante, tan delgado?
Rocinante: Porque nunca se come, y se trabaja.
B: Pues ¿qué es de la cebada y de la paja?
R: No me deja mi amo ni un bocado.
B: Anda, señor, que estáis muy mal criado, pues vuestra lengua de
    asno al amo ultraja.
R: Asno se es de la cuna a la mortaja. ¿Queréislo ver? Miradlo ena-
    morado.
B: ¿Es necedad amar?
R: No es gran prudencia.
B: Metafísico estáis.
R: Es que no como.
B: Quejaos del escudero.
R: No es bastante. ¿Cómo me he de quejar en mi dolencia, si el amo
    y escudero o mayordomo, son tan rocines como Rocinante?

El idioma español decidió que las babas que en un caballo son normales, en un ser humano son signo de tonto y de allí surgió Babieca. ¡Qué pena para el buen caballo!

Pegaso

Pegaso es el caballo alado más famoso de toda la mitología. Y como ser mitológico que se precie, tiene diversos orígenes. Que nació en las fuentes del océano, que brotó del cuello de una de las tres Gorgonas: Esteno, Euríale y Medusa. Estas niñas eran peligrosas y de temer, pero sólo la última era mortal. Tenía la cabecita envuelta en rizos que eran serpientes, dentadura similar a la del jabalí, manos de bronce y alas de oro.

Pudiera ser que Pegaso haya coceado con furor para escapar de esos telones y al menos logró un poquitín de magia al brincar y volar. Cuando alcanzó radio de acción importante, Pegaso voló al Olimpo y se puso al servicio de Zeus.

La gran aventura la alcanzó montado por Belerofonte que se convirtió en héroe griego al matar a la super monstrua Quimera, mezcla de león, dragón echa fuegos, ladrona de rebaños. Un pariente mitológico lejano fue Xanto, mencionado por Homero en *La Ilíada* (de Ilión, Troya). No sólo volaba como el viento sino que además hablaba. Y le tocó a este corcel prodigioso predecir la muerte del héroe máximo de los griegos, Aquiles.

Otro equino que pasó a la historia fue Paladion, el caballo ficticio, el de Troya, construido por Epeo que participó de la expedición contra Troya, pero no era muy bravo como guerrero. Se dedicó entonces al diseño del mitológico, fabuloso y gigantesco caballo de Troya, caja de sorpresa en la que los griegos ocultaron parte de sus tropas del sitio de la ciudad. Fue llevado hasta las puertas del muro infranqueable y ofrecido como obsequio de paz. Una vez dentro de la plaza, el caballo de madera arrojó a las arenas sorprendidas un batallón de feroces atacantes. Desde entonces, se debe tener mucho cuidado ante los "presentes griegos".

Pegasos

Pegasos, lindos pegasos,
caballitos de madera...
Yo conocí siendo niño,
la alegría de dar vueltas

sobre un corcel colorado
en una noche de fiesta.
En el aire polvoriento
chispeaban las candelas
y la noche azul ardía
toda sembrada de estrellas.
¡Alegrías infantiles
que cuestan una moneda
de cobre, lindos pegasos,
caballitos de madera!

(Antonio Machado y Ruiz, 1875-1939, autor español nacido en Sevilla, uno de los grandes de la lengua, también dedicó parte de su genio a escribir encantadoras poesías infantiles.)

Dragones y arrastrones

Del latín, *serpens, serpere,* arrastrarse. La serpiente tiene una curiosa historia de simbolismos. El propio y supremo Zeus solía adoptar la forma de una serpiente, especialmente cuando salía de correrías amorosas. Una leyenda relata que Zeus tomó la forma de una serpiente para unirse a Perséfone y así concebir a Sabacio, porque en aquellos tiempos la serpiente era un animal sagrado.

Según Plutarco (46-120) era una deidad porque se alimentaba de su propio cuerpo, como un dios del que todo emerge. También fue considerada emblema de la eternidad porque al poner la cola en su boca forma el círculo de lo permanente. Emblema de la renovación y el arte de curar porque al llegar a vieja, la serpiente raspa su cuerpo entre dos rocas, renovando completamente su piel. Su mirada era considerada infinita porque sus ojos no tienen párpados.

Las venenosas eran odiadas y temidas, pero al ser símbolo de la eternidad, de la inmortalidad, se convertían inmediatamente en lo más preciado y en las poseedoras de una cualidad inmensa.

Según el zoólogo, pintor y escritor, Desmond Morris, en su *Con-*

207

trato animal, la circuncisión entre los antiguos egipcios se origina en que el falo con forma de serpiente, al perder la piel del prepucio, otorgaba al varón la inmortalidad del ofidio. La costumbre fue tomada por otras civilizaciones y rodeada de elementos científicos, rituales o higiénicos.

Los egipcios dieron a la víbora estirpe de gran creadora, vigilante de la tierra que tan bien conoce, diosa del agua por donde discurre con increíble facilidad y ligereza y era el dios Sito, envolviendo al mundo. Las imágenes de serpientes se repiten en tumbas y monumentos.

Las religiones posteriores procuraron establecer un gran abismo con las prescripciones egipcias y la serpiente cayó en la redada, apareciendo repentinamente en el *Antiguo Testamento* como el animal que engaña, seduce y perturba a los inocentes Adán y Eva. Los castigos que reciben los dos primeros seres humanos por sus propias conductas, fueron en parte adjudicados a la serpiente arrastrada, que inmediatamente se convirtió en despreciable y perseguida, hasta ser considerada el propio diablo provocador de la tentación.

"¡No moriréis! Antes bien, sabe Dios que en el momento en que comáis se abrirán vuestros ojos y seréis como dioses, conocedores del bien y el mal", dice el animal al tender su trampa ante los ingenuos del Paraíso.

En el arte cristiano aparecen con serpientes Santa Cecilia, Santa Eufemia, San Patricio y otros santos, pero los reptiles figuran siempre aplastados como Satanás derrotado.

Entre las cientos de historias de serpientes, una relata que cuando se siente atacada, puede tragarse a sus crías, mantenerlas dentro de su cuerpo hasta ponerlas a salvo y regurgitarlas amorosamente.

En el antiguo Oriente, si una víbora entraba a una casa, se buscaba a un encantador de serpientes para atraerla, meterla en una bolsa y alejarla. La leyenda dice que cuando esto estaba por ocurrir, el reptil ponía una de sus orejas sobre el suelo y con la punta de su cola tapaba la otra y así evitaba escuchar el sonido. En la Biblia, *Salmos (58:4),* hay una curiosa expresión que se relaciona con esta leyenda: "Sordos como el áspid que se tapa el oído para no oír la voz de los encantadores".

Las serpientes usadas por los encantadores hindúes son cobras cuyos labios han sido prudentemente sellados para evitar sorpresas punzantes. El encantador promete que va a hipnotizarla mediante su flauta mágica. Otra trampa, pues las serpientes son absolutamente sordas. En realidad, si se le oprime la nuca, queda rígida como un palo, prueba que realizan los callejeros faquires (del árabe *faquir,* pobre, religioso) para asombrar al público.

Por esos lares andan las nagas, serpientes con rostro de mujer, encantadoras especialmente cuando deciden abrazar a sus enamorados porque el bicho mixto podía llegar a medir hasta cinco metros. Hay nagas acuáticas, de color verde, inofensivas y nadadoras. Las guardianas son bravas y feroces. Cuando atacan, matan, pero tienen la gentileza de enterrar a sus vencidos. Las nagas espirituales son súper mujeres y las que mejor ejercen el acto de enroscarse y apretar.

Hubo tiempos en que algunos adoraban a estos reptiles y practicaban la ofiolatría, culto de las serpientes. Hay de todo en este mundo. Y así fue como se llama a la constelación próxima al ecuador celeste, Ofiuco (del griego, el que tiene asida a la serpiente) o Serpentario.

La serpiente y la lima

En casa de un cerrajero
entró la serpiente un día,
y la insensata mordía
en una lima de acero.
Díjole la lima: El mal,
necia, será para ti.
¿Cómo has de hacer mella en mí,
que hago polvos el metal?

Quien pretende sin razón
al más fuerte derribar
no consigue sino dar
coces contra el aguijón.

(Félix María Samaniego en sus *Fábulas morales* siguió la línea de Juan de La Fontaine, 1621-1695, poeta francés autor de *Cuentos* y *fábulas,* que a su vez estaban inspirados en remotas historias orientales.)

El áspid es una víbora parecida a la culebra, muy venenosa, propia de Egipto, que puede alcanzar hasta dos metros de longitud; es de color verde amarillento, con manchas pardas y cuello extensible. Se diferencia de la común porque tiene las escamas en la cabeza, igual que en el resto del cuerpo.

La historia cuenta que Cleopatra (69-30 a. de C.), reina de Egipto, una de las grandes heroínas románticas de la historia, murió de amor abatida por la mordedura fatal de un áspid que ella provocó. Poco antes se había suicidado su amante, Marco Antonio (83-30 a. de C.).

Plutarco (46-120), William Shakespeare (1564-1616) y George Bernard Shaw (1856-1950) son algunos de los autores que dedicaron obras a la azarosa vida de la reina y su desdichado amor. Uno más de los tantos desenlaces trágicos de amores frustrados de la historia y la literatura: Adán y Eva, Abelardo y Eloísa, Aída y Radamés, Alfredo y Violeta (*La Traviata*), Carmen y José, Dante y Beatriz, Deirdre y Naoise, Diego de Mansilla e Isabel de Segura (*Los amantes de Teruel*), Edgard y Lucía de Lammermoor, Elena y Paris (*Guerra de Troya*), Eloísa y Abelardo, Hipómenes y Atalanta, Liu y Calaf (*Turandot*), Orfeo y Eurídice, Otelo y Desdémona, Madame Butterfly y Pinkerton, Romeo y Julieta, Sigfrido y Brunilda, Tosca y Caravadossi, Tristán e Isolda.

Otro que bien se arrastra es el caracol, palabra de origen catalán, *caragol*, que a su vez deriva del latín, *scarabeus*. Molusco testáceo (que está cubierto por una concha) de clase gasterópodos (estómago/pie, que tienen bajo el vientre un pie carnoso).

Son moluscos terrestres o acuáticos que tienen un pie carnoso mediante el cual se arrastran. La cabeza es cilíndrica y lleva en su extremo anterior, la boca y en su parte dorsal, uno o dos pares de tentáculos, vulgarmente llamados cuernos, en donde están los ojos. El cuerpo se halla protegido por una concha de una sola pieza de forma variable y casi siempre arrollada en espiral.

De sus muchas especies, algunas de las cuales son comestibles y muy apreciadas, unas viven en el mar, otras en aguas dulces y otras son terrestres. Los caracoles que no tienen concha son las babosas, que cuando se arrastran dejan como huella de su paso abundante baba y por su voracidad son dañosas en las huertas.

La lengua del caracol es una cinta con miles de dentículos y con ella se alimentan. Hay especies monoicas o dioicas (con sexos separados) y muchas hermafroditas que sin embargo no se autofecundan y necesitan aparearse.

Ponen centenas de huevos que protegen bajo tierra. Pueden criarse en cualquier recinto hogareño y en condiciones mínimas.

Los famosos *escargots* franceses son muy apreciados como alimento, aunque su cría se ha desarrollado en muchas otras partes del mundo.

Se cuenta que los más primitivos habitantes de la Tierra ya consumían caracoles que eran fáciles de conseguir y aportaban proteínas. Para los romanos eran un manjar que se preparaba fácilmente: manteca, ajo, aceite y al fuego. La cría del caracol se conoce como helicicultura. Francia es el principal consumidor, seguido por España e Italia.

Su peculiar forma ha permitido al idioma utilizar la expresión de muchas diversas maneras. La escalera de caracol que sube y baja como espiral. Se llama caracol a una pieza cónica del reloj donde se enrosca la cuerda. También a un rizo del pelo.

En equitación, las vueltas y tornos que el jinete hace dar al caballo cuando caracolea y así también se llama a las vueltas del camino sinuoso, camino de caracol.

En anatomía, se llama caracol a una de las cavidades que constituyen el laberinto del oído de los vertebrados, que en los mamíferos es un conducto arrollado en espiral.

En el canto andaluz, se llama caracol a una variedad caracterizadas por la repetición de la palabra ¡caracoles! a modo de estribillo.

No vale un caracol o no vale dos caracoles, expresión para indicar algo que no tiene ningún valor.

Caracola es la concha de un caracol marino de gran tamaño, de forma cónica, que abierta por el ápice y soplando, produce un sonido como de trompa.

Caracolada es el guisado de caracoles. Caracoleta es el caracol pequeño y también así se llamaba a las niñas pequeñitas, lúcidas y traviesas.

Caracolillo es una planta de jardín, la flor de esa planta y cierta clase de café muy apreciado cuyo grano es más pequeño y redondo.

También una clase de caoba que tiene muchas vetas. Y caracollillo, ciertas guarniciones que se ponían en el ruedo de los vestidos.

Uno de los grandes que también se arrastra, es del griego y luego latín, cocodrilo, *crocodilus*, por lo cual otra forma antigua del español es crocodilo. Es un reptil del orden de los emidosaurios (parecidos a los saurios que tienen cuatro extremidades cortas, mandíbulas con dientes, cuerpo largo con cola y piel escamosa cubierta de tubérculos). Son zoófagos (se alimentan de animales), buenos nadadores, de gran fuerza y voracidad. Los cocodrilos tienen de cuatro a cinco metros de largo. Sus escamas son durísimas, de color verdoso. Los dos pies de atrás palmeados y la cola comprimida. Viven en los grandes ríos de las zonas tropicales, nadan y corren con rapidez. En la Europa antigua, el cocodrilo era un animal legendario apenas conocido por algunos viajeros. Lo llamaban cocotriz o cocodrillus. El español aún registra cocadriz como sinónimo.

Los romanos llamaban al cocodrilo, *calcatrix*, que en realidad era la mangosta, un cuadrúpedo carnívoro, sagrado para los egipcios porque se comía los huevos de cocodrilo con lo cual ahuyentaba peligros futuros. Los griegos luego crearon la palabra *kroke,* piedra y *drilos*, gusano, por la costumbre de los animales de echarse a dormir la siesta al solcito semejando gusanos de piedra.

El yacaré es voz guaraní para reptil o caimán. Esta última palabra, *kaimán*, es voz taíno o arahuaco, idioma de los pueblos caribeños. El yacaré es un reptil propio de los ríos americanos, parecido al cocodrilo, pero más pequeño, con las membranas de los pies poco extensas. La palabra guaraní significa que sobre el agua sólo se ve la cabeza.

El cuélebre, del latín, *coluber*, dragón, animal fabuloso, es una culebra de prodigio asumida por las más diversas manifestaciones populares adoptando formas y nombres regionales, como, por ejemplo, el culebrón de Cuevafría o cuélebre de Cantabria, habitante de los bosques que se atraganta con hombres o ganados. Le da lo mismo al escamoso perverso y, además, echa unos silbos tétricos que espantan a los poblados. Esta alimaña sólo duerme la noche de San Juan y es entonces cuando los valientes y aguerridos del pueblo deben armarse y cortarle el pescuezo. Un romance popular canta:

> *¿Cómo, es tarde y no viene?*
> *Si se perdió en la montaña,*
> *si los osos la comieron*
> *o algún culebrón la encanta.*

Los árabes llamaban al dragón, *tinnin*. Una serpiente que al alcanzar su mayoría de edad se torna dragón y entonces tiene cuarenta metros de largo y habrá de vivir un siglo. También existían los semidragones, mitad superior de hombre y la de debajo, dragón.

Estos curiosos y horrendos seres que parecen eternos e imbatibles, terminan siempre destruidos y aplastados por la intervención de Dios o jóvenes independientes y heroicos que deshacen a la bestia y su perversidad, porque la historia parece empeñarse en enseñar la lección de que no hay poderes imbatibles y que a cada prepotente le llega su merecido de la mano del hombre común o la justicia divina.

Lección repetida pero siempre ignorada por los mandatarios poderosos que habitualmente olvidan que tarde o temprano Dios o el pueblo los demandarán. O la justicia. O sus propios hijos. De la conciencia, ni mencionarla. La tienen a buen resguardo.

El Endriago, del latín, *draco*, dragón, era un monstruo fabuloso, formado con facciones humanas y las de varias fieras.

Los aborígenes de Australia creen en la leyenda de un espíritu creativo, común a todas las religiones y todos los países. Es la Serpiente Arco Iris, tan grande que no se puede medir por medios humanos y vive rodeada por el arco iris. A veces es hembra; a veces, macho. Siempre asociada con el agua y la fertilidad. En las tierras de Arnhem, Australia, se la conoce con el nombre de *Ngaljod* y sus movimientos repentinos pueden producir tormentas y monzones.

Los aborígenes de Australia apoyan gran parte de sus creencias en el Tiempo de los Sueños, el pasado mítico. En esos lejanísimos momentos, los espíritus dieron forma a la Tierra y los primeros seres fueron traídos a sus moradas, donde se establecieron leyes y rituales. Además de la Serpiente Arco Iris, se describe cómo los gigantes y los animales brotaron de la Tierra, mares y cielos, ocupando lo que sería su Tierra Madre y una vez establecidas las descendencias, retornaron a sus orígenes sobrenaturales.

En esos viajes, cada salto producía una montaña, cada llanto un lago y cada índice apuntando, un lugar sagrado. Cada aborigen tiene, por lo tanto, un antepasado en el Tiempo de los Sueños que, a su vez, está asociado con un animal en particular y, por ello, esa persona jamás puede herir, lastimar o matar a ese animal.

Bien le vendría al mundo adoptar ciertas creencias.

Los idiomas tienen laberintos preciosos en los que vale internarse. Con la palabra résped se designa a la lengua de la culebra o de la víbora. También al aguijón de la abeja o de la avispa. Y con eso ¿qué? Pues que también es la intención malévola de las palabras, el uso del lenguaje para lastimar, pinchar, zaherir, mortificar, dañar, mancillar. Ahora cuando escuche algunos dichos perniciosos, mire la boca del discurseante: verá el résped. Y si la persona hablante sigue hablando sin parar, si cae en la charlatanería, además podrá decir que esa retahíla son unas retartalillas.

A esta altura de los renglones, si usted es supersticioso, para no nombrar a la culebra, que es palabra de mal agüero, use bicha, del latín, *bestia*. Bicho es cualquier sabandija o animal pequeño. Se usa también para definir a una persona aviesa, de malas intenciones. *Mal bicho* es persona de muy mala intención. También un toro de lidia y los animales domésticos. Bichero es un asta larga que sirve en las embarcaciones para amarrar y desatracar.

También se llama bicha a una figura fantástica con medio cuerpo de mujer y medio cuerpo inferior de pez u otro animal, que entre frutas y flores sirve como ornamentación arquitectónica.

Bichoco es un argentinismo para el caballo débil y viejo que no puede moverse con facilidad y por extensión, también se usa para personas en esa condición.

Mamíferos y acuáticos

Mamíferos que pasan toda o la mayor parte de su vida en el agua. Descienden de ancestros terrestres. Algunos, notablemente las ballenas, delfines y marsopas, se han adaptado completamente a la vida en el agua y no abandonaron ese medio para la crianza. Otros mamíferos acuáticos son las focas, los castores, las nutrias.

Uno de los casos más extraños es el *manatee*, manatí, pez mujer, pez vaca o vaca marina. Los antiguos marineros que primero divisaron a este espécimen creyeron ver una mujer amamantando a su niño. Es que el manatí, que es un pez bastante grande, puede pesar alrededor de trescientos kilos y medir tres metros y medio, toma a sus crías con sus aletas y las arrima al pecho para alimentarlas.

Muchos creen que estos tiernos animales dieron origen a la leyenda de las sirenas, pues lo que creían ver era una mujer en su más candorosa y amorosa gestión. A medida que se fueron acercando cambiaron de opinión, pues el pez tiene el cuerpo parecido al delfín, brillante, suave y sin escamas, gris oscuro, pero no luce nada femenino ni bello ni deja sus cabellos flotando en la brisa marina. Es oscuro e incluso muy arrugado. Por razones que se dejan dichas, se les ubicó en el orden de las Sirenias y es considerada especie protegida.

El salmón es un pez teleósteo (esqueleto completamente osificado), que llega a tener hasta un metro y medio de largo, cuerpo rollizo, cabeza en punta, color pardo oscuro en el lomo y blanco en el vientre, azulenco en los costados y carne rojiza y sabrosa. En temporada de desove adquiere colores brillantes irisados (que presenta todos o algunos de los colores del arco iris). A menudo su carne es color anaranjado y suelen pesar entre siete y cuarenta kilos.

Vive en los ríos y en los mares. Desova en los ríos y después emigra al mar. El salmón representa otro de los fenómenos de migración animal de profundo contenido instintivo, pues cada generación vuelve a desovar en el mismo lugar donde desovó la generación anterior. Y es un espectáculo inusitado verlos nadar contra la corriente y cascadas para "trepar" como pájaros plateados hacia su destino reproductivo. Luego del apareamiento, la hembra revuelve el fondo del cauce y cubre los huevos de arena y otros elementos. En dos semanas a seis meses, se abren los huevos dependiendo de la especie. Las hembras suelen depositar hasta veinte mil huevos. El salmón joven se llama esguín o murgón y nada hasta el mar.

La trucha es parte de la familia de los salmónidos y también remonta los ríos para reproducirse, aunque la mayoría vive en aguas dulces.

Se llama salmonado a los peces que se parecen al salmón o tienen su carne similar. La salmonera es la red que se utiliza para la pesca y también la rampa que se construye en las cascadas de los ríos para facilitar la subida de los salmones. El salmonete es un pez de unos veinticinco centímetros de largo, de color rojo en el lomo y blanco en el vientre, de carne muy apreciada.

El salmorejo es una salsa compuesta de agua, vinagre, aceite, sal y pimienta. Una vieja expresión española dice, para indicar el escaso valor de algo: *Más cuesta el salmorejo que el conejo*, similar a *Vale más la salsa que los perdigones*.

Familias costradas

Los crustáceos, del latín, *crusta*, costra, corteza, que tiene costra. Hay 26 mil especies de estos animales invertebrados casi todos acuáticos, marinos o de agua dulce, aunque sólo unos pocos son anfibios. Los más apetecibles son el bogavante o llocántaro o lubigante, camarón, cámbaro, cangrejo de mar, centolla, cigala, langostino, langosta, cigarra de mar, navaja, percebe, vieira.

La vieira, del gallego *vieira*, del latín *venera*, conchilla de Venus. Además de ser un molusco comestible, muy común en los mares de Galicia, cuya concha es la venera, es la insignia de los peregrinos de Santiago de Compostela.

Los franceses llaman *Coquille St Jacques* a una selección de estos pequeños comestibles en salsa blanca, servido sobre una concha venera porque Jacques, Jacobo, Tiago y Santiago están unidos de origen.

Jaramugo

Todos sabemos cómo se llama un pichón de pajarito, un perrito bebé, un gatito, un pumita, los cachorritos. ¿Pero cómo el pichón, bebé, chiquitín de pez? Jaramugo.

Felinos feroces y mansitos

El gato es un animal con mucha historia. Pertenece a la familia de los félidos, quizá descendiente del *Felis libyca*, un felino salvaje que tres mil años antes de Cristo terminó domesticado por los egipcios y trasladado por los cruzados a Europa.

Venerado por distintas civilizaciones, terminó afincándose en los regazos domésticos. Escondió sus garras que se hicieron uñas, encogió su dentadura filosa y se acurrucó a dormir la mayor parte de su tiempo diario, aunque guarda recóndito su instinto cazador que le permite atrapar un pajarillo al vuelo y al ratón que nunca alcanza, en los dibujos animados.

Del latín, *cattus*, es un mamífero carnívoro, digitígrado (que camina apoyando los dedos). Es pariente, aunque lejano, de tigres, leopardos, linces y ocelotes. Tiene grandes ojos; capacidad de movimiento excepcional por su esqueleto de más de doscientos treinta huesos y musculatura flexible; lengua muy áspera, patas cortas con cinco dedos en las anteriores y cuatro en las posteriores, larga cola y pelaje muy fino y delicado que puede presentar diversos colores. Sus garras están diseñadas para atrapar y dominar presas, aunque las use hoy más para pelear, trepar y arañar sillones, que para conjurar antiguos instintos. Sus largos bigotes (*vibrissae*) tienen una notable sensibilidad y funcionan como radares, sensores, para detectar obstáculos o percibir durante la oscuridad.

Los machos pueden pesar entre cuatro y seis kilos y las hembras son más menudas.

Hay cuarenta variedades o razas de gatos domésticos: persas, siameses, abisinios (Abisinia, hoy Etiopía), himalayos, rex, de angora, de agua, romano, de albañal (del árabe, *al-balla´a*, la cloaca), de mezcla y cruza variada y hasta un gato ruso azul. Por los montes anda el gato montés o cimarrón.

Si el gato se lava las orejas, parpadea o estornuda, viene la lluvia.

Si corre en círculos, tormenta en ciernes. Si se sienta de espaldas al fuego, ahora frío.

Para los celtas, era un animal benéfico, con la excepción del Gato Palu, monstruo mitológico capaz de todo tipo de depredaciones. Un antiguo proverbio irlandés sostiene que los ojos del gato son la puerta del Otro Mundo.

Se asegura que el gato tiene siete vidas, aunque en otras latitudes se habla de nueve. El gato puede miañar, miar, maullar. El gato también maya o mayida. Y ronronea. Miau es onomatopeya de maúllo o maullido.

Para el idioma español, el gato ha servido para levantar autos o definir al ratero.

En quechua, *ccatu*, gato, es mercado al aire libre y gatera, la vendedora y especialmente, la verdulera.

La gata no sólo es la hembra del gato sino además una nubecilla o vapor que se pega a los montes y sube por ellos "como gateando".

Los niños antes de caminar, gatean.

Familiarmente se llama gata a las madrileñas.

Una gatada es una acción criticable y engañosa. También se llama *gatada* al regate o parada brusca de la liebre cuando la siguen los perros.

O una oruga grande, erizada de pelos largos, conocida como gata peluda.

La gata de Juan Ramos o *la gata de Mari Ramos* se aplica a las personas que disimuladamente pretenden una cosa, dando a entender que no la quieren. Pariente de *la gata de doña Flora: si se la dan, grita; si se la quitan, llora.*

Charles Perrault escribió la muy famosa fábula del *Gato con botas*. La escena final enfrenta a un terrible ogro con el pícaro felino. El monstruo era horripilante, enorme y peligroso. El gatito decidió enfrentarlo apelando a su conocida capacidad para engatusar o engatar, cualidad que, naturalmente, maneja con peculiar destreza.

—He oído que eres el ogro más inteligente del mundo y es tal tu magia que puedes adoptar cuantas formas se te antojen.

—Así es —replicó la bestia e inmediatamente se transfiguró en decenas de instantáneas figuras colosales, concluyendo con un león que echaba babas y vientos por su bocaza rugiente.

El gato tembloroso reculó fingiéndose asustado. El ogro entonces se convirtió en un oso de enormes dientes.

—Claro, uno no puede esperar que puedas convertirte en animal pequeño —tentó el gato.

—Yo puedo todo. Mira. —Y herido en su vanidad se volvió ratón.

El gato tardó medio instante en engullirse al ogro/ratón y provocar una fiesta jocosa entre los pájaros, los árboles, las flores y los animales más tiernos del bosque. ¡El gato se había comido al ogro!

El rey lo nombró guardabosques y desde entonces todos vivieron felices, gracias al ingenio del Gato con botas.

¡Qué bien vendría ese gato para ciertos ogros contemporáneos!

Hubo tiempos en que los jóvenes aburridos y maulas, ataban a las colas de perros y gatos, palos y otras durezas, con lo que se divertían y gozaban del sufrimiento animal. De allí nació la palabra *mazagatos*, para definir toda situación difícil, arriesgada, difícil y se usa con los verbos *andar de mazagatos*. Es evidente que alguien se puso en el lugar del gato y el perro corriendo con la cola atada a un palo.

La carambola
El chico, el mulo y el gato

Pasando por un pueblo un maragato,
llevaba sobre un mulo atado un gato,
al que un chico, mostrando disimulo
le asió la cola por detrás del mulo.

Herido el gato, al parecer sensible,
pególe al macho, un arañazo horrible;
y herido entonces, el sensible macho,
pegó una coz y derribó al muchacho.

Es el mundo, a mi ver, una cadena,
do rodando va la bola,
el mal que hacemos en cabeza ajena
refluye en nuestro mal por carambola.

(*Poesías y cantares*, Ramón de Campoamor, 1817-1901, poeta popular español.)

El más grande de los felinos es el tigre, cuyo nombre científico es *panthera tigris*. Es uno de los animales más bellos. Carnívoro, de fuerza y agilidad legendarias. Armado con poderosas garras y dientes, posee cuerpo musculoso que le confiere una fuerza casi irresistible. Sus patas traseras, con cuatro dedos, son más largas que las delanteras, con cinco dedos retráctiles, lo que le permite impulsarse en saltos de hasta cuatro metros, ayudado por la cola musculosa y larga que le otorga balance en el aire.

El tigre es muy veloz en tramos cortos, pero no tiene capacidad para trepar. Es excelente nadador. Puede llegar a pesar más de trescientos cincuenta kilos. Sus ojos le permiten una visión gran angular, aunque no tiene gran capacidad frente a objetos sin movimiento. Su vista nocturna es muy buena y supera a la mayoría de sus presas. El sentido del olfato es pobre. Su disposición a la caza está dada más que nada por su oído que le permite reconocer el sonido de una hoja cayendo de su rama y el paso sigiloso de su presa. Sus bigotes son órganos sensoriales, especialmente durante la noche, gracias a ellos puede ubicarse con respecto a las cosas que lo rodean.

Su cabeza es casi toda ósea y de fuerte estructura, lo que le asiste para soportar la tensión en sus dentelladas. Los dientes son armas letales, especialmente los caninos, que aunque se llaman así son de tigre.

La imagen popular lo asocia con la jungla, pero su origen remoto es Siberia donde, diez mil años atrás, la congelación de sus ambientes naturales lo obligó a buscar otras residencias.

El tigre siberiano es el más grande y tiene pelaje más nutrido. Más al sur, el tigre de Bengala o de la India es el más chico, mide alrededor de tres metros con un peso de doscientos kilos los machos y ciento cuarenta las hembras. Se reconocen, además, los tigres de la China, Indochina, Sumatra, Java, Bali.

Cuentan las tradiciones de la lucha de tigres contra elefantes que podían durar toda una noche y siempre emergía victorioso el felino.

La mitología griega relata la historia de la ninfa Alfesibea, que tuvo la escasa fortuna de que el dios Dioniso cayera flechado por sus encantos. Pero como, pese a sus poderes, no lograba seducirla, el dios se convirtió en tigre cuando la niña descansaba junto a un río caudaloso llamado Sólax. Al aparecerse frente a la doncella semejante rugiente y babeante felino, la joven tuvo miedo y entonces el dios, recuperando su forma habitual, se ofreció a salvarla llevándola a través del río. Ni lerdo por un instante, Dioniso la hizo suya y al tiempo tuvieron un hijo al que llamaron Medo, que luego sería el fundador de la dinastía de los Medos, un grupo étnico de ese nombre en el siglo I antes de Cristo en Irán. Medo regresó al río en el que su madre había sido atrapada y le cambio el nombre por el de Tigris.

El joven prefirió ser "hijo de tigris".

El Tigris es uno de los ríos más importantes del sudoeste asiático. Recorre 1850 kilómetros a partir del monte Taurus, al este de Turquía y a través de Irak, formando con el Éufrates el *Shatt-al-Arab* que desemboca en el Golfo Pérsico y rodeando una región que antiguamente se llamó "Entre Ríos", Mesopotamia. A sus orillas se encuentra la histórica Bagdad.

En el *Antiguo Testamento*, *Génesis*, cuando la Biblia relata el principio, la creación del mundo y la caída del hombre, al mencionarse el jardín del Edén plantado por el propio Dios, se cuenta que en ese lugar de maravillas nace un río, Pisón, que recorre toda la región de Javilá, donde había oro:

"El oro de esa región es excelente y en ella hay también bedelio y lapislázuli. El segundo río se llama Guijón. El tercero es el Tigris y el cuarto es el Éufrates".

En el *Libro de Daniel*, el propio héroe bíblico cuenta una aventura junto al río Tigris, a quien él llama el Gran Río:

"Estaba a orillas del Tigris, cuando alcé mis ojos y vi un hombre vestido de lino y ceñido con un cinturón de oro fino. Su cuerpo bri-

llaba como el crisólito (piedra preciosa, el *topacius* de los antiguos, de color amarillo verdoso que para los griegos era *piedra de oro*). Tenía el aspecto del relámpago, sus ojos eran como antorchas, sus brazos y piernas como el fulgor del bronce bruñido y el sonido de sus palabras como el estruendo de una multitud.
Los hombres que estaban conmigo no lo vieron.
Sólo yo veía su aparición".

El idioma español ha extendido la palabra tigre a la persona cruel y sanguinaria. También a un pájaro ecuatoriano mayor que una gallina, de pico largo y plumaje pardo con manchas negras que asemeja a la piel del tigre. Un tigrillo es un mamífero carnicero de pequeño tamaño, cola larga y pelaje con manchas.

Al norte de la ciudad de Buenos Aires, se extiende la hermosa ciudad de Tigre, un lugar de recreo, paseos ribereños, pujanza y belleza a orillas del río Luján. Una vieja broma, ha convertido uno de los más antiguos dichos en *Qué le hace una lancha más al Tigre*.

Se llaman Tigre, una isla en el lago Nahuel Huapi. Una isla de Honduras en el golfo de Fonseca. Isla del Uruguay en la boca del río Santa Lucía. Meseta de Venezuela. Pico de la Argentina de 4700 metros en San Juan. Pico de Venezuela en la sierra de Anoa de 1700 metros. Un sector de la cordillera de Michoacán, México. Río que nace en Ecuador y penetra en el Perú, afluente del Marañón. Río de México en Guanajuato, llamado también Coroneo. Otro río de Venezuela, afluente del Orinoco. El Tigre es una población de Venezuela y Tigré es una ciudad de Etiopía.

La próxima vez que lo inviten a Tigre, pregunte dos veces a dónde lo llevan.

Voladores

Hay especies animales nacidas para volar. Hay otras que siendo terrestres o acuáticas, tienen la capacidad real o aparente de volar. Algunos son unos entrometidos como el pez volador que habita aguas marinas cálidas y tiene muy desarrolladas las aletas pectorales, que puede mantener rígidas. Cuando salta fuera del agua eso hace y la "capacidad alar" que le otorgan sus aletas le permiten planear distancias cortas sobre la superficie del agua. Su cola también es rígida y puede vibrar actuando como timón.

También hay ardillas voladoras. La ardilla es un mamífero roedor, blanco por el vientre y cola muy poblada. Es inquieto, vivo y ligero. Se suele utilizar la expresión *como una ardilla*, para definir a personas astutas, inteligentes y vivarachas. Pues bien, hay ardillas voladoras que en realidad no vuelan. Son animales que viven en bosques o prados arbolados, tienen una extensión de la piel a cada costado del cuerpo y cuando la ardilla extiende sus brazos para trepar, la piel se extiende como alerones y funcionan como paracaídas que demoran la caída hasta la próxima rama, dando la impresión visual del vuelo de la ardilla.

Fénix

Del griego, *phoinix*, púrpura. Mucho se ha escrito sobre el ave fabulosa, pero nunca es suficiente. Son tantas las leyendas en su torno, que se puede elegir una entre centenas. Se habría originado en una antigua historia egipcia que adjudicaba el origen del Ave Fénix a Etiopía, región que para los griegos quería decir *cara quemada*, porque sus habitantes eran de piel oscura.

El Ave Fénix podría definirse como un águila de enorme tamaño y de colores fastuosos. Estallan sus alas con rojos, azules, amarillos que parecen oro, y plumas multicolores que semejan a varios pavos reales juntos.

Podía vivir, según se cuenta, entre mil y mil quinientos años, pero como era única en su especie, no había otra forma de reproducción que una extraña elaboración que el propio Ave Fénix había inventado. Cuando se sentía viejo, se acomodaba en su gigantesco nido de forma que los rayos del sol incineraran su guarida y allí se consumía. De las cenizas, como parte de una milagrosa alquimia, resurgían sus formas fenomenales y un nuevo Ave Fénix reaparecía entre los humos de colores. El recién nacido, que ya era potente y grande, tomaba con sus garras a su progenitor y lo trasladaba a la ciudad de Heliópolis, la ciudad del Sol, en Egipto (siglos atrás los egipcios adaptaron la historia al culto del Sol).

El gigante volador fue siempre venerado como el símbolo de la inmortalidad, la resurrección y la superación de lo insondable.

William Shakespeare escribió en 1601 un cuento: "El Ave Fénix y la Tórtola", donde relata el legendario, sugerente, extraño y diferente amor de estas dos aves.

Picudos, emplumados, rapaces, aguileños, poéticos y migrantes

Hay cerca de nueve mil especies de pájaros, vertebrados con plumas que ocupan todo tipo de ambientes, desiertos, selvas tropicales, ciudades y regiones polares.

Las aves ponen huevos, como los reptiles, pero tienen plumas y no cargan dientes en su pico. Sus extremidades superiores se han convertido en alas y la cola corta sirve de timón. La parte del encéfalo que rige el equilibrio es muy voluminosa.

Pueden moverse, desplazarse y vivir temporariamente en el aire, pero como viajeros de paso. Dependen de su vuelo para subsistir y alimentarse, aunque ineludiblemente necesitan echar patas a tierra y tener una base de aposento. Son pocas las aves que permanecen en el mismo lugar todo el año. Sus migraciones son uno de los fenómenos más extraños del reino animal: movimientos periódicos desde una región a otra estimulados por impulsos internos vinculados con el ciclo reproductivo y la alimentación, usando factores innatos, el sol y las estrellas como brújulas y los accidentes geográficos como mapas.

El antropólogo Robert Clarke, escribió:

"Si se pone a un pájaro recién nacido frente a los materiales que construirían su nido, se dedicará a construirlo empujado por una fuerza a la que no puede sustraerse. Por admirable que sea su nido, lo habrá construido como un autómata. Igual que sus antepasados, sin imaginar el más mínimo cambio.

El ser humano, en cambio, si no lo aprende antes, no sabría qué hacer con los materiales que construirían la más elemental cabaña".

En todos los mitos antiguos, los pájaros son mensajeros de los dioses, espíritus volantes, los que llevaban los mensajes de los dioses a los cielos.

Los augures o agoreros eran sacerdotes de la antigua Roma que practicaban la adivinación por el canto, vuelo o forma de comer de las aves. Augurar, por extensión, es presagiar, presentir o predecir.

Calcante era un adivino que tenía el don de la profecía por el vuelo de las aves. Fue él quien al interpretar el presagio de un monstruo devorando pájaros, anticipó que Troya sería tomada al décimo año de la guerra. Pero no pudo adivinar su propio futuro. Otro profeta le había advertido que jamás probaría el vino de sus campos. Calcante cultivó la viña, produjo el vino y cuando llenó la copa para llevar la bebida a sus labios, se burló del adivino lanzando una fenomenal carcajada. Se mofó, hizo muecas, saltó con sorna, se excitó mucho. Murió en medio del acceso de risa. El vino nunca llegó a su boca.

La cantidad y calidad de las aves de rapiña, sorprende al investigador: abanto, buitre, águila, cóndor, halcón, gerifalte, sacre, azor, borní, cernícalo, quebrantahueso, son especies picudas, aguileñas, de garras duras y firmes. El caburé, del guaraní *cabure'i*, rey de los pajaritos, es una de rapiña pequeña que aturde y paraliza con sus chillidos. Sus plumas son muy codiciadas por sus supuestos poderes mágicos.

Un ave de rapiña hecha de mitos, es la arpía, fabulosa, cruel y sanguinaria con rostro de mujer y cuerpo de pájaro. Otro legendario es el Alcón, héroe compañero de aventuras de Hércules, arquero excepcional, capaz de ensartar su flecha en un anillo puesto sobre la cabeza de un humano atrevido.

Los rapaces tienen muchos nombres y formas, e incluso hay algunos que pertenecen al reino humano. Éstos atacan con inusitadas fuerzas el cuerpo social y bienes que no les pertenecen con inmensas garras y voracidad insaciable. Y para mal de males, son diurnos y nocturnos. Agarran a toda hora.

Hay otros alados poéticos, románticos y migrantes.

La golondrina es un pájaro de pico negro, corto, cuerpo negro azulado por encima y blanco por debajo, alas puntiagudas y cola muy larga en forma de horquilla. Es una de las aves migratorias de mayor capacidad de desplazamiento.

Una vieja creencia adjudica a varios pájaros haber aliviado los sufrimientos de Jesús en la cruz. Uno de ellos, la golondrina, que acompañada de mariposas blancas, quitó las espinas de la corona de Jesús. Por ello ocupa un sitial entre las aves sagradas que significan buena fortuna cuando se posa sobre una casa. Son aves de Dios y destruir sus nidos significa desgracia.

John de Mandeville, relata su visita al Monte Sinaí, "donde las golondrinas y otras aves pasan una vez al año, todas juntas y en gran número, como que fuesen en romería, llevando un ramo de olivo en su pico como ofrenda y la dejan en la iglesia de Santa Catalina".

Gustavo Adolfo Bécquer (1836-1870), poeta romántico español, nacido en Sevilla, autor de *Rimas, Del salón en el ángulo oscuro, Yo sé un himno gigante y extraño,* consideradas entre las más bellas de la poesía lírica, les cantó:

> *Volverán las oscuras golondrinas*
> *en tu balcón sus nidos a colgar,*
> *otra vez con el ala a sus cristales*
> *jugando llamarán;*
> *pero aquellas que el vuelo refrenaban*
> *tu hermosura y mi dicha al contemplar,*
> *aquellas que aprendieron nuestros nombres,*
> *ésas... ¡no volverán!*

Manu Kalou: Un pajarillo encantador al que se había dado por extinguido, reapareció sorpresivamente en las islas que conforman la República de Fiji o Viti: el *manu kalou,* pájaro del espíritu. Así lo llamaban los nativos por sus maravillosos cantos y gorjeos que asombraba a quienes escuchaban.

Fiji es una república de 18 mil kilómetros cuadrados en el Pacífico sudoeste, integrada por 320 islas, la mayoría deshabitadas. Las islas principales son Vanua Leve y Viti Levu, sede de la capital, Suva. Fueron descubiertas por el explorador holandés Abel Tasman en 1643.

Este picudito de patas largas vivía en un valle montañoso y fue amenazado por la mangosta y la deforestación y, finalmente, declarado extinguido por las organizaciones especializadas. Charles Darwin lo mencionó en uno de sus libros porque él lo avistó en la isla más grande. Durante décadas se perdió el eco de su trino. Se los llevó la tristeza y el peligro.

No hubo más pajaritos. Pero en realidad, los poquitos que habían quedado se refugiaron en el follaje denso y, pese a tantas peripecias, unos pocos ejemplares lograron salvarse. Y fueron reconocidos por los científicos cuando escucharon un canto que era totalmente distinto de lo conocido, un silbar infinito y tenue. Nueve parejas de manu kalou brincaban en la espesura protectora. Y allí están ahora. Los pájaros del espíritu en un puntito de la inmensa Tierra echando notas al aire que sólo algunos tienen el privilegio de escuchar y disfrutar. Un placer ignoto en un paraíso lejano.

Pero no todas las aves vuelan. No lo hacen el pingüino, el kiwi, el avestruz y el ñandú. Esta última es una voz guaraní. El avestruz es ave corredora autóctona de América que tiene tres dedos en cada pie, a diferencia del avestruz africano que sólo tiene dos dedos en cada pie. El avestruz es la mayor de las aves conocidas. Cuando joven, se lo llama charabón. El ñandú fue reconocido por los tehuelches patagónicos como *choique* y *charito,* según su tamaño. Alcanza un metro y medio de altura, tiene plumaje gris y cuello alto. No tiene alas. Pesa alrededor de veinticinco kilos y corre a gran velocidad.

La carne de ñandú o avestruz tiene bajo nivel de colesterol, bajas calorías y altas proteínas. Es roja, tierna, magra y más dulce que la carne vacuna, con las características de las carnes silvestres. También se aprovechan el cuero, las plumas, las cáscaras de los huevos para artesanías y sus largas pestañas para fabricar pinceles finos. La piel es suave y se usa para trajes y sombreros.

En refinados restaurantes de algunos países europeos, se ofrecen platos de avestruz entre sus delicadezas culinarias. En Uruguay comenzó a desarrollarse la cría del avestruz para consumo y exportación. Los establecimientos dedicados a la cría están bajo severa vigilancia y obligados a devolver a la naturaleza el mismo número de ejemplares sacrificados. El mayor productor mundial de avestruces es Sudáfrica.

En el número 2, año I de la revista *Patagonia net*, de Puerto Madryn, Chubut, aparece la receta de *Muslo de choique a la mostaza*. Allí se sostiene que:

"La carne de ñandú y la de guanaco (del quechua *wanacu*) son base de la comida étnica regional y de muy buena reputación en todo el mundo por sus conocidas cualidades de alimento sano, bajo en grasas. Si bien no es muy habitual recurrir a ellas en cualquier comercio por las limitantes de caza que existen sobre estas especies autóctonas, con el incremento de criadores de choiques y guanacos, se pueden obtener estas especies en el mercado gastronómico".

Golfo

Del latín, *colpus*, del griego, *seno*, gran porción de mar que se interna en la tierra entre dos cabos. Ésta es la acepción más conocida. No lo es tanto la que significa pilluelo, vagabundo, quizá derivación del antiguo *golfín*, delincuente, bribón, asaltante. Los lingüistas han encontrado relación de esta palabra con delfín, el cetáceo piscívoro amado por los niños, simpático, saltarín, amistoso, acróbata acuático, estrella de los mundos marinos. Pero en otros tiempos los delfines eran temidos por los navegantes. Es que brincaban con sus fauces abiertas llenas de dientes y no daban la sensación de ser amigables. Su agilidad y capacidad de remontarse sobre las aguas, producía temblores en los marinos de las frágiles nueces que surcaban aguas ignotas. Como delfín derivaba del latín *delphinis*, se usó esta palabra para calificar los salteadores y malas gentes de los caminos que andaban saltando y asaltando a los viajeros. Así apareció *golfín*, y cundió. Al punto que los portugueses llaman hoy al delfín, *golfinho*.

Gregarios y chupones

Las abejas, del latín *apicula*, son insectos de metamorfosis complicada, masticadores y lamedores por estar su boca provista de mandíbula y lengüeta.

Tienen cuatro alas membranosas. El abdomen de algunas hembras lleva en su extremo un aguijón en el que desemboca el conducto excretor de una glándula venenosa. Las abejas viven en colonias, cada una de las cuales tiene una sola hembra fecunda (cuyo conjunto de huevos se llama querocha), muchos machos y numerosas hembras estériles, neutras u obreras, incapaces de procrear que son las que producen la miel. Jabardo es un enjambre pequeño. Se alojan en los huecos de los árboles o peñas o en colmenas artificiales. Producen cera y miel. Y ése parece ser el único objeto de su existencia.

La miel es una sustancia viscosa, amarillenta y muy dulce que producen transformando en su estómago el néctar de las flores y devolviéndolo por la boca para llenar los panales.

En Oriente la miel era sagrada. Y los griegos la ofrecían a sus dioses, porque la miel era un regalo divino y un símbolo de la sabiduría. Luego se sumó a la leche para configurar los dos alimentos preciados por la naturaleza, ideales y preciosos. Las tierras prometidas eran de miel y leche e incluso el Paraíso es llamado "tierra de leche y miel".

Propóleos, del latín *pro polis*, antes ciudad, es una sustancia con que las abejas bañan las colmenas antes de empezar a trabajar. Pero no trabajan de noche ni cuando hay tormentas.

Quedarse con la miel en los labios es privarse de lo que empezaba a gustar.

Hacerse uno la miel: portarse de manera más amable y dulce de lo necesario.

Vender miel al colmenero: quien vende lo que tiene a quien tiene lo mismo de sobra. Antecedentes de *vender naranjas al Paraguay.*

Se llama abeja reina, machiega, maesa o maestra a la hembra fecunda, única en cada colmena. El zángano es el macho de la abeja reina. Es el más grande de la colmena, tiene las antenas más largas, los ojos unidos en lo alto de la cabeza, carece de aguijón y no produce miel. De su nombre han surgido *zángana,* mujer floja y torpe. *Zan-*

ganada, hecho o dicho impertinente y grosero. *Zangandungo, zangan-dongo, zangandullo*, de unir zángano y gandumba (persona apática y poco hábil), sirve para definir al inútil, desmañado y holgazán.

El abejaruco es un pájaro de vistoso colorido perjudicial para los colmenares porque se come a las abejas. El abejero es el que cuida las colmenas y abejorrear, el zumbar de las abejas y otros insectos seme-jantes y el rumor confuso que producen las personas al hablar al mis-mo tiempo.

El abejorro es un insecto pequeño, velludo y con aguijón casi tan grande como su cuerpo. Vive en enjambres poco numerosos y zum-ba al volar. Así también se llama a las personas de conversación pesa-da y molesta.

El gabarro es un abejorro y el tábano otro insecto díptero picoso. La suma de ambos da el tabarro, especie de avispa mayor que pica causando mucho dolor.

La avispa es similar a la abeja, de color amarillo con fajas negras. En la extremidad posterior de su cuerpo tiene un aguijón con el que introduce en la picadura un humor acre que causa escozor e irritación. Produce miel que para muchos es mejor que la de las abejas.

El avispero es el panal y por extensión, negocio o asunto enreda-do que ocasiona disgustos.

En anatomía se llama alveario, del latín *alvearium*, colmena, al conducto auditivo externo donde se acumula la cera del oído.

Tribunales feroces

En recónditos tiempos, los animales formaron un tribunal para juzgar la conducta de sus congéneres. Naturalmente, el León era rey y juez supremo. Un día se presentó el Lobo Isegrim con una queja contra Rinaldo el Zorro a quien acusó de haber agredido a su esposa, hijos y propiedades. Como suele ocurrir en otros reinos, tan pronto hubo el Lobo despachado su retahíla de quejas y acusaciones, muchos otros integrantes de la sociedad la emprendieron contra el acusado a quien se le adjudicaron decenas de maldades delictivas. Castores, lie-bres, gatos, gallos y otros entonaron relatos de sus pérdidas a manos del pícaro Zorro: gallinas muertas, pollitos que piaban doloridos, agresiones múltiples y penosas.

El juez León ordenó al policía Oso Bruin la captura del acusado. Llegado el Oso a los dominios de Rinaldo, éste rápidamente le contó que poseía un árbol donde guardaba un panal de miel silvestre rebosante de dulzuras. El Oso policía, más glotón que vigilante, allí fue mansamente. Metió su hocico en el hueco del tronco. El Zorro entonces sacudió la corteza de forma que le atrapó la cabezota al Oso arrancándole las orejas.

Vuelto el policía desorejado a la corte, el rey León envió entonces al Gato pícaro. No bien llegó a la casa del Zorro éste lo enredó con unos ratones haciéndole caer en una trampa. Varios enviados más fueron apareciendo hasta que finalmente Rinaldo el Zorro fue llevado ante el tribunal y condenado a la horca. Antes de que la condena se concretara, Rinaldo pidió confesar todos sus pecados. El rey León y su reina se apiadaron pensando que quizás el Zorro estaba arrepentido. Accedieron.

El Zorro comenzó a contar historias. Muchas historias. Todas ellas indicaban la posesión de un tesoro que, en realidad, era del padre del rey y que éste y su padre Zorro habían ocultado. Su padre Zorro había muerto en defensa del tesoro real. El rey y la reina se frotaban las garras pensando recuperar algo que no sabían les pertenecía, seguramente cuantioso, y se relamían. En sus historias, Rinaldo, como al pasar, fue indicando a los otros animales como los gestores del ocultamiento precioso.

Con sus palabrejas engañosas, logró poner a los reyes de su parte, a pesar de la indignación de los demás animales. Casi vencidos, el Lobo Isegrim desafió al Zorro a combate, pues todo parecía indicar que el habilidoso saldría con la suya.

"¡Así sea!", exclamó el rey.

Todos rodearon el campo de batalla confiados en que finalmente el Zorro taimado recibiría su merecido.

Pero el ladino era ingenioso: cortó su pelo y untó su cuerpo de aceite. Tan pronto apareció, los animales arrojaron carcajadas sonoras ante el ridículo aspecto del aceitado. La lucha se planteó, pero el Lobo no podía terminar de apretujar al Zorro que se zafaba de sus brazos agresores y le arrojaba tierra a los ojos.

Ganó el Zorro. Trompetas anunciaron el final del combate y los reyes agasajaron al triunfador. Desde ese día el Zorro pasó a ser el animal más admirado en la Corte.

¿Y el tesoro? Nunca se supo.

Pero así son los astutos bellacos. Patean las promesas a lo lejos y entretienen a los avarientos con oros a futuro.

El zorro es un mamífero carnicero de larga cola, cabeza ancha, hocico agudo, orejas empinadas, cuerpo largo cubierto de pelo abundante. Vive en madrigueras, persigue con astucia a sus presas.

La lengua española, siguiendo el ejemplo de Rinaldo el Zorro, ha dado lugar destacado a las palabras relacionadas.

Zorra o zorro es persona astuta y taimada. Zorra es prostituta.

A la zorra, candilazo: Ganar en astucia a quien presume de astuto.

Hacerse el zorro: Aparentar ignorancia o distracción.

No hay zorra/o con dos rabos: Hay cosas imposibles.

No ser la primera zorra/o que uno ha desollado: Para indicar experiencia en el asunto.

Pillar la zorra/o: Embriagarse.

Zorrastrón/na: Pícaro, astuto, disimulado, muy cauteloso.

Zorrería: Astucia y cautela. Ardid.

Zorrocloco: Hombre lento, bobo, pero que se aprovecha de lo que puede. También, gesto fingido de afecto.

Zorronglón/na: Quien ejecuta lo que se le pide, pero con mala voluntad.

Zorruelo, zorruno: Relativo al zorro/a.

La zorra y el busto: Félix María Samaniego escribió:

> *Dijo la zorra al busto*
> *después de olerlo:*
> *Tu cabeza es hermosa,*
> *pero sin seso.*
> *Como éste hay muchos*
> *que, aunque parecen hombres,*
> *sólo son bustos.*

Ovejas y carneros

Héroe enclenque y desgarbado fue el Caballero de la Triste Figura. Una de las más encendidas aventuras de Don Quijote, Sancho Panza y Rocinante, fue cuando el señor divisó en el horizonte una gran polvareda. Dio por sentado que se trataba de dos poderosos ejércitos que iban a embestirse en la espaciosa llanura. Los polvos, caramba, eran levantados por unas manadas nutridas de ovejas y carneros. Así lo hizo notar el fiel escudero Sancho. Pero Don Quijote clamó airado: "Has de saber que éste que viene por nuestra frente, le conduce y guía el grande emperador Alinfanfarón y el que marcha a mis espaldas es su enemigo, Pentapolín del Arremangado Brazo, porque siempre entra a las batallas con el brazo derecho desnudo".

Cuenta Don Quijote que las broncas entre ambos eran porque Alifanfarón es furibundo pagano y está enamorado de la hija de Pentapolín, que es hermosa, agraciada, pero cristiana. Así que su padre no la entregará al rey pagano si éste no deja primero la ley de su falso profeta. Mientras el flaco continúa su relato, las nubes polvorientas se aproximan enemigas. Don Quijote reconoció entre los terrones a príncipes y caballeros gigantes y a todos los identificó por sus armas, estandartes, insignias, modales, sangre, descendencia y valores. Sancho dudaba. No veía más que tierra. El Caballero enfureció pues no comprendía cómo su asistente no oía relinchar los caballos, tronar los clarines y retumbar los tambores. Sancho sólo oía, así lo dijo, balidos de ovejas y carneros.

Don Quijote clavó espuelas a su escuálido corcel, lanza en ristre, bajó como un rayo del monte y arremetió. Sancho Panza corría a su lado advirtiendo que no había gigantes ni caballeros ni armas ni tambores. Atropelló el caballero por el medio del escuadrón de ovejas y carneros y entró a lancearlos con denuedo y coraje.

Los pastores que traían la manada no comprendieron ese fenómeno montado, pero oyendo desgañitar a sus animales, heridos y revolcados, sacaron sus hondas y comenzaron a "saludarle los oídos con piedras como de puño".

Quedó el Quijote hecho piltrafa, medio muerto, todo herido, tieso, cuatro dientes y muelas por ahí perdidos y machucados los dedos de la mano y las costillas.

233

"¡Sin ventura yo! Qué más quiera que me hubiera derribado un brazo, como fuera el de la espada. Porque te hago saber, Sancho, que la boca sin muelas es como molino sin piedra y en mucho más se ha de estimar un diente que un diamante".

Tembloroso y mal andante, prosiguió su camino pues sabía a ciencia cierta que nuevas aventuras le esperaban (*El ingenioso hidalgo don Quijote de la Mancha*, capítulo XVIII).

> *Peregrino de los peregrinos,*
> *que santificaste todos los caminos*
> *con el paso augusto de tu heroicidad,*
> *contra las certezas, contra las*
> *conciencias y contra las leyes*
> *y contra las ciencias, contra la mentira*
> *y contra la verdad...*
> *Ora por nosotros, señor de los tristes,*
> *que de fuerzas alientas y de sueños vistes,*
> *coronado de áureo yelmo de ilusión;*
> *que nadie ha podido vencer todavía,*
> *por la adarga el brazo, toda fantasía,*
> *y la lanza en ristre ¡todo corazón!*

(*Letanía de nuestro señor don Quijote* de Félix Rubén García Sarmiento, conocido como Rubén Darío, 1867-1916, poeta y diplomático nicaragüense).

Cervantes y Shakespeare murieron el mismo día, del mismo mes, del mismo año.
Dios hubo de quererlos a los dos a su lado al mismo tiempo.
Placer de los dioses.

Perfumes

Materia odorífica y aromática, sustancia que se utiliza para dar buen olor a personas o cosas. Cualquier olor bueno o agradable. Las esencias se obtienen de flores, productos químicos, y de algunos animales. Pero mire usted qué historia vamos a contarle ahora.

La algalia (del árabe *algaliya*, perfume del almizcle con ámbar), es una sustancia untuosa con la consistencia de la miel, blanca, de olor fuerte y sabor acre. Se saca de la bolsa que cerca del ano tiene el gato de algalia. El almizcle es sustancia similar de olor intenso que algunos mamíferos segregan de glándulas ubicadas en el prepucio, cerca del ano. Y algunas aves cerca de su cola.

El gato de algalia en realidad se llama civeta. Es un mamífero carnívoro parecido al gato, de cuerpo largo, patas cortas, orejas pequeñas y cola larga y peluda. Suelen ser amarillos, grises o con puntos o bandas de color. Tienen uñas retráctiles y algunas especies son anfibias.

Actualmente son explotadas dos civetas, una africana y otra asiática, criadas en cautividad por el almizcle muy apreciado que producen en sus glándulas anales.

La civeta africana, *Viverra viveta*, ha sido criada en cautividad en Etiopía desde hace varios siglos. El almizcle de la civeta, que tiene un olor muy desagradable por su lugar de origen (las glándulas anales del macho), es usado como fijativo de otros, muy diferentes y apreciados perfumes, especialmente los de mayor precio. Cuesta creerlo, pero es verdad. Las civetas son alimentadas con frutas, legumbres y harinas de maíz. Etiopía es el gran productor mundial de almizcle.

La pequeña civeta indú, *Viverricula indica*, es criada en India y Tailandia. El almizcle es exportado a China para la industria farmacéutica china. En los criaderos tailandeses, las civetas son mantenidas en incubadoras de pollos y alimentadas con huevos hervidos con pollos muertos en su interior. Su fama repugnante, alguien la transformó en perfume placentero.

En la China moderna algunas investigaciones habrían asociado la epidemia de síndrome agudo respiratorio severo (SARS) con alguna de las especies de civeta.

Extraños designios tiene la naturaleza e increíbles asociaciones hace el ser humano con lo que encuentra por allí. ¿Quién habrá hurgado en semejantes aposentos y escondrijos escatológicos para encontrar y dar semejante uso a esos ungüentos pútridos?

"Deme una onza de civeta, buen farmacéutico: endulza mi imaginación" (William Shakespeare en *El rey Lear)*.

Perrr

La Real Academia Española reconoce como origen de la palabra perro, la onomatopeya *perrr*, con que los pastores azuzaban a los animales y excitaban a las ovejas. Ese grito ronco vino a ser el nombre del can que debió haber sido, del latín, *canis*.

Los perros son parientes del chacal, el lobo y el zorro y habitan todo el planeta por su variabilidad genética. Tienen cinco dedos en las manos y cuatro en las patas, dientes fuertes y olfato muy aguzado al igual que el oído. Se aparean cada seis meses. Tienen un período de gestación de 49 a 70 días y pueden nacer de uno a diez cachorros por lechigada.

Los perros fueron los primeros animales domesticados catorce mil años atrás. A medida que se fueron arrimando, como predestinados, los humanos comenzaron dándole un poco de comida sobrante, los mantuvieron a su lado y les dieron nombres. Anunciaban los peligros poniendo sus olfatos e instintos al servicio de quienes ahora eran sus amos. No pudieron enseñarles a hablar, pero sí a obedecer órdenes. Los niños los hicieron sus preferidos y con ellos aprendieron a jugar, y fueron testigos de los principios del alumbramiento, la nutrición mamífera y el amor maternal.

Leales con sus amos, feroces con los extraños. Iban y venían encontrando los caminos, cuidando las recuas y manadas. Eran miembros del grupo nuclear. Los perros eran de la casa. Las gallinas, cerdos, vacas, eran externos; no se los llamaba por su nombre, eran impersonales y comestibles.

Ancestralmente, los perros fueron usados como animales de tiro, guías, compañeros, protectores, cazadores. Aparecen reiteradamente en historias mitológicas, leyendas y folklore, junto a personajes heroicos como Kuloervo, héroe finlandés a quien acompañaba su perro negro, Musti. Ulises, cuando regresa a Ítaca junto a Penélope es primero reconocido por su perro.

Orión, el cazador de la mitología griega, iba siempre acompañado de su perro. Cuando Orión trató de propasarse con la diosa Artemisa, ésta sacó un escorpión de la tierra y mandó clavarle sus venenos a Orión y al perro. Ambos cayeron fulminados. Orión fue transportado al cielo y convertido en constelación y su animalito fue transformado en Sirio, Can Luciente, la estrella que pertenece a la constelación Can Mayor.

Los egipcios tenían un can celestial y una divinidad con cabeza de chacal (pariente del perro) y sostenían que Osiris, dios que simbolizaba las fuerzas de la naturaleza, fue muerto por su hermano Seth y vengado por su hijo Horus. Cuando se libraba la lucha, Osiris retornó de los muertos convertido en lobo (pariente del perro), para ayudar a su hijo.

Un viejo refrán español, establece jerarquía y escalafones: *Can que mata lobo, perro mastín.*

Quebrada del Condorito

Bello lugar cordobés en la Pampa de Achala. Integra el Parque Nacional Quebrada del Condorito, un cerro de piedra cortado en V, con más de seiscientos metros de profundidad donde retozan pájaros de toda especie. Su nombre se origina en una vieja leyenda que suponía que algunas de las aves que revoloteaban en la ancha hendidura, eran una especie ignota de cóndor. Con el tiempo y la observación, se supo que en realidad, por las condiciones especiales de la quebrada, se producen corrientes térmicas inusuales, distintas de la mayoría de las cumbres. Esa porción de aire distinto creaba condiciones ideales para el vuelo. Por eso, los cóndores lo eligieron para enseñar a sus crías las técnicas del vuelo. Los pichones desde siempre aprenden rápido a desplazarse con sus alas totalmente extendidas y las corrientes de aire los sustentan de manera casi milagrosa, como si su suspensión aérea la manejara un titiritero celestial.

Ushuaia y los castores

En 1947 se introdujeron a Ushuaia diez parejas de castores importados de Canadá. En aquellos tiempos poco se sabía y menos se hablaba de los ecosistemas y alguien supuso que con los castores se enriquecería la fauna del sur argentino. Amparadas por un ambiente propicio y protector, las parejas se lanzaron a una orgía de amor y sexo desenfrenado. Hoy, hay más de ochenta mil castores que producen una notable depredación, arruinando los suelos, destruyendo bosques y desquiciando mucha riqueza forestal. El fenómeno se ha expandido porque en Ushuaia no existe el equilibrio que establece la naturaleza y el castor no encuentra sus depredadores que, en Canadá y Estados Unidos, son principalmente los osos, de manera que se han expandido con libertad y sin frenos. Para controlar la expansión dañina, habría que crear una industria peletera y sacrificar veinte mil animales por año, según los expertos.

El castor es un mamífero roedor, de cuerpo grueso que puede tener hasta ciento veinte centímetros de largo incluyendo su prominente cola. Está cubierto de pelo castaño muy fino, apreciado en peletería. Vive mucho en el agua, se alimenta de hojas, cortezas y raíces de árboles y construye con destreza su vivienda a orillas de ríos o lagos, haciendo diques de gran extensión.

Existe una leyenda que asegura que el castor posee glándulas que segregan una medicina milagrosa. Cuando el animal se siente acosado, él mismo se cortaría esos órganos con sus dientes para así librarse de la muerte bañado en su propia panacea.

Literatura, poemas, poetas y un héroe

Intimidad de Cervantes

El padre modelador, la matriz de Quijote, fue Miguel de Cervantes Saavedra. ¿Cómo era este hombre de imaginación deslumbrante? Cuando tenía 65 años se describió a sí mismo en el prólogo de sus *Novelas Ejemplares*:

> "Éste que veis aquí, de rostro aguileño, cabello castaño, alegres ojos, nariz corva aunque proporcionada; barbas de plata, que no hace más de veinte años fueron de oro; bigotes grandes, boca pequeña, dientes ni menudos ni crecidos porque no tiene sino seis, y éstos mal acondicionados y peor puestos.
>
> Éste digo que es el rostro del autor de *Don Quijote de la Mancha* y otras obras que andan por ahí descarriadas, llámase comúnmente Miguel de Cervantes Saavedra.
>
> Soldado muchos años, cinco y medio fue cautivo. Perdió en la batalla naval de Lepanto la mano izquierda de un arcabuzazo, herida que, aunque parece fea, la tiene él por muy hermosa, por haberla cobrado en la más memorable y alta ocasión que vieron los pasados siglos, ni esperan ver los venideros, militando debajo de las vencedoras banderas del hijo del rayo de la guerra, Carlos V de feliz memoria".

El autor inglés nacido en Escocia, Thomas Carlyle (1795-1881), de gran influencia en las letras de su tiempo, dijo de Miguel de Cervantes:

> "En uno de los pasados siglos alguien luchó valerosamente en la batalla de Lepanto, arrastró con valentía las cadenas de la esclavitud argelina, con gallarda serenidad soportó el hambre, la pobreza y la vil ingratitud del mundo; y por fin, escribió en la cárcel, con la ma-

no que le quedaba, el más alegre y al mismo tiempo, el más profundo libro de la época moderna, al que llamó *Don Quijote*".

Líneas de un documento histórico: "Petitorio al Rey. Señor: Miguel de Cervantes Saavedra, que ha servido a VM. muchos años en las jornadas de mar y tierra (...) Pide y suplica humildemente en hacerle merced de un oficio en las Indias de los tres o cuatro que al presente están vacos..."

Pudimos haberlo perdido si se hubiese aceptado su solicitud de viajar al nuevo continente. Cervantes quiso probar suerte en las tierras que ahora eran de España, pero su pedido ni siquiera fue contestado. ¿Y si hubiese venido? Quizá nunca hubiésemos sabido del Quijote o quizás un personaje distinto habría cobrado vida en su imaginación incesante. Algún desorbitado conquistador de armadura y mil escuderos arrasando aldeas, arañando tesoros ajenos. ¡Jamás!

Quijote murió —dice Cervantes— en su cama. Los conquistadores fueron comidos, muertos, colgados, decapitados. Pizarro y Cortés no tienen monumentos en las tierras que pisaron. Y nadie está seguro aún de dónde yace Colón.

Quijote vive.

"En 1601 la corte española se instaló en Valladolid y una de las consecuencias de tal mudanza fue la escasez de viviendas, pues los innumerables cortesanos, burócratas y servidores de la Corona buscaron radicarse junto al inmenso fogón donde se cocinaba el poder. Algunos vallisoletanos avisados, se dedicaron a construir casas para alquilar.

Miguel de Cervantes Saavedra, que había nacido en Alcalá de Henares, residía por entonces en esa ciudad y cuando ya tenía 56 años, tomó en alquiler una de esas viviendas que pertenecía al apoderado del Ayuntamiento, don Juan de las Navas. Cervantes la ocupó con su esposa Catalina, su hija Isabel, sus dos hermanas, Magdalena y Andrea; su sobrina Constanza y una empleada de servicio.

En 1605, se vio envuelto en un incidente que provocó la muerte de Gaspar de Ezpeleta. Cervantes debió pasar entonces unos días en la cárcel hasta que se aclaró el entuerto, no siendo ajena a estos hechos la dudosa fama de que gozaban 'las cervantas', como llamaban a sus hermanas.

Durante su estancia en Valladolid hasta 1606 en que regresó a Madrid, tuvo tiempo de escribir sus novelas *El casamiento engañoso*, *El coloquio de los perros* y el *Licenciado Vidriera*, en las que describe personajes y paisajes de la vida local. Aún residía en Valladolid cuando salió de prensa en Madrid la primera parte de su *Don Quijote de la Mancha*. Hoy la casa es lugar histórico y está situada en calle del Rastro, aunque ha sido reconstituida con el estilo de su tiempo.

La morada tiene teléfono. Caramba, si Cervantes quisiese comunicarse, debería llamar desde el Paraíso de los genios al 983-308810. El autor tuvo el privilegio de visitar la residencia cuando su participación como ponente en el II Congreso Internacional de la Lengua Española y aguardó pacientemente la posibilidad de esa llamada. Por efecto de su imaginación ansiosa, más el ambiente, las sombras, los raros sonidos que hacían los fantasmas y duendes que por allí paseaban, mantuvo una larga *charla*. ¡De maravillas!

La Casa, ahora con mayúscula, se abrió al público en 1916 como Biblioteca Cervantina Popular y en 1948 se renovaron sus instalaciones de acuerdo con un criterio museográfico, intentándose evocar en ellas la estancia del inmortal escritor que fue declarado vecino de honor de Valladolid en 1962" *(Fuente: Dirección General de Bellas Artes y Bienes Culturales del Ministerio de Educación, Cultura y Deporte de España).*

En el primer *Coloquio Cervantino Internacional* desarrollado en Guanajuato, México en 1988, el profesor argentino Juan Bautista Avalle Arce, catedrático de la Universidad de California en Santa Bárbara, fue invitado, en su calidad de distinguido hispanista, a dictar una conferencia, cuyo tema fue *Quijotes y quijotismo del inglés*. Juan Bautista Avalle Arce publicó en 1959 en Buenos Aires *Conocimiento y vida de Cervantes*; en 1961, *Deslindes cervantinos* y más de quince libros y cien artículos.

El profesor Avalle Arce nos informa que el idioma inglés fue el primero al que se tradujo *El Quijote* (Thomas Shelton en 1607). La obra original de Cervantes (1547-1616) se conoció en 1605. Un año después, en un drama de George Wilkins, uno de los personajes anuncia que habrá de enfrentarse a los molinos de viento. El erudito afirma que el propio William Shakespeare (1564-1616), podría haber colaborado en la redacción del drama *Cardenio* de 1613, donde el personaje es un andaluz al que los celos lo tienen a maltraer y vaga por Sierra Morena en busca de aventuras y revanchas, loco, enamorado y exaltado.

Personajes de El Quijote

Hace cuatrocientos años que Cervantes dio a luz una criatura excepcional. Seguramente don Miguel llevó en el seso y en el vientre mucho más de nueve meses al escuálido caballero medio loco de tanto leer, que salió del genio cervantino montado en otro escuálido, su Rocinante imaginado estupendo, aunque se le veían las costillas de puro magro. Cervantes juega con *rocín antes*, antes un jamelgo ordinario, ahora un corcel para príncipe. Y a su lado, ya no flaco pero rechoncho, alguien que disputará por los siglos su personalidad. Sobre el Quijote se han escrito desde entonces miles de libros que intentan, logran y fracasan en descubrir las intenciones entre pliegues de Miguel de Cervantes y Saavedra. Sería maravilloso —quizá no tan potencial— que el autor haya estado todos estos tiempos leyendo en su refugio celestial las críticas e interpretaciones que de él y sus personajes se han hecho. Dios, en su infinita bondad, no habría de permitir que los genios desaparezcan y por eso, les ha creado en unos de Sus días de descanso, un paraíso particular.

Don Quijote, Sancho Panza y Rocinante obviamente no han muerto ni morirán pese a sus siglos y seguirán reviviendo en los ojos abiertos y el corazón anhelante de quienes marchen con ellos por los polvorientos caminos venturosos. ¿Por qué no? ¿Acaso no quiso Dios que Shakespeare escribiese *Macbeth* el mismo año de 1605? ¿Y John Milton naciese en 1608 y que, ciego, escribiese *Paraíso perdido*? La selección divina se llevaba el mismo año en que nació Cervantes, pero a otros confines, a Hernán Cortés.

Sancho Panza es una figura encantadora que permite ubicarlo como rústico e inteligente, sabio popular por excelencia, torpe, calculador, materialista y también leal, buena gente, contrafigura estupenda del loco soñador. No lo abandona, sufre a su lado, recibe de trompadas y resiste duramente. Su mujer, Juana o Teresa Panza, es una mujer dura, de pueblo, alegre, trabajadora y encantada de provocar envidia en sus vecinas. Recibe en la obra seis nombres distintos.

Sancho, por momentos parece más importante que su propio amo, pues al Quijote su locura no le permite ver la realidad y a Sancho su racionalismo, no sólo le permite ver sino incluso sufrirla. Don Miguel de Unamuno dijo de estos dos maravillosos personajes que "no eran dos mitades, no eran dos cabos opuestos, fueron y son un mismo ser visto por dos lados". León Felipe (1884-1968), poeta español autor de *El español del éxodo y del llanto*, dijo de Don Quijote que "no era loco. Está en cambio en un grado de humanidad al que no ha llegado ningún hombre todavía". Luego dibujó este poema:

> *Por la manchega llanura*
> *se vuelve a ver la figura*
> *de don Quijote pasar.*
> *Va cargado de amargura,*
> *Va, vencido, el caballero de retorno a su lugar.*
> *¡Cuántas veces, don Quijote, por esa misma llanura*
> *en horas de desaliento así te miro pasar!*
> *¡Y cuántas veces te grito: hazme un sitio en tu montura*
> *y llévame a tu lugar;*
> *hazme un sitio en tu montura,*
> *caballero derrotado,*
> *hazme un sitio en tu montura,*
> *que yo también voy cargado*
> *de amargura*
> *y no puedo batallar!*
> *Ponme a la grupa contigo,*
> *Caballero del honor.*

Dulcinea del Toboso es otro personaje, pero inmaterial e ideal, pues la pobre nunca habla, ni nunca fue vista como una diosa entre tules. El Caballero necesita indispensablemente un amor superior, una dama única, jamás tocada por mano masculina, pura y bella. Pues ¿a quién habría de dedicar el andante héroe sus hazañas? Se inspira en una campesina llamada Aldonza Lorenzo que nada tenía de todo aquello, pero asegura que "la pinté en mi imaginación como la quiero, por belleza y nacimiento".

Dorotea es, en cambio, un personaje concreto, hermosa, joven, trabajadora, hija de padres de fortuna y que para bien de Don Quijote, conoce de libros de caballería. En un pasaje Dorotea se disfraza de labrador y en otro acepta ser Micomicona, una princesa inventada que pide asistencia al Caballero.

El Caballero del Verde Gabán, es don Diego de Miranda, a quien Don Quijote admira por inteligente y culto, por su mansión grande y silenciosa y su hijo poeta.

El Ama aparece como supuesta integrante de la también escueta familia del Caballero y es quien arroja al fuego los libros que atentaron contra la sensatez del hidalgo manchego.

Roque Ginart es un personaje bastante real, cabecilla de un grupo que luchó por la libertad de Cataluña. Su nombre era Rocaguinarda.

Otros personajes que aparecen no provienen exclusivamente de la imaginación de Cervantes sino que fueron tomados de la mitología, la literatura previa y la Biblia. Figuras como Apolo, Argos, Belerofonte, Caco, Caronte, Circe, Dánae, Juno, Medusa, Neptuno y muchos otros actores de la mitología, Cervantes los introduce y pasea por sus páginas. A otros los arranca de las obras que lo precedieron dando muestras de una impresionante versación. Como Agramante, jefe de los príncipes musulmanes que sitiaron París; Alquife el Sabio, poderoso mago; Amadís de Gaula, protagonista de uno de los más antiguos libros de caballería de España; Nicolás el Peje, personaje de historias populares del siglo XV que pasaba más tiempo en el agua que en la tierra; Angélica la Bella, de *Orlando enamorado* de Matteo Boyardo que también aparece en las historias de Ludovico Ariosto y Lope de Vega. También figuran el Caballero de la Ardiente Espada, nieto de Amadís de Gaula; Babieca, el caballo del Cid Campeador que mantiene un locuaz diálogo en verso con Rocinante; la Celestina, de la obra *Tragicomedia de Calixto y Melibea* de Fernando de Rojas del año 1500. Y no falta Perogrullo o Pero Grullo, hijo de los cuentos populares que suele decir lo bien sabido como si fueran verdades extraordinarias y a la mano cerrada llama puño. Barbarroja, hijo de un humilde alfarero que llegó a ser general de la flota turca y reinó en Argel y Túnez y fue real y literario, aparece en la obra.

Corretean por los caminos cientos de otros miembros de la grey cervantina, Balbastro el herrero, Don Tonto, La Muerte, el gigante Malambruno, Minguilla, Pedro de Lobo, labradores, vaqueros, salteadores, traductores, impresores, chusma de las galeras, gatos arañadores, ovejas maltratadas, molinos atacantes.

Quizá no sea mala idea reproducir algunos comentarios, de los miles que se hicieron, pero de genios literarios que poco tenían de hispanos, aunque ya se sabe que España se mete en las venas sensibles de los artistas y son extranjeros quienes producen las españolísimas *Carmen* del francés George Bizet; *Capricho español* del ruso Nicolai Rimsky-Korsakov; *Granada* y *Madrid* del mexicano Agustín Lara; *Sinfonía española* del francés Edouard Laló. Y Pierre Corneille que escribió *El Cid*, obra maestra de la literatura francesa, sobre las andanzas de uno de los héroes legendarios máximos de España.

Samuel Johnson (1709-1784), inglés autor del gran diccionario de esa lengua, escribió:

"Pocos lectores del Quijote, risueños o llorosos, quizá puedan negar que vieron visiones iguales. Y que cuando nos reímos, sabemos y nuestros corazones lo confirman, que él no es más ridículo que nosotros, sino que él dice lo que nosotros sólo hemos pensado".

William Godwin (1756-1836), autor y filósofo inglés:

"A mis veinte años, *Don Quijote* me parecía un libro puro regocijo. A los cuarenta, confirmé que estaba escrito con enorme ingenio. A los sesenta, ahora, lo juzgo como el libro más admirable de todo el mundo".

Feodor Dostoievski (1821-1881), uno de los más grandes novelistas rusos:

"El libro más triste jamás escrito. La historia de la desilusión".

Carlos Fuentes, uno de los más brillantes escritores mexicanos, nacido en 1928:

"Cervantes inventó la novela moderna en una nación que se rehusaba a la modernidad. Quijote es un hombre de fe. No duda. Su seguridad proviene de las lecturas. Cuando se va a cabalgar, deja sus libros y la biblioteca. No sólo deja La Mancha... deja la Edad Media. Cabalga hacia el mundo del Renacimiento".

Lope de Vega

Félix Lope de Vega y Carpio (1562-1635) fue una de las excepcionales figuras de la literatura española, prodigioso autor de más de mil ochocientas comedias y quinientas piezas cortas. Lo llamaban *El fénix de los ingenios* y *Monstruo de la naturaleza*. Miembro de una familia muy humilde, demostró desde joven notable capacidad en el manejo del lenguaje y a los doce ya había compuesto su primera obra. Fue hábil con la espada y anduvo de aventuras y amores casi toda su vida turbulenta. La lista de sus entreveros amorosos es larga y compleja. Pero, caramba, su primera conquista lo abandonó y se casó con otro. Lope de Vega escribió un poema con difamaciones hacia el marido de la mujer y éste lo desafió a duelo. Lope lo hirió y fue preso. Sin embargo, ya amaba a otra: Isabel de Urbina, con quien se casó estando en prisión. Su inconstancia lo empujó a nuevos lazos y así llegó a su vida Juana, con quien también se casó y tuvo un hijo que habría de morir a los seis años, llevándose consigo a su mamá. Luego llegó Micaela. Se dio la circunstancia de que ambos quedaron viudos y se enlazaron en una prolífica relación de la que emanaron cinco hijos.

El angustiado Lope sintió intensamente las desgracias familiares y se recluyó ordenándose sacerdote. La pasión por las damas no le daba respiro y, bien entrado en años, las reinició, teniendo una hija a edad tardía.

Había nacido el 25 de noviembre de 1562 y murió el 27 de agosto de 1635. La ciudad de Madrid se conmovió con la muerte de su poeta de 73 años y un inmenso cortejo lo acompañó en su obra final: la muerte.

Aunque Miguel de Cervantes Saavedra era quince años mayor que Lope de Vega, los cronistas describen una supuesta enemistad que habría llegado al desprecio, aunque simulado y escondido tras palabras intencionadas que ambos manejaban como estiletes. Los investigadores supusieron alguna relación de parentesco entre ambos por parte de la primera mujer de Lope, Isabel de Urbina, porque la madre, Magdalena de Cortinas, tenía el mismo apellido de la madre de Cervantes: Leonor de Cortinas.

Aparecen algunos comentarios ácidos de Lope: "También hay libros de novelas traducidas del italiano y aun propias, en que no faltó gracia y estilo a Miguel de Cervantes".

Cuando le dedicó este verso, los críticos creyeron advertir una deliberada indefinición o blandura elogiosa:

El laurel de Apolo

La fortuna insidiosa
hirió la mano de Miguel Cervantes,
pero su ingenio en versos de diamantes
los de plomo volvió con tanta gloria,
que por dulces, sonoros y elegantes
dieron eternidad a su memoria,
porque se diga que una mano herida
pudo dar a su dueño eterna vida.

Las dudas parecen alejarse cuando se lee lo que Lope de Vega escribió en 1604 en una carta privada donde alude a Cervantes con escasa simpatía: "De poetas, buen siglo éste. Muchos se verán el año que viene, pues están en ciernes. Pero ninguno hay tan malo como Cervantes, ni tan necio que alabe a Don Quijote".

Los curiosos entramados del destino: cuando murió Cervantes su cadáver fue llevado al convento de las Trinitarias Descalzas en la calle Cantarranas, que luego se llamó calle Lope de Vega. Y éste murió en una casa de la calle que luego se llamó Cervantes.

Entre las obras para teatro de Lope deben destacarse *El caballero de Olmedo*; *El mejor alcade, el rey*; *Peribáñez*; *La dama boba*; *El acero de Madrid* y su obra cumbre, *Fuenteovejuna*, donde se traman la seriedad y la comedia en temas como el honor, la justicia, el conflicto entre campesinos y nobles. Entre sus poemas, *La Dagrontea,* dedicados a relatar las aventuras del corsario inglés Drake. Su autobiografía la contó en *La Dorotea.*

Dionisio Díaz

Es un personaje real, chiquito y gigantesco. Que merece estar junto a los grandes de la literatura porque él escribió una página única.

Maravillosa historia uruguaya que se ha convertido en leyenda popular, símbolo del valor, el coraje y el sacrificio. En mayo de 1929, una terrible noticia policial conmovió al Uruguay: una persona enajenada había asesinado a dos mayores y apuñalado a un niño de nueve años, Dionisio Díaz. Su hermanito de quince meses había resultado ileso. Dionisio comprendió que sin asistencia el infante moriría. Herido, arrastrándose penosamente, tomó en sus brazos al niño y apretándolo contra su propio cuerpo herido del que manaba abundante sangre, recorrió siete kilómetros. Finalmente, entregó su hermanito a manos curativas y él murió desangrado antes de que lo atendieran.

El periodista José Flores Sánchez, del diario *El País* de Montevideo, quedó atrapado por la historia. El director fundador del tradicional diario, Carlos Scheck, apoyó el empeño periodístico y junto a su enviado, dieron forma y fuerza al dramático episodio. Incluso, al descubrir que en el arroyo cercano al episodio había rastros auríferos, llamaron al lugar Arroyo del Oro.

Dionisio Díaz pasó a ser un héroe juvenil, ejemplo de abnegación y entrega. Un hombrecito sin miedo que salvó a su pequeño hermano y murió, él, solito, pequeño, arrugadito, pálido, desangrado, en un catre pobre y desvencijado.

Su figura se convirtió en ejemplar y su memoria en monumento.

Martín Fierro

Un argentino simbólico, tradicional, metido en la tierra grumosa de la Historia, hombre de a caballo, parte de un pasado que muchos quieren olvidar y otros no aciertan a rememorar. Un argentino, mil veces citado, casi nunca conocido. Un argentino al que muchos no aceptan como ancestro, muchos no saben de su existencia, otros quisieran borrarlo de la memoria, otros no se atreven a negarlo, algunos lo imaginan como un Quijote pampeano, rústico, sin atisbos de caballería andante; muchos saben que es parte de sus historias y no faltan quienes suponen que en las espaldas de cada argentino moderno hay un Martín Fierro enancado.

> *Vive el águila en su nido,*
> *el tigre vive en la selva,*
> *el zorro en la cueva ajena*
> *y en su destino inconstante,*
> *sólo el gaucho vive errante*
> *donde la suerte lo lleva.*

La máxima expresión de la literatura gauchesca *El gaucho Martín Fierro*, obra de José Hernández, ha sido traducida a cientos de idiomas, lo que revela la universalidad de su contenido. José Hernández nació en Pueyrredón, cerca de Buenos Aires el 10 de noviembre de 1834. Murió el 21 de octubre de 1886. *El gaucho Martín Fierro* de 1872 y *La vuelta de Martín Fierro* de 1879, lo convirtieron en el poeta nacional argentino.

Resulta particularmente sugestivo el hecho de que una obra plagada de giros autóctonos, modismos peculiares e interjecciones que son incluso de difícil comprensión para los argentinos, haya sido traducida a tantos idiomas, como el alemán, el sueco, el armenio, el hebreo o el ruso, para sólo citar algunos. Martín Fierro ha sido también vertido al guaraní y en 1935 se editó en Oxford *The Gaucho Martín Fierro by José Hernández*.

El gaucho con sus penurias, su pasión por la libertad, su enfrentamiento con la injusticia y su canto lleno de ingenuidad poética y profundidad filosófica, otorgaron al libro dimensión heroica.

El poema épico está escrito con irregularidades de pronunciación y ortografía, pero en el fondo revela un notable dominio de la lengua española, pues sólo a partir del amor por el idioma, pudo el autor permitirse los juegos y malabares que abundan en la obra.

Martín Fierro no es la antítesis de la lengua española, ni una ruptura agresiva e insolente como podría suponerse, sino la demostración del dominio exquisito que Hernández tenía de ella y su capacidad para adaptar los textos a formas de pronunciación típicas del hombre de campo. El hecho de que Hernández haya sido taquígrafo del congreso de la Confederación, ha de haber promovido más su apetito por el idioma indispensable para esa profesión.

El vehemente e inconforme español Miguel de Unamuno (1864-1936), que fuera rector de la Universidad de Salamanca, dijo del *Martín Fierro*:

"La obra de José Hernández es a la vez símbolo potente de lo popular argentino y revelación sobre el carácter universal de lo hispánico. Diríase que el alma briosa del gaucho es como una emanación del alma de la Pampa, inmensa, escueta, tendida al sol, bajo el cielo infinito, abierta al aire libre de Dios. Para que pueda propagarse en España sólo necesitaría de un brevísimo glosario, pues los más de los modismos y términos dialectales son españoles de pura raza, usados aquí por el pueblo".

En 1996 se presentó la versión bilingüe de Catalina Ward publicada por primera vez por la Universidad del Estado de Nueva York, edición a cargo de Ignacio Gutiérrez Zaldívar, Ediciones Zurbarán. Se transcriben los primeros versos:

Aquí me pongo a cantar	*Here I come to sing*
al compás de la vigüela,	*to the beat of my guitar,*
que al hombre que lo desvela	*because a man who is kept from sleep*
una pena extraordinaria,	*by an uncommon sorrow*
como el ave solitaria	*comforts himself with singing*
con el cantar se consuela.	*like a solitary bird.*
Pido a los santos del cielo	*I beg to the saints in heaven*
que ayuden mi pensamiento	*to help my thoughts,*
les pido que en este momento	*I beg them here and now*
que voy a cantar mi historia	*as I start to sing my story*
me refresquen la memoria	*that they refresh my memory*
y aclaren mi entendimiento.	*and make my understanding clear.*

La gran mayoría de las expresiones que pudieran ofrecer dudas tienen orígenes hispanos y árabes, son *reconocidas y aceptadas por la Real Academia Española*, comenzando por la paradigmática "vigüela", para después seguir por abecedario:

Vigüela: Vihuela, guitarra, instrumento musical.

Adobe: Del árabe *at tub*, ladrillo.

Añudar: Anudar.

¡Ay juna!, ¡Ahijuna!: Apócope de *¡ah! hijo de una...* expresión de admiración o insulto que deliberadamente no se termina.

Aparcero: El que hace un convenio para repartir productos o beneficios. Por extensión, compañero.

Bagual: Potro o caballo no domado. La Real Academia lo reconoce como el nombre de un indio cacique argentino. Tiene su historia. Juan de Garay (1527-1583) fue el segundo fundador de Buenos Aires en 1580. En 1537 había fundado Santa Fe. Terminó su vida en manos de los indios. Cuando Garay estableció lo que sería Buenos Aires, asumió el nombre que le había dado el primer fundador Pedro de Mendoza (1487-1537), que completo era *Puerto de Santa María del Buen Aire*, en recuerdo de una virgen patrona de los navegantes quizá de origen italiano y venerada en Sevilla. Mendoza fracasó y murió en la travesía de regreso. Garay, en cambio, logró echar las bases que serían la raíz de la futura capital. Los primeros asentamientos atrajeron a los aborígenes que merodeaban. Uno de ellos era el cacique Bagual que se quedó con su gente, los querandíes, junto a los españoles. Pero al tiempo resultó arisco, indominable, rebelde. La palabra *bagual* se convirtió en sinónimo de salvaje, intratable. José Hernández usa la palabra más de una vez:

> *El que era pion domador*
> *enderezaba al corral*
> *ande estaba el animal*
> *bufido que se las pela.*
> *Y más malo que su agüela*
> *se hacía astillas el* bagual.
> *(...)*
> *El hombre hasta el más soberbio*
> *con más espinas que un tala,*

aflueja andando en la mala
y es blando como manteca:
Hasta la hacienda baguala
Cae al jagüel con la seca.

Baqueano: Baquiano. Expresión haitiana, baquía, conocimiento práctico de las sendas, atajos, caminos, ríos, de un país. El baquiano o baqueano es el práctico en trochas y atajos, guía para poder transitar los caminos.

Bichoco: Caballo que por vejez o debilidad apenas puede moverse. Por extensión, se aplica a las personas en esa condición.

Bordonear: Ir tentando o tocando la tierra con el bordón, que es un palo más alto que el hombre. Pulsar el bordón de la guitarra, es tentar la cuerda más gruesa, que hace el bajo.

Brebaje: Bebida y en especial las que no tienen el mejor sabor.

Breva: Primer fruto de la higuera.

Buche: Bolsa membranosa que comunica con el esófago de las aves. Familiarmente, estómago de los seres humanos.

Bufido: Voz del animal que bufa. Bufar, voz onomatopéyica, resoplar con ira y furor el toro, el caballo y otros animales. Familiarmente, manifestar ira o enojo en extremo.

Bulla: Gritería que hacen las personas.

Calavera: Familiarmente, hombre de poco juicio y asiento.

Camándula: Hipocresía, astucia. Camandulero es el embustero y bellaco.

Carbonada: Guisado de carne, choclos, zapallo, papas y arroz.

Carniar: De carnear, matar y descuartizar las reses para aprovechar su carne.

Carona: Tela gruesa que entre la silla y el sudadero, sirve para que no se lastimen los caballos. También, inmediato a la carne o pellejo.

Cencerro: Campana pequeña y cilíndrica, tosca, hecha de hierro o cobre. Se usa para el ganado y se ata al pescuezo de las reses.

Cimarrón: Animal doméstico que huye al campo y se hace montaraz. Mate amargo.

Cincha: Ceñidor, faja de lana, cuero o cáñamo con que se asegura la silla sobre la cabalgadura ciñéndola.

Colejir: De colegir, inferir, deducir, juntar y unir lo suelto.

Conchabar: Unir juntar, asociar. Mezcla de lana inferior con la superior, después de la esquilada. Asalariar, contratar a alguien para trabajar.

Corcovear: De corcovo, salto que dan algunos animales encorvando el lomo.

Coscorrones: Golpes en la cabeza. No sangra, pero duele.

Cuartiar: Partir o dividir en partes. Descuartizar.

Cucaña: Palo alto untado de jabón o grasa al que se debe trepar para ganar un premio. Palo enjabonado. Lo que se consigue con poco trabajo o a costa ajena.

Culera: De culo. Manchas que dejan los niños en sus pañales. Remiendo en los calzones o pantalones sobre la parte que cubre las asentaderas.

Chafalote: De chafarote, a su vez aumentativo del árabe *safra* o *sifra*, puñal corto y ancho, corvo hacia la punta.

Chancleta: Chinela sin talón o zapato con el talón doblado. Se usa familiarmente para mujer o jovencita.

Chapaliar: De chapalear, onomatopeya de *chapl*. Chapotear, batir las manos sobre el agua.

Chapetón: Decíase del español y europeo recién llegado a América. Por extensión, inexperto, bisoño, novicio. *Chapetonada:* primera enfermedad que sufrían los españoles luego de llegar a América. *Pasar el chapetón:* Pasar el peligro.

Chaparrón: Aguacero.

Chicote: Látigo. También persona de poca edad, pero robusta.

China: Del quechua, *china*, hembra, india o mestiza que se dedicaba al servicio doméstico.

Chiripá: Del quechua, *chiripac*, de *chiri*, frío y *pac*, para. Prenda que se usaba para cubrirse de la cintura para abajo, envolviéndolo en forma de pantalones, también llamada chamal. Lo usaban los araucanos y también los gauchos criollos.

Chúcaro: Voz quechua, *chucru*, duro, reconocida por la Academia para arisco, bravío, especialmente el ganado vacuno, caballar o mular no desbravado.

Chucho: Onomatopeya de *chuch*. Escalofrío. En los ferrocarriles, la aguja que sirve para el cambio de vía, por deformación del inglés *switch*.

Chumbo: Proyectil, arma de fuego. Posiblemente, del portugués, plomo.

Chuzaso: De chuzar, punzar, pinchar, herir.

Espichar: Del latín, *spiculum*, espiche, arma o instrumento puntiagudo. Espichón es la herida causada con el espiche. Por extensión, morir.

Estaquiar: De estacar, fijar en la tierra una estaca y atar a ella un animal.

Facón: Del árabe, *farja*, cuchillo corto, corvo, que suele llevarse en funda de cuero. De aquí nació el argentinismo facón, que es lo mismo que faca... pero más grande.

Fandanguillo: Baile popular español. Derivado de fandango, baile muy común entre andaluces, cantado con acompañamiento de guitarra, castañuelas. Familiarmente, bullicio, riña, alboroto, desorden.

Frangoyar: De frangollar, quebrantar los granos de cereales o legumbres. Figurativamente, hacer una cosa mal y con prisa.

Gambetas: Del italiano, *gamba*. Movimiento especial que se hace con las piernas, cruzándolas en el aire. Por extensión, después, ademán hecho con el cuerpo, quitándolo, moviéndolo para engañar al rival en el fútbol.

Garguero: Parte superior de la tráquea.

Garifo: De jarifo, del árabe *sarif*, noble, excelente. Rozagante, vistoso, bien compuesto o adornado.

Garrón: De garra. Espolón del ave. Extremo de la pata de la res por donde se cuelgan después de muerta en el matadero.

Gaucho/cha: Natural de las pampas del Río de la Plata en Argentina, Uruguay y Río Grande do Sul (textual Real Academia). *Gauchada:* favor prestado con buena voluntad. *Gauchaje:* Reunión de gauchos. *Gauchesco:* Relativo al gaucho o que tiene maneras o semejanzas con él.

Gaznate: Sinónimo de garguero.

Goyete: De gollete. Parte superior de la garganta.

Grullo: Caballo de color ceniciento. Antiguamente, oficial inferior de justicia. Como argentinismo, caballo semental grande.

254

Guacho: Cría que ha perdido la madre. Por extensión, huérfano, expósito.

Guadal: De aguada. Extensión de tierra que, cuando llueve, se convierte en un barrizal.

Gualicho: Maleficio, bebida que se prepara para provocar amor en una persona. De *Walleechu*, genio del mal de los tehuelches patagónicos.

Guapo: Animoso, bizarro, resuelto, que desprecia los peligros y arremete. Ostentoso, lucido en el vestir. Pendenciero y perdonavidas. Jácaro es un guapo y baladrón (cobarde y fanfarrón que se las da de valiente).

Guasca: Del quechua, *wasca*, tira de cuero, cuerda o soga, que sirve de rienda o látigo.

Guayaca: Voz quechua, *waskha*, que significa bolsa para guardar monedas o adminículos para fumar. Supersticiosamente, objeto al que se le atribuyen virtudes contra lo dañino.

Jagüel: Pozo o zanja llenos de agua, ya artificialmente, ya por filtraciones naturales del terreno. En algunos países americanos, también se usa *jagüey*.

Jeta: Del árabe, *jatm*, hocico, pico, nariz. Boca saliente por su configuración o por tener labios muy abultados. Jetón, que tiene grande la jeta.

Jogón: Deformación de fogón.

Lenguaraz: Hábil, inteligente en dos o más lenguas. Deslenguado, atrevido en el hablar.

Malevo: Derivado de malévolo, inclinado a hacer el mal.

Malón: Voz araucana, irrupción o ataque inesperado de indios. Acto malo inesperado para dañar a otro.

Mamado: Ebrio, borracho.

Manganeta: Red para cazar pájaros. Engaño, treta. Derivado de mangana, lazo que se arroja a las manos de un caballo o toro cuando va corriendo, para hacerlo caer y sujetarlo.

Maroma: Del árabe, *mabruma*, cuerda trenzada, retorcida. Por extensión, tomar partido a favor de algo. Maromero es acróbata, volatinero. Persona que suele cambiar de opinión o partido.

Matrero: Astuto, suspicaz, receloso, engañoso. Fugitivo, vagabundo.

Matungo: Caballo muy flaco, viejo e inútil. Maturrango, es el mal jinete.

Mazamorra: Despectivo de masa. Comida compuesta de maíz blanco partido que, una vez frío, se come con leche o sin ella y a veces, con azúcar.

Milico: Derivado de miliciano, perteneciente a la milicia, servicio o profesión militar.

Naco: Andullo, hoja larga de tabaco arrollada. Tabaco negro trenzado que se vendía por trozos.

Peje: Deformación de pez. En español, pez del mar Mediterráneo que tiene espinas muy fuertes y una especial por la que arroja un líquido venenoso. Vive enterrado en la arena.

Pellón: Pelleja, piel del cuerpo del animal, cuero curtido, a modo de caparazón forma parte del recado de montar.

Perdulario: Vicioso incorregible.

Pial/Pialador: Pial o peal, es la cuerda o soga con que se amarran o traban las patas de un animal. Lazo que se arroja a un animal para derribarlo. Pialar es echar un lazo y pialador quien lo lanza.

Poncho: Del araucano, *pontho*, ruana. Especie de capote para montar a caballo, sin mangas, sujeto a los hombros y que cae sobre el cuerpo. Capote de monte. Hoy usado por azafatas y señoras elegantes. Poncho, en español es manso, perezoso, dejado y flojo, de donde seguramente ha surgido *pancho* cuando se usa en lunfardo, como *estar lo más pancho.*

Porrón: Quizá del árabe *burun*, cántaro, vasija. Vasija abultada para agua o bebidas alcohólicas.

Porrudo: El que tiene mucho cabello abultado. Probablemente, derivado de cachiporra, palo con la cabeza abultada que sirve para castigar.

Pucho: Punta o colilla del cigarrillo.

Pulpería: Tienda donde se venden diferentes géneros, vino, aguardientes, licores y otras mercaderías.

Querencia: Inclinación del hombre y ciertos animales a volver al lugar donde se han criado. Ese mismo sitio. También acción de amar o querer bien. *Querendón* es muy cariñoso.

Quincha: Voz quechua, *kencha*, *quincha*, tejido o trama de junco con que se afianzan techos o paredes de paja. Se usa en masculino para definir habitación o refugio de techo de paja. Lunfardo moderno para peluca.

Redomón: Caballeriza no domada por completo.

Reyuno: Antigua expresión aplicada al caballo que pertenecía al Estado y que, como señal, llevaba cortada una oreja. Así se llamaba también a una vieja moneda que tenía el sello del rey de España.

Rumbiar: De rumbear, orientarse, tomar el rumbo, dirigirse hacia un lugar.

Rumiar: Masticar algunos animales por segunda vez, volviendo a la boca, el alimento que ya estuvo en el estómago. Por extensión, considerar lentamente, pensar con reflexión y madurez. Rezongar, refunfuñar.

Saguaipé: Voz de origen guaraní. Gusano parásito hermafrodita que vive en el hígado de algunos animales y causa estragos, especialmente, en el ganado lanar.

Sobón: Que por su excesiva familiaridad, caricias y atenciones, termina siendo fastidioso. Aplicado al caballo (que de tanto le gusta que le soben el lomo), es flojo para correr.

Sotreta: Persona o animal lleno de defectos. Si se refiere a un caballo, lo define como de manos anchas, inútil para correr. Y si se refiere a un hombre, taimado y cobarde.

Taba: Quizá del árabe, *ka'ba*, talón. Astrágalo, hueso del pie. Juego en que se tira al aire una taba. Se gana si al caer queda hacia arriba el lado llamado carne o suerte. Se pierde si queda hacia arriba el culo. No hay juego si cae de chuca o costado. En español, también se usa taquín.

Tacuara: Planta gramínea, especie de bambú de cañas largas muy resistentes.

Tamango: Argentinismo, quizá derivado del portugués *tamancos*, suecos. Calzado basto y grande. Zapatos.

Tapera: Voz guaraní, ruinas de un pueblo. Más común, habitación ruinosa.

Tolderías: Campamento formado por toldos o carpas de indios.

Tranquera: Estacada o empalizada. Talanquera, valla o pared. Puerta rústica en un cercado por donde sólo puede pasar un jinete y su cabalgadura.

Velay: Expresión afirmativa: claro, naturalmente. A veces indica resignación.

Yesca: Materia muy seca y preparada de suerte que cualquiera chispa prenda en ella. Lo que está sumamente seco. Incentivo de cualquier pasión o afecto.

Yunta: Del latín, *iuncta*, junta. Par de bueyes, mulas, caballos que sirven en la labor del campo.

Zafarrancho: Riña, pelea, lío.

Zarco: Potrillito. Otra acepción deriva del árabe, *zarqa*, mujer de ojos azules.

Neruda

En la bellísima ciudad de Praga, República Checa, hay una calle llamada Neruda *(Neruda ulice)*. La calle en su parte superior exhibe una antigua casa que desde 1845 fue habitada por Jan Neruda (1834-1891), poeta, bailarín y periodista checo, autor de *Los tristes cuentos del pequeño barrio (Malonstranské povídky)*.

Por su parte, el eximio poeta chileno, que fue líder comunista y diplomático, se llamaba en realidad Neftalí Ricardo Reyes Basoalto (1904-1973). Él mismo cuenta que su abuelo se llamaba José Ángel Reyes. Su padre, José del Carmen Reyes. Y su mamá, que murió un mes después de su nacimiento, Rosa Basoalto.

Una de sus primeras grandes obras fue *Veinte poemas de amor y una canción desesperada* (1924), aclamada mundialmente. Un comentario de su obra describe sus poemas evocativos, con pena y desesperación, el dramático panorama chileno y la explotación de los indígenas. Su muy famoso *Canto general* es de 1950. En 1971 recibió el Premio Nobel de Literatura cuando actuaba como embajador chileno en Francia. El propio Neruda en sus *Memorias* cuenta por qué su apodo:

"Cuando yo tenía catorce años de edad, mi padre perseguía denodadamente mi actividad literaria. No estaba de acuerdo con tener un hijo poeta. Para encubrir la publicación de mis primeros versos, me busqué un apellido que lo despistara totalmente. Encontré en una revista ese nombre checo, venerado por todo un pueblo, autor de hermosas baladas y romances y con un monumento erigido en el barrio *Mala Strana* de Praga. Apenas llegado a Checoslovaquia, muchos años después, puse una flor a los pies de su estatua barbuda".

Literatura pétrea

Es comprensible que los viajantes puedan sentir temblores varios ante inmensas catedrales, jardines excelsos, pirámides añosas, desiertos inacabables, rascacielos colosales, pero ¿qué sentir ante una cueva vieja y oscura?

Espacio terrenal que excita la imaginación y provoca asombros incontenibles: las Cuevas de Altamira, un escenario prodigioso, fruto de la tarea artística de los antiguos habitantes de esa región cercana a Santillana del Mar, Santander, Cantabria española, en el monte de Vispieres. La única boca de acceso se abre al norte, a 156 metros sobre el nivel del mar que dista cinco kilómetros, cerca del río Saja.

A mediados del siglo XIX, el lugar estaba cubierto de arbustos y malezas y de allí se extraían piedras para construcción. En 1871 un labrador de nombre Modesto Cuvillas (según él dijo, "el único descubridor de la cueva de Altamira..."), encontró el foso extraño cuando su perro, que perseguía a un zorro, desapareció largos minutos. Cuando lo encontró, el animal estaba como loco y le indicó la cueva. Cuvillas llevó al lugar a varias personas. Una de ellas, don Marcelino Sanz de Sautuola, de formación universitaria, cierta fortuna y gran curiosidad científica y arqueológica, sintió que estaba ante algo inusitado. Él mismo relata: "...aguijoneado por mis estudios y excitado por las curiosas colecciones de objetos prehistóricos, me resolví a practicar investigaciones en esta provincia".

Convertida en museo, allí se han resguardado estremecedoras pruebas de pinturas rupestres que aquellos seres humanos realizaron hace más de catorce mil años. A fin de preservar el sitio original, perturbado por el calor humano que afectaba la humedad indispensable, se han limitado las visitas a la caverna original a sólo ocho mil quinientos visitantes por año. Para poder albergar a los otros centenares de miles de visitantes, se construyó la neocueva, una reproducción exacta a la original obra maestra del Paleolítico Superior y un museo en su torno que permite conocer la fisonomía de aquellos seres, sus herramientas, formas de vida y muerte, colección de objetos originales y ver la sorprendente colección de pinturas.

Sobre las paredes y techos de la cueva, fueron pintados principalmente bisontes y en menor cantidad, ciervos, jabalíes, caballos y extrañas figuras que avivan la imaginación a tal grado que algunos creen ver naves espaciales. Pero ninguna figura humana.

No queda en claro por qué ese afán de registrar animales con tan bellos tonos ocres, naranjas, marrones y rojos. Todo indica que sería una pasión ritual y mágica. Una necesidad imperiosa de expresión que no se sabe si era puramente estética, gráfica o un grito escrito.

¿Eran ellos pintores o cronistas? ¿Es sólo pintura o también literatura? ¿Registro de cazadores? ¿Pasión irrefrenable?

Pintaban con carbones, piedras machacadas, colorantes naturales, sangre animal y tierra; con sus manos, con cueros empapados, raspando, puntuando, embadurnando y hasta soplando un hueso perforado relleno de tinturas, una especie de aerosol prehistórico.

Las figuras son al mismo tiempo inocentes y vitales, simples y grandiosas, obras de arte que han logrado perdurar curiosamente en un ambiente húmedo con perforaciones, ondulaciones y hendiduras en la piedra que fueron usadas como formas adaptadas a sus registros.

Otras regiones de la tierra deben sus recuerdos imborrables a los climas secos que resguardaron tumbas y artefactos del daño que habitualmente provoca la humedad excesiva. Aquí sucedió lo contrario. Para restituir la arquitectura natural de la cueva, fue preciso realizar una topografía digital que en el techo de los policromos alcanzó hasta los cuarenta mil puntos por metro cuadrado, un punto exacto por cada cinco milímetros. La experta mano del artista actual con las mismas técnicas y pigmentos transmite toda la fuerza y genialidad del arte histórico.

Una lenta recorrida obliga por momentos a encorvarse y a interrogarse por qué pintaban en posición tan incómoda, quizás acostados, como alguna vez habría de hacer Miguel Ángel para pintar las escenas de la Biblia en la Capilla Sixtina.

Los tiempos han pasado desde que aquellos hombres y mujeres decidieron legar sus crónicas, registros, sueños o ángeles a las generaciones insondables que habrían de seguirlos, hasta nuestro tiempo en que millones simultáneamente pueden visitar sus labores en sus páginas de Internet.

En el salón principal, sobre una pared blanca de gran tamaño, se ha inscripto en caracteres imponentes un texto del poeta español Rafael Alberti, titulado *La arboleda perdida (1928)*:

Al bajar un declive del terreno, surgió una puertecilla.
Por allí se penetraba al santuario más hermoso
de todo el arte español.
Parecía que las rocas bramaban.
Allí, en rojo y negro, amontonados, lustrosos por las
filtraciones de agua, estaban los bisontes enfurecidos o en reposo.
Un temblor milenario estremecía la sala.
Era como el primer chiquero español, abarrotado de reses bravas,
pugnando por salir.
Ni vaqueros ni mayorales se veían por los muros.
Mugían solas, barbadas y terribles bajo aquella oscuridad de siglos.
Abandoné la cueva cargado de ángeles que solté,
ya en la luz, viéndolos remontarse entre la lluvia,
rabiosas las pupilas.

Pablo Picasso (Pablo Ruiz y Picasso, 1881-1973), abrumador, como siempre, dijo: "Después de Altamira, todo fue decadencia en el arte español".

En la Biblia hay también espacio para cuevas y cavernas. A lo largo del prodigioso relato, aparecen palacios maravillosos, casas humildes, chozas que apenas se sustentan, pesebres, templos o los casos de quienes no tuvieron casa alguna. Y personas refugiándose en cuevas o cavernas por distintos motivos, quizá, como parte de los constantes simbolismos de la Biblia, como representación del vientre materno, como morada a la que se entra como refugio divino o como homenaje a los remotos antepasados.

Génesis (19:30): "Después subió Lot, se estableció en una caverna de la montaña y con él sus dos hijas", protagonizando una dramática historia de incesto provocado por las hijas.

Josué (10:16): "Aquellos cinco reyes se dieron a la fuga y se escondieron en una caverna cerca de Maceda. Entonces Josué ordenó que se pusieran grandes piedras a la entrada de la caverna y unos hombres para guardarla". Más tarde Josué hizo traer al rey de Jerimot, al rey de Hebrón, al rey de Jerusalén, al rey de Laqus y al rey de Eglón, mandó que los jefes de su ejército pusieran sus pies sobre los cuellos de los reyes como signo de dominación y los mató. Los colgó de cinco árboles y luego fueron arrojados a la caverna donde se habían escondido. Grandes piedras cerraron la cueva "y hoy todavía están allí".

En *Jueces (6:2):* "Para escapar, los hijos de Israel utilizaron los antros (cuevas o cavernas) que hay en los montes".

En *1 Samuel (13:5):* "Las gentes de Israel se vieron en las últimas, cercados, y el pueblo se escondió en las grutas, en las cavernas entre las rocas, en subterráneos..."

En este mismo libro *(22:1):* "David partió de allí y se refugió en la gruta de Adulam. Lo supieron sus hermanos y bajaron allí junto a él".

En *1 Reyes (18:4):* "Cuando Jezabel hacía exterminar a los profetas de Yavé, Abdías recogió a cien profetas y los ocultó en grupos de cincuenta en unas cuevas proveyéndoles pan y agua". En el mismo libro *(19:9):* "Elías entró en una gruta y Yavé le preguntó qué hacía allí".

En el *Nuevo Testamento, Evangelio según San Juan (11:38):* Jesús se estremeció cuando llegó al sepulcro de Lázaro que era una cueva con una piedra en la entrada. Allí fue cuando pidió la intervención divina y luego gritó: "Lázaro, sal fuera". Y salió el muerto, atado de pies y manos con mortajas y envuelta la cara en un sudario. Jesús les dijo entonces: "Desatadle para que ande". La frase "Levántate y anda" no fue dirigida a Lázaro sino a un pordiosero afectado de enfermedad incurable y en otro pasaje de la Biblia. La expresión fue usada efectivamente por Jesús en *San Mateo (9:18)*, cuando se dirige a un paralítico diciéndole: "Levántate y camina" o "Levántate y vete a tu casa".

De la fe, la Biblia y las leyendas

Creación

Uno de los más bellos poemas de Lope de Vega y Carpio es *La creación del mundo:*

> *Aquel divino Pintor*
> *de la fábrica del orbe,*
> *que puso tanto artificio*
> *en las dos tablas mayores;*
> *el que dio ser a la luz*
> *sobre aquel abismo informe*
> *y dividió las tinieblas*
> *de los claros resplandores;*
> *el que puso nombre al día*
> *y a la temerosa noche,*
> *y en la mitad de las aguas*
> *hizo el firmamento noble;*
> *que bordó el cielo de estrellas,*
> *la tierra esmaltó de flores,*
> *el aire de varias aves,*
> *el mar de peces disformes;*
> *aquel que colgó del cielo*
> *dos lámparas, dos faroles,*
> *que eternamente alumbrasen*
> *de un polo a otro conformes;*
> *hizo otro mundo pequeño*
> *y a su semejanza diole*
> *forma y ser, que la materia*
> *dio la tierra, limo entonces;*

a imagen de Dios, en fin,
hembra y varón, y mandóles,
bendiciéndoles, crecer
y multiplicar su nombre.

Todas las mitologías conocidas han dedicado imponentes esfuerzos imaginativos a la idea de la Creación, del momento, circunstancias, responsabilidades y ejecución del acto mismo del origen de todo. Varias recurren al huevo como el universo inicial, como una cápsula contenedora de todas las potencialidades. Los chinos conservan la leyenda de *Pan Gu*, quien habría vivido 18 mil años dentro del huevo milagroso, que al explotar lo hizo en partes iguales: cielo y tierra, día y noche. Exhausto por el esfuerzo, echóse a descansar y murió. Su cuerpo se deshizo en infinitas partes que dieron origen a los dones de la naturaleza y a los seres humanos.

Para los hindúes, el gran dios Visnú, descansaba en los pliegues de Anata, la serpiente cósmica, en las aguas del caos. De su ombligo creció una planta de loto que floreció en el dios creador Brahma. Brahma medita y emerge al mundo que luego se disuelve en el caos, para renacer otra vez. Los ciclos se producen en cinco ocasiones hasta encontrar la Creación definitiva.

Ninguna de éstas u otras historias terminan por explicar *antes del huevo… ¿qué?*

Para los pueblos nórdicos, en el origen no existía nada, salvo un espacio infinito y un dios invisible. Ese inmenso espacio se llamaba *Ginnungagap* y antes de que el mundo fuese creado, se levantó *Yggdrasil,* el árbol infinito, un fresno que uniría a los mundos por crearse. Con sus raíces y ramas unía cielo, tierra, infierno. En su base estaba la fuente de las virtudes excelsas. Su tronco exudaba miel. A su sombra vivían las *Norns,* encargadas del telar de la vida. Eran tres: Urth, el pasado; Verthandi, el presente, y Skuld, el futuro.

En la América previa, la relación se establecía entre el Sol y la Luna, amantes furtivos que aprovechaban la oscuridad de la noche, para unirse. Para algunas leyendas eran hermanos, por lo que la relación, además, era incestuosa. La Luna era varón y el Sol, mujer. Sol mujer, como no podía ver a su amante por la oscuridad reinante, la pellizcó sobre su rostro hasta dejarle algunas marcas que servirían para su posterior reconocimiento. Ello explica las manchas de Luna.

En algunas creencias africanas, la Luna tiene diversas formas porque el Sol, enfurecido por una discusión relacionada con su capacidad amatoria, rompió la Luna en pedazos que soltó en el aire donde vagabundean periódicamente hasta encontrarse cada tanto y formar la Luna nueva.

Los Maorí, aunque afincados en Nueva Zelanda, probablemente migraron desde la Polinesia en canoas para establecerse como sociedad agrícola. Cuenta su mitología la historia de Tane, dios de los bosques y los árboles, que hizo para sí la primera mujer con las arenas de la playa. De su unión, nació una hija a la que llamaron Hine-titama o Señora del Amanecer. Tane, decidió casarse con ella también. Hitetitana no sabía que él era su padre y cuando lo descubrió huyó al mundo subterráneo. Tane la persiguió y ella lo detuvo diciéndole que con su conducta él había cortado el cordón que une al mundo, por lo que ella habría de permanecer en el submundo y luego arrastraría a todos los hijos de Tane hacia el reino de esas tinieblas. Desde entonces, el incesto fue penado con los más horribles castigos.

El *Popol Vuh* es un maravilloso texto escrito en lengua quiché, de la familia maya de Guatemala, por alguien desconocido y probablemente con alguna instrucción dada por los españoles, pues usó el alfabeto español. El texto se redactó sobre amate *(amatl)*, higuera de las zonas cálidas de México con cuya savia blanca se fabricaba una forma de papel, alrededor del 1550 en la ciudad de Chichicastenango o en la capital quiché, Utatlán.

Significa *Libro del Consejo* o *Libro de la Comunidad* y es una enciclopedia sagrada de mitología, creencias, tradiciones y la formación o creación del universo. Se supone que el cronista recogió las tradiciones orales que habían pasado de generación en generación por tiempos sin cuenta.

El texto manuscrito fue encontrado casualmente en 1701 por el párroco de Chichicastenango. El fraile español Francisco Jiménez lo estudió y tradujo al castellano con la ayuda de los nativos y posteriormente fue volcado a otros idiomas por el enorme interés que despertó en los estudiosos. El original se encuentra en la biblioteca Newberry de Chicago, luego de haber sido sacado subrepticiamente de México, pasando de mano en mano por coleccionistas y revendedores.

El investigador histórico guatemalteco, Adrián Recinos, reconoció con enorme sorpresa el manuscrito en la biblioteca de Chicago y se dio a la tarea de hacer lo que se considera la traducción más ajustada al idioma, tradiciones y formas originales.

El *Popol Vuh* es además un registro de los reyes mayas hasta 1550.

Lo extraordinario del contenido es que sin haber tenido contacto alguno con las civilizaciones europeas, el autor o autores, describen la creación del universo, del hombre y la mujer con ideas muy parecidas al libro del Génesis.

Todo era la nada, el vacío, el silencio. Todo estaba inmóvil.

Hasta que el Gran Padre Creador y la Gran Madre Creadora, generaron la vida. Primero la Tierra misma, luego los animales pequeños, los protectores de los bosques, los genios de la montaña, los venados, pájaros, leones, tigres, serpientes, culebras, guardianes de los bejucos (plantas tropicales). Finalmente, los seres humanos. Los hombres y mujeres fueron creados para que adoraran a sus creadores y por lo tanto, formados con barro maleable. Más tarde, el material pareció débil y los transformaron de madera. Muñecos de palo.

Pero (eterna historia de los humanos), estos seres se tornaron vanidosos, soberbios, frívolos, fatuos. El Gran Padre Creador abrumado por sus criaturas, desató sobre la Tierra una lluvia interminable que provocó un diluvio que arrasó con todo lo hasta entonces elaborado por el dios.

La tarea divina habría de recomenzar: amasó cuatro hombres con granos de maíz y cuando fueron creados, de sus cuerpos extrajo cuatro mujeres.

(Miguel Ángel Asturias, 1899-1974, el gran escritor guatemalteco Premio Nobel de Literatura en 1967, autor de *El señor presidente*, se inspiró en el *Popol Vuh* cuando creó una de sus obras, *Hombres de maíz*, regresando a los orígenes, al mito precolombino, a otra historia profunda enterrada con las raíces de América).

Tras la creación, se constituyeron las familias. Pero atento a los sucesos de la creación anterior, el Gran Creador disminuyó la visión de los seres humanos y debilitó su inteligencia. Veían poco y entendían menos. Supuestamente obedecerían más. Pero una de esas mujeres, virgen intacta, dio a luz a dos hermanos gemelos: Ix Balanqué y Hun Ahpú, vástagos milagrosos que vendrían a dar nueva luz al mundo, a independizar a la raza humana de los constantes apremios celestiales. Los hermanos se internaron en el inframundo maya, derrotaron a los nueve dioses que los controlaban y renacen cada día y cada noche con el Sol y Venus. La genial obra indígena concluye con la llegada de los españoles y el fin de las dinastías reales quiché.

El *Popol Vuh* es una obra estremecedora no sólo por lo que cuenta sino por lo que probablemente oculte: civilizaciones maravillosas que se hundieron en yacimientos arqueológicos naturales o bajo el terror de invasores que sintieron temblar sus cimientos culturales, religiosos e históricos al enfrentar culturas, tradiciones y ciencias espléndidas. El fuego se encargó de triturar los sueños y el humo se llevó a los cielos sus cantos de esperanza.

El insigne escritor uruguayo, Eduardo Galeano, autor del clásico *Las venas abiertas de América latina*, escribió en 1998 un libro exquisito con ilustraciones encantadoras de Nivio López Vigil, *Las aventuras de los jóvenes dioses*. La cuidada edición aparece prologada por el propio autor como "relato recreación libre de algunos capítulos del *Popol Vuh*, el libro sagrado de los indios mayas quiché de Guatemala".

La obra de Galeano concluye:

> *Y subieron al cielo,*
> *donde un falso sol estafaba los días*
> *y una luna de mentira engañaba a las noches.*
> *Y desde entonces Hun Ahpú*
> *es el sol que anda nuestros pasos*

y su hermana Ix Balanqué
es la luna que nos sueña los sueños.

En otros tiempos y en otras tierras, hubo quienes fijaron hora y fecha al inmenso momento de la Creación. James Ussher (1581-1656), pastor protestante irlandés, fue sacerdote en la Catedral de San Patricio, Dublín, Irlanda, obispo de Meath y arzobispo de Armagh. Logró ordenar una notable biblioteca de textos bíblicos, ayudado por su capacidad en lenguas semíticas. En 1654, fruto de sus largos estudios de la Biblia, presentó a la consideración del mundo una cronología del Libro. Y determinó con *precisión y certeza* que la Creación había tenido lugar el 26 de octubre del año 4004 antes de Cristo a las 9 de la mañana. La mayoría de los científicos contemporáneos sintieron espasmos y angustias. Dios también.

Otra realidad nos dice que el año 2000 correspondió al 5760 del calendario judío; al 5119 del calendario maya; 1420 del calendario musulmán.

Y quizás al multimillonésimo año del maravilloso momento ignorado, multimillonésimas veces imaginado. Nada acerca del pastor sacerdote.

Diluvios

La Biblia es palabra griega que significa "los libros". La Biblia es una biblioteca que contiene setenta y cuatro obras, cuarenta y siete en el *Antiguo Testamento* y veintisiete en el *Nuevo Testamento*, redactadas a lo largo de más de mil años y reunidas después en un solo volumen. Es la historia de las alianzas de Dios con los seres humanos, prodigiosa obra de imaginación literaria: narraciones folklóricas, códigos de leyes, poemas, parábolas, refranes, oráculos proféticos, cartas, genealogías, en una gran variedad de estilos literarios.

Capítulo VI del *Génesis:* en aquellos tiempos había gigantes sobre la tierra, porque después que los hijos de Dios se juntaron con las hijas de los hombres, salieron a luz estos valientes del tiempo antiguo, jayanes (personas de gran estatura, robustas, de mucha fuerza) de nombradía. Pero Dios vio que la malicia de los seres humanos era mucha y sintió haberlos creado y decidió terminar con los hombres y los animales, desde el más ínfimo reptil hasta las aves del cielo. Pero Noé halló gracia ante el Señor, porque era un varón justo, perfecto y había seguido a Dios. Y Noé engendró tres hijos (de la mujer ni palabra): Sem, Cam y Jafet. Dios le dijo a Noé que había llegado el fin y dio detalladas, precisas, reveladoras y técnicas instrucciones:

> Haz para ti un arca de maderas bien cepilladas, divídela en compartimentos y recúbrela con betún por fuera y por dentro.
> Tendrá 150 metros de largo, 30 de ancho y 15 de alto.
> Tendrá tres pisos. Un tragaluz y una puerta al costado del arca.
> Yo voy a enviar las aguas del Diluvio a la Tierra.
> Todo lo que hay en ella perecerá.

Según la tradición, Dios ordenó que llevara en la barca una pareja de cada especie de seres vivientes, pájaros, ganado, reptiles, macho y hembra. Autoriza a que Noé lleve a su mujer, sus hijos, las mujeres de sus hijos y los víveres necesarios.

Otras traducciones indican que la orden era llevar siete parejas de animales puros y una pareja de animales impuros.

Relatos babilónicos habían versado sobre una gran inundación en la región del Tigris y el Éufrates que la imaginación popular habría elevado a la categoría de cataclismo universal (*cataclismo* significaba en griego y luego en latín, inundación). La épica de Gilgamesh escrita en unas tabletas encontradas en Nínive pertenecientes a la biblioteca del rey asirio Arsubanipal, que lo fuera entre 668 y 627 antes de Cristo, presenta la historia de Utnapishtim, un personaje equivalente a Noé, considerado como el "hombre que encontró la vida eterna". Recibió la orden celestial de abandonarlo todo, construir una barca y llevar a bordo la semilla de todos los seres vivos. Luego de una larga y terrible tormenta, la barca encalló sobre la montaña de Nisir. Es probable que los acontecimientos que se relatan hayan acontecido en el tercer milenio antes de Cristo.

Cuando Zeus, el dios más poderoso del panteón griego, enfureció por las maldades de los hombres, provocó un diluvio. Deucalión, rey de Tesalia (hijo de Prometeo y esposo de Pirra, quien era hija de Epimeteo y Pandora, la primera mujer), construyó una barca para él y su esposa Pirra. Navegaron durante nueve días y nueve noches. Encallaron en el monte Parnaso y salvaron sus vidas. Luego se convertirían en los restauradores de la raza humana. Un oráculo les ordenó cumplir esa imponente tarea arrojando hacia atrás los huesos de su madre. Ellos interpretaron que se refería a la madre tierra y comenzaron a caminar arrojando piedras sobre sus hombros. Las piedras que arrojó Deucalión se convirtieron en hombres y las de Pirra, en mujeres. Para los griegos Deucalión es el salvador de la humanidad y en su honor erigieron numerosos templos.

En la India un viejo relato exalta la hazaña de Manu, a quien un gran pez le advierte que se aproximaba un enorme torrente, anticipándole el desastre. Manu logra salvarse del diluvio para convertirse, también él, en recreador de la raza.

Leyendas aztecas e incas sostienen historias similares y un pájaro aparece para anunciar el fin del crecimiento de las aguas. Para los aztecas, Coxcoxtli y su mujer, Xochequetzal, fueron los dos únicos seres que sobrevivieron la catástrofe natural. Ellos también se salvaron en una canoa y concluyeron su periplo sobre una montaña (puerto ineludible en estas circunstancias). Desembarcaron y comenzaron la tarea de reordenar el mundo teniendo muchos hijos. Pero todos eran mudos, hasta que una paloma se posó en sus labios y les otorgó el don de la palabra.

El dios Viracocha, fundamental en las creencias incaicas, era el hombre de la espuma, porque había nacido de las aguas del mar y se había marchado con ellas.

Las aguas aparecen siempre como elemento liberador de los pecados y preparación para la nueva vida.

En el *Nuevo Testamento*, en "Primera Carta de Pedro" (3:20), hay una explícita mención de Noé indicando que en su barca, unos pocos

—ocho en total— se salvaron a través del agua. La referencia indica que el agua es la figura del bautismo.

Retomemos a Noé en el *Génesis*: cuando las aguas del Diluvio se precipitaron sobre la tierra, Noé tenía 600 años. A los siete días de haber recibido la orden de embarcar, las aguas del Diluvio anegaron la tierra. Era el decimoséptimo día del segundo mes. Ese día desbordaron las fuentes del gran océano y se abrieron las cataratas del cielo. Todas las clases de seres que estaban animados por un aliento de vida entraron con Noé y sus familiares, como Dios lo había ordenado.

Una curiosa mención: cuando todos estuvieron dentro del arca, el propio Señor Dios, cerró la compuerta.

Durante cuarenta días y cuarenta noches cayeron torrentes y la embarcación impulsada por olas furiosas se bamboleaba sin control. En la Tierra todo moría: los pájaros, el ganado, las fieras, los animales que se arrastraban por el suelo, los hombres y todo lo que tenía vida. Las aguas inundaron la tierra ciento cincuenta días. Entonces, Dios hizo soplar un viento sobre la tierra y las aguas comenzaron a bajar. El decimoséptimo día del séptimo mes, el arca se detuvo sobre las montañas de Ararat. Las aguas comenzaron a descender. El primer día del décimo mes, aparecieron las cimas de las montañas. Cuarenta días después, Noé abrió la ventana y soltó un cuervo el cual revoloteó hasta que la tierra estuvo seca. Después soltó una paloma para ver si las aguas habían bajado. Pero la paloma no pudo encontrar un lugar donde apoyarse y regresó. Noé esperó siete días más y volvió a soltar la paloma. Ésta regresó al atardecer trayendo en su pico una rama verde de olivo. Así supo Noé que las aguas habían terminado de bajar. Esperó otros siete días y soltó la paloma. Pero esta vez la paloma no volvió. (Desde entonces la paloma con una ramita en el pico es símbolo de sosiego, paz y Pablo Picasso la inmortalizó en una de sus más bellas, simples y expresivas obras).

Noé ordenó el desembarco. Levantó un altar al Señor. Las nubes se corrieron y apareció un bello arco iris que desde entonces es el signo de la alianza de Dios con los seres humanos. Noé vivió 350 años más y murió a los 950. Aunque edades parecidas se reiteran en el *Antiguo Testamento*, algunos intérpretes no aceptan la idea porque en aquellos tiempos no existía esa división y suponen que los números marcaban las lunas nuevas. Si así fuere, los 950 se convertirían en 79 y los 600 en 50.

Los hijos de Noé, Sem, Cam y Jafet fueron encargados de poblar nuevamente la Tierra (de las mujeres ni palabra).

Los descendientes de Jafet, llamados jaféticos, poblaron el Asia Menor y las islas del Mediterráneo. Los descendientes de Cam, las regiones meridionales: Arabia, Etiopía y Egipto. Los hebreos, árabes, asirios, arameos, semitas en general, son descendientes de Sem.

El *Génesis* describe la larga descendencia de los hijos, hijas, nietos, nietas, bisnietos y bisnietas (ahora sí de ambos sexos), de Noé porque a partir de ellos, las naciones se expandieron sobre la tierra. Inmediatamente, aparece el relato de la Torre de Babel, para entregar *Los orígenes del pueblo de Dios, La época patriarcal* y la aparición del peregrino que vivirá pendiente de la promesa de Dios: Abraham.

Reyes Magos

Así como la manzana no figura en el *Génesis* y fue instalada allí por disposición popular y por generaciones se ha repetido la expresión *Lázaro, levántate y anda* que Jesús usó para otra persona, siempre se ha aceptado que los Reyes Mayos eran tres. Pero tal cifra no figura en la Biblia.

En el *Evangelio según San Mateo*: "Cuando nació Jesús, en Belén de Judea, bajo el reinado de Herodes, *unos* magos se presentaron..."

San Lucas ni siquiera los menciona. San Marcos y San Juan comienzan su Evangelio con Jesús adulto. La tradición parece haberse basado fundamentalmente en el relato de Mateo, quien era un recaudador de impuestos que abandonó su trabajo para seguir a Jesús. Su Evangelio fue escrito hacia el 80 de nuestra era. En el capítulo "La visita de los magos" dice:

"Herodes mandó llamar secretamente a los magos y después de averiguar con precisión la fecha en que había aparecido la estrella, los envió a Belén ordenándoles se informaran cuidadosamente acerca del niño y cuando lo encontraran le avisaren para él rendirle homenaje. Los magos partieron. La estrella que habían visto en Oriente los precedía y se detuvo donde estaba el niño (la estrella de Belén). Al entrar a la casa encontraron al niño con María, su madre y postrándose, le rindieron homenaje. Abriendo sus cofres, le ofrecieron dones: oro, incienso y mirra. Y como recibieron en sueños la advertencia de no regresar al palacio de Herodes, volvieron a su tierra por otro camino".

Las más remotas mitologías orientales dedicaban especial atención al fenómeno de las estrellas fugaces, hecho que atrajo la curiosidad y supersticiones más diversas. Una de ellas refería que cuando una estrella se desprendía de la infinita bóveda oscura, anunciaba el nacimiento de alguien muy importante: rey, soberano, poderoso, genial, líder. La Estrella de Belén pudo haber sido un elemento extraordinario que concentró la atención de los reyes orientales, sugiriéndoles un nacimiento trascendente.

Todo indica que la mención de los tres regalos habría determinado que la tradición dispusiera que era un regalo por rey. Hasta el siglo IV, las distintas referencias indicaban diferente cantidad de reyes, cuatro, doce o sesenta. El teólogo romano Tertuliano (160-230), para borrar la mala imagen que tenían los magos, los convirtió en "reyes de Oriente".

Al filósofo cristiano, Orígenes (185-254), nacido en Egipto, intérprete de las Escrituras, se le asigna haber escrito ochocientas obras de las que muy pocas han sobrevivido. Entre esas elucubraciones, Orígenes habría sido el primero en sugerir que los reyes fueron tres. Para los angloparlantes, los tres son *wise men of the east,* sabios del este.

En algunos mosaicos aparecieron sus nombres y alguien fijó sus edades, siendo el mayor Melchor, 60; Gaspar, 40, y el más joven Baltasar, 20. Sus nombres se originan en el hebreo, *Malki-or,* rey de la luz; Melchor. Gaspar o Caspar o Jasper, del persa *Kansbar,* tesorero. Baltazar es deformación del arameo *Belshazzar, Belu-sharu-usur,* protector del rey.

En algunas crónicas se los menciona como Bithisarea, Melichior y Gathaspa. La tradición corona a Baltazar como rey de Arabia, a Melchor como rey de Persia y a Gaspar como rey de India.

En el *Libro de Daniel* del *Antiguo Testamento*, se habla de un rey Baltasar de Babilonia, hijo de Nabucodonosor, quien organizó un grandioso festín orgiástico regado con mucho vino servido en copas de plata y oro que habían sido sustraídas del Templo de Jerusalén. En medio de la fiesta apareció una mano misteriosa, etérea, que escribió las palabras Mené, Tequel y Parsin. El terror rodeó a los celebrantes y llamaron al profeta Daniel, a quien tenían prisionero, para que las interpretara. Daniel predijo la muerte del rey Baltasar y éste rápidamente lo colmó de regalos porque supuso que haciéndolo habría de evitar su final. Baltasar murió esa misma noche.

Fueron los artistas plásticos quienes presentaron a los Reyes Magos con sus barbas y aspectos hoy conocidos y no queda claro cuándo uno de ellos pasó a ser de piel oscura o si, por el contrario, los tres eran originalmente morenos y en su traslado a Occidente mudaron el color de la piel.

Que los Reyes Magos de nuestro tiempo sean las figuras legendarias que traen juguetes a los niños y que éstos con sus padres dejen en los patios, la noche previa a su arribo, recipientes con agua y pasto para los camellos, comienza a mediados del siglo XIX y fueron lentamente desplazados por Santa Claus o Papá Noel.

Los diccionarios de la Real Academia Española reconocen a los "reyes magos que guiados por una estrella vinieron de Oriente para adorar al Niño Jesús" y no hacen mención, como tampoco en los Evangelios, al número tres.

Su día se celebra el 6 de enero y es conocida como la fiesta religiosa de la Epifanía, del latín *epiphania*, del griego, manifestación. Popularmente se conocen como Día de Reyes y en otros países como el Duodécimo Día (después de Navidad), pequeñas navidades o día de los niños. La conmemoración profunda se corresponde con el bautismo de Jesús.

Instrumentos en la Biblia

En el *Antiguo Testamento*, *Libro de Daniel*, hay un relato referido al rey Nabucodonosor que manda construir una estatua de treinta metros de alto y tres de ancho en la llanura de Dura, Babilonia. Para lograr lo mejor, mandó reunir a los sátrapas (oficiales del emperador, luego gobernadores de provincia persa y, finalmente, hombres de malas costumbres, ladinos), prefectos, gobernadores, consejeros, tesoreros, juristas, magistrados y todos los jefes de provincia, quienes luego se reunieron para honrar la inmensa figura.

El heraldo proclama que, a partir de ese momento, a todos los pueblos, naciones y lenguas se les ordena que apenas escuchen el sonido de la trompeta, el pífano (flautín de tono agudo), la cítara (instrumento similar a la lira con caja de resonancia de madera), la sambuca (similar al arpa), el laúd (instrumento de cuerdas), la cornamusa (trompeta larga de metal que en el medio de su longitud, hace una rosca grande) y de toda clase de instrumentos, deberán postrarse y adorar la estatua de oro del rey Nabucodonosor.

A la primera orden, tres jóvenes se rehusaron a cumplirla y el rey ordenó que fuesen arrojados al horno al que previamente se recalentaría siete veces más. Allí fueron arrojados los rebeldes. Pero no sólo no se quemaron sino que salieron ilesos de semejante y espantosa prueba del grosero poder real. Consultados los jóvenes por Nabucodonosor, le informaron que su Dios les había enviado un ángel para ayudarlos en el trance. El rey, rápido como todo papanata poderoso buscando protecciones, ordenó entonces que en lugar de adorar la estatua, todos los pueblos habrían de adorar a semejante Dios capaz de tales milagros. Pero como buen mandón, la orden vino cargada de amenazas indicando que quienes no cumpliesen el nuevo decreto, serían cortados en pedazos y sus casas reducidas a un basural. Una joyita el monarca.

Noches y días

En *Génesis:* "Dios creó luminares en el firmamento que separen el día de la noche, sirvan de signos para distinguir las estaciones, los días y los años y luzcan en el cielo para iluminar la tierra. El mayor (el Sol) para gobierno del día. El menor (la Luna) para gobierno de la noche y las estrellas".

El tiempo estaba determinado por el Sol y la Luna. El día estaba determinado por la revolución *aparente* del Sol alrededor de la Tierra y el año, por la revolución de la Tierra en torno al Sol.

El día se contaba de salida a salida del Sol, o sea, primero era el día y después la noche. Pero en los últimos libros de la Biblia se invierte el orden: se contaba desde la puesta del Sol a la siguiente puesta del Sol *(Judit 11, Daniel 8)*. El día se dividía en fracciones aproximadas: aurora o salida del Sol; el mediodía o fuerza del calor; la puesta del Sol o crepúsculo y última vigilia.

Aunque no hay referencias a divisiones menores, en *2 Reyes (20:11)* se menciona el cuadrante de Ajaz, un monumento que pudo haber sido un obelisco o un reloj de sol primitivo y que fuera el motivo de la célebre señal de que Dios haría retroceder al Sol y a las sombras que proyectaba por la antigua creencia de que era el astro el que giraba en torno a la Tierra. "Sol, deténte y tú, Luna. Y se detuvo el Sol y se paró la Luna *(Josué 10:12)*.

Aquellos mortales supusieron que el milagro se produciría cuando el Sol invirtiera su marcha, cuando en realidad, los que habrían de girar en sentido contrario a su natural rotación, eran ellos mismos, posados sobre la Tierra. Durante muchos siglos este pasaje perturbó las discusiones científicas que probaban lo contrario, pero los fundamentalistas no estaban dispuestos a aceptar un error o simbolismo o metáfora del *Antiguo Testamento*.

El mes bíblico era el lunar. Dado que las lunaciones duraban 29 días, 12 horas y 44 minutos, los meses tenían 29 y 30 días alternativamente. En un primer momento se adoptaron los nombres cananeos que relacionan los meses con las estaciones. La Biblia habla de cuatro: *Abib*, el mes de las espigas; *Ziv*, el mes de las flores; *Etanim*, el mes en que sólo corren las aguas permanentes; *Bul*, el mes de las lluvias abundantes.

El año correspondía a los movimientos cíclicos de la Luna, el Sol y las estrellas y, naturalmente, al florecimiento, las cosechas, las lluvias, las temperaturas.

El *Antiguo Testamento* no deja en claro cuándo comenzaba el año.

En *Éxodo 23:16:* "También celebrarás la fiesta de la cosecha, o sea, de las primicias de tus trabajos, de lo que hayas sembrado en los campos. Y *al comienzo del año*, cuando recojas los frutos de tu trabajo, celebrarás la fiesta de la recolección".

En el mismo capítulo, *Éxodo 34:22:* "Celebrarás también la fiesta de las semanas, la de los primeros frutos de la cosecha del trigo y además, la fiesta de la recolección, *al término del año*".

Los festivales estaban directamente relacionados con celebraciones agrícolas, porque ellas daban certeza del ciclo repetitivo.

El Calendario Azteca es una gran piedra basáltica de unos treinta centímetros de altura por tres metros de diámetro, esculpida a bajo relieve profundo. Se exhibe en la Sala Mexica del Museo Nacional de Antropología e Historia de Chapultepec, en México, Distrito Federal.

La composición es radial y circular. En el centro aparece un mascarón solar, rodeado por los cuatro soles desaparecidos. Para los aztecas el mundo había nacido y reaparecido cuatro veces y ellos vivían en el quinto sol. Medían el movimiento del universo, como un hecho sagrado. Cada universo fue alumbrado por un sol diferente y nuevo, porque todo lo que había sido hecho, fue destruido y vuelto a hacer.

Ocho grandes rayos solares limitan los espacios donde se ven plumas, piedras preciosas y llamaradas. Todo rodeado por dos grandes serpientes de fuego transportadoras del sol. Las estelas marcan los días, los meses, el año y los siglos. Puntos cardinales. El día y la noche. Las estaciones del año. Los días fastos y nefastos. Los cielos. Venus y las estrellas.

Cuando los españoles se enfrentaron a esta maravillosa escultura y su significado les fue explicado, cayeron en la cuenta de que estaban frente a una civilización exquisita. Perturbadora. Sabia. Y fue declarada peligrosa.

El Calendario Azteca es una escultura artística y científica. Pesa más de veinticinco toneladas. Es una expresión del adelanto de aquella civilización extraordinaria en matemáticas, astronomía, medición del tiempo y, precisamente, de la escultura.

Por su parte, los mayas ya conocían el cero y disponían de un sistema vigesimal, cuatrocientos años antes de que llegaran los españoles. Los astrónomos mayas podían predecir los eclipses con más de treinta años de anticipación, cuando en Europa el fenómeno causaba pánico y horror.

Los habitantes de aquellas tierras fértiles en cultura, genio y mitos, adoraban un conjunto de dioses y diosas que controlaban o reglaban las vidas humanas. Dos de los más importantes eran *Tláloc*, dios de la lluvia, que compartía el sitial con el imponente y predominante *Quetzalcóatl*, la Serpiente Emplumada, dios de la mañana, del atardecer y del viento, quien otorgó al hombre la inteligencia y sapiencia para la agricultura y la escritura. Un día se marchó por razones que los humanos no pudieron conocer y para sus males trágicos, pareció regresar en la persona de Hernán Cortés.

Los aztecas adoraban diosas como *Coatlicue*, la de la Falda de Serpientes, deidad de la tierra, madre de *Huitzilopochtli*, Colibrí del Sur, dios principal de los mexicas; *Xochiquetzal*, Flor Preciosa, de la belleza y las flores; *Tlazolteotl*, la Diosa del Amor. El amor se asociaba con la Luna y el conejo. Este animalito había sido el que mordisqueando la planta de maguey, extrajo un jugo que sería el pulque, bebida espirituosa, considerada preciosa y sagrada, que se obtiene fermentando el aguamiel que brota de los tallos. La relación surgía además porque cuando la Luna estaba en su total esplendor, en ella se veía reflejada la sombra del conejo.

Querubines

Del hebreo *herubim*, los próximos. Cada uno de los espíritus celestes caracterizados por la plenitud de ciencia con que ven y contemplan la belleza divina. Forman el segundo coro. Similar al serafín, del latín *seraphin* y éste del hebreo, *serafim*, nobles príncipes, ángeles alados. Cada uno de los espíritus bienaventurados que se distinguen por el incesante y permanente ardor con que aman las cosas divinas. Forman el primer coro.

En las sociedades terrenales, se llaman querubines o serafines a las personas de gran hermosura, especialmente a los niños.

Chi-rho

Es el más conocido de los símbolos cristianos de la antigüedad, también percibido como símbolo de Constantino. Se usaba como un círculo con cuatro salientes que formaban una cruz. Su origen primitivo era la unión de la letra griega *Chi* (como X) y *Rho* (como P). Representa las dos primeras letras de la palabra griega *Christos*. El símbolo se usó profusamente. Luego de que Constantino el Grande lo asumiera como propio tras la batalla del Puente Milvian, fue definitivamente adoptado.

Chi-rho es habitualmente acompañado por las letras *alpha* y *omega*, la primera y la última del alfabeto griego, que además, significan el principio y el fin.

En A*pocalipsis (1:8):* "Yo soy el Alfa y la Omega, dice el Señor Dios, el que es, el que era y el que vendrá, el Todopoderoso". En el mismo libro (21:6): "Yo hago nuevas todas las cosas. Yo soy el Alfa y la Omega, el Principio y el Fin".

El símbolo aparecía en vasijas, telas, placas, paredes y poco a poco fue perdiendo su aspecto circular central para dejar a la vista sólo la cruz.

Muertos

El día de los muertos es una jornada dedicada a la veneración o culto de los muertos. La práctica es tan antigua como las sociedades humanas. Hay indicios arqueológicos de ciertas prácticas muy primitivas.

En tiempos modernos, todos los países tienen alguna forma de recordación o prácticas que van desde reservar días especiales para muertos notables, para los muertos en general o para los caídos en combate. Los chinos, que tienen especial veneración por sus ancestros, realizan dos ceremonias anuales. Una para las almas de los seres humanos, para otorgarles paz, y otra para los animales muertos, con el fin de mantenerlos donde estuviesen y que no regresasen a perturbar a los seres vivos.

Los japoneses celebran entre el 13 y 16 de julio, la fiesta de *Obon*, fiesta de las linternas, donde la creencia es que las almas de los muertos regresan por ese breve período y por lo tanto son recibidos con comidas y ofrendas y las casas iluminadas para orientar a los visitantes.

Los húngaros tienen un festival en el otoño dedicado a los fantasmas con especial atención para los que no tienen descendencia viva. A ellos se les preparan comidas y dulces porque, de lo contrario, sufrirían hambre. Luces y flores simbolizan las reuniones.

En distintas partes del África y la India, se organizan celebraciones de importancia durante días pues deben alcanzar a varias generaciones de muertos.

Quizás uno de los países de más notable carácter sea México. Desde tiempos de los mayas y aztecas, se veía a la muerte no como una interrupción sino como parte de un ciclo, como complemento de la vida. El poeta, escritor y diplomático mexicano, Octavio Paz, decía que la principal misión de la vida es la muerte, porque la muerte no era el fin sino otro principio.

El 2 de noviembre es el Día de los Muertos y los mexicanos por varios días exhiben esqueletos en danzas macabras, incluso panes o golosinas con formas de calaveras. Las mujeres limpian las casas, hacen velas de colores y preparan *atole*, una masa casi líquida con harina y maíz, disuelto en agua o leche hervida. Los hombres levantan pequeños altares de masilla con ofrendas de comida y juguetes para los *angelitos*, los niños de la familia que hubiesen muerto. A medianoche, la familia entona oraciones y los *angelitos* vienen, toman los presentes, gustan la vianda y se marchan calladamente.

Al día siguiente, los niños de la casa engullen la comida de los *angelitos* que los padres cautelosamente reservaron y los adultos se preparan para la próxima medianoche cuando vendrán los adultos muertos. Los altares son más grandes, las comidas más elaboradas y picantes, bastante tequila, decoraciones de calaveras hechas de mazapán o masa de pan.

Todos estos rituales que pueden parecer mórbidos a los extraños, son naturales y simples para los mexicanos que han quitado a la muerte todo tinte dramático y macabro. No le temen. La celebran y crean un ambiente alegre y propicio para los visitantes del otro mundo.

Una antigua copla española citada por don Miguel de Unamuno, tomaba el asunto así:

> *Cada vez que considero*
> *que me tengo que morir,*
> *tiendo la capa en el suelo*
> *y no me harto de dormir.*

La Llorona es el personaje de una muy antigua leyenda de diversos países de América del Sur. Aunque historias similares aparecen en diversos folklores, la más elaborada se relaciona con una diosa azteca, *Chihuacohuatl*, que suele ambular cargando una cuna sobre sus hombros, siempre vestida de blanco. Cuando deja la cuna al alcance de los mortales, en ella se encuentra un cuchillo de pedernal para hacer sacrificios. Los mexicanos modernos creen que su origen se remonta a los primeros años del siglo XIV. Una princesa india, llamada doña Luisa, se enamoró de un noble con quien mantuvo relaciones ocultas de las que nacieron mellizos. El noble le había prometido matrimonio, pero finalmente se casó con otra mujer de su estirpe (o calaña). Luisa corrió al encuentro de su amado la misma noche de la boda, rogándole que no la abandonara. Pero el hombre la arrojó de su lado con desprecio. Luisa perdió el juicio y enloquecida atacó a sus hijos y los mató. Se lanzó a las calles presa de furor y dolor intensos, corrió sin rumbo y durante varios días la vieron por distintas partes, con sus vestidos raídos, su rostro desfigurado por la angustia, llorando sin pausa, con su melena engreñada.

Finalmente fue detenida, juzgada y ahorcada. Desde entonces su fantasma sigue ambulando, recorriendo las calles, buscando a sus niños, llorando ahogada. A veces interroga a las personas preguntándoles si han visto a sus niños. Su aspecto infunde terror y sus largas uñas siempre parecen listas para arrancar la piel de los interrogados.

La terrible historia de madres asesinas tras perder la razón o entrar en estado de locura absoluta se ha repetido en muchas latitudes, lo que ha hecho que La Llorona aparezca en diversas y siempre lúgubres circunstancias.

En el folklore celta, Ankou es el rey o reina de los muertos. En cada pueblo, la última persona que muere cada año, se convierte en *Ankou*. La personificación popular describe una figura alta, desgarbada, melenuda, cuya cabeza gira sobre sí misma. Conduce un carro ayudado por dos asistentes debidamente espectrales. Cuando llegan a la casa de alguien a punto de morir o bien golpean la puerta o emiten un alarido estremecedor, parecido al canto de las *banshees* que tienen su propio artículo en este libro. Excepcionalmente, el *Ankou* de turno, ingresa a la casa y retira por sí mismo el cuerpo del fallecido.

Velorio

Reunión con bailes, cantos y cuentos que durante la noche se celebraba en las casas de algunos pueblos con motivo de determinadas faenas domésticas, como podría ser hilar, matar el puerco, carnear. Luego vino a ser ceremonia para velar difuntos. En algunas sociedades, la ceremonia es triste, llena de congoja y llantos. En otras, se congregan en desfiles y se entonan canciones. En otras, se sirven almuerzos o meriendas y es más una reunión social que un acontecimiento tétrico.

Tirar margaritas a los chanchos

Dar algo valioso o hermoso a quien no lo merece, no sabe apreciarlo o hace todo lo contrario de lo esperado. Aunque suena como una frase hecha, ordinaria y tosca, la realidad es totalmente opuesta: en los Evangelios, Jesús sugiere a sus Apóstoles no predicar ante quienes no quieren oír, porque sería como arrojar *perlas* a los cerdos. Cuando se tradujo al griego, perlas pasó como *margueritas* y la frase luego tornó latina: *margarita ante porcos.* Ya se sabe cómo quedó formalizada en español. Por ese mismo origen, margarita es la perla de las ostras y de allí derivó el nombre de la isla Margarita, así llamada por la abundancia de perlas en sus alrededores.

La oración completa puede leerse en *San Mateo (7:6):* "No deis lo santo a los perros, ni arrojéis vuestras perlas ante los puercos, no sea que las pisoteen y volviéndose a vosotros os despedacen". El idioma inglés asumió la expresión original literalmente: *"Do not throw pearls to the swine"* (No arrojéis perlas a los cerdos).

Aura

Viento suave y apacible. Hálito, aliento, soplo. Existe una voz americana que define aura como un ave del orden de las rapaces diurnas del tamaño de una gallina, color negro con tintes verdes, cabeza desnuda, patas y pico color carne. Despide un olor hediondo, vive en bandadas y se alimenta de animales muertos. En algunos lugares de América de donde es oriunda, se la llama *gallinaza* o *gallinazo*.

Esta misma palabra aura tiene un significado poético, como brisa amable y romántica. Un personaje de la mitología de nombre Aura, la brisa, era veloz como el viento. Un día Dioniso se enamoró de ella, pero la joven no se dejaba atrapar. Con la ayuda de Artemisa (Diana), Dioniso logró que fuese detenida. Aura enloqueció, y finalmente, se entregó. Engendraron dos hijos gemelos, pero la pobre no había curado de su trastorno y los mató, arrojándose luego al río Sangario. Zeus, el máximo, se apiadó de Aura y la convirtió en fuente.

Aureola o auréola se relaciona con áureo, oro, dorado y significa el resplandor o círculo luminoso que suele figurarse detrás de la cabeza de las imágenes santas.

En astronomía, es la corona que en los eclipses de Sol se ve alrededor de la Luna.

Avemaría

Del latín, *ave*, voz empleada como salutación. Oración compuesta con las palabras con que el arcángel San Gabriel saludó a la Virgen María:

"Al sexto mes el ángel Gabriel fue enviado por Dios a una ciudad de Galilea, llamada Nazaret, a una virgen desposada en un varón llamado José de la casa de David. El nombre de la virgen era María. Estando junto a ella, le dijo:

—Salve, llena de gracia, el Señor es contigo.

A estas palabras, María se turbó y se preguntaba qué significaría tal saludo. Y le dijo el ángel:

—Deja de temer, María, porque has encontrado gracia ante Dios. Concebirás y darás a luz un hijo, al que pondrás por nombre Jesús. Será grande y llamado Hijo del Altísimo; el Señor le dará el trono de David.

—¿Cómo será eso, pues no conozco varón?

—El Espíritu Santo vendrá sobre ti y el poder del Altísimo te cubrirá con su sombra. Por eso el niño que nazca será santo y llamado Hijo de Dios".

(*Nuevo Testamento, Evangelio según San Lucas,* "Anuncio del Nacimiento de Cristo", 1:26).

También se llama avemaría a las cuentas pequeñas del rosario, porque al pasarlas se reza la oración. Tradicionalmente, se asociaba la expresión *al avemaría*, con el crepúsculo, por la costumbre de tocar a esa horas las campanas.

En un avemaría es en un instante.

Saber algo como el avemaría es tener en la memoria las cosas con claridad y orden.

¡Avemaría! es una exclamación de asombro.

Antiguamente se usaba la expresión *Ave María Purísima* al llegar o entrar en una casa, siendo entonces la respuesta: *Sin pecado concebida.*

La manifestación sobrenatural de María se ha repetido a lo largo de los siglos en distintas partes del mundo. Sin embargo, la Iglesia sólo ha decretado autenticidad en contados casos. Casi siempre María se presenta a sí misma y suele encargar a esos fieles especialísimos tareas relacionadas con la fe y la práctica religiosa, no faltando curas milagrosas o acontecimientos absolutamente inusuales.

En 1531, en Guadalupe, México, el elegido fue Juan Diego, un indígena convertido al catolicismo, que una mañana escuchó un coro que le parecieron mil aves canoras. Cuando miró hacia la sierra de donde provenía el maravilloso sonido, vio un brillo que lo impulsó a trepar por las rocas. Repentinamente, la música cesó, y el joven escuchó una voz de señora muy suave y tenue que decía: "Juan, Juan Dieguito…" como en un suspiro. Juan vio en medio de rayos luminosos y chispas multicolores una mujer que se presentó como María: "Tú debes sentir y reconocer en tu corazón, hijo mío, que yo soy la eterna Virgen María, la santa Madre de Dios".

En otra ocasión, le pidió que recogiera flores, lo que a Juan le pareció que sería imposible pues era invierno. Sin embargo, el campo floreció y aparecieron rosas que eran desconocidas en el paraje. Él tomó varias, las envolvió en su poncho y las llevó al obispo por orden de María. Cuando llegó e hizo la ofrenda, los circunstantes quedaron maravillados, pues en la tela había quedado impresa la imagen de la Virgen. Rápidamente, la gente del pueblo se sintió conmovida, mística y comenzó un proceso de adoración popular pocas veces visto en el mundo.

Octavio Ocampo en su libro *El ogro filantrópico* sostiene que el culto de la Virgen de Guadalupe es la creación más compleja y singular de América y no fue un proceso individual sino colectivo. Su culto es íntimo y público, regional y nacional. La fiesta de Guadalupe, el 12 de diciembre, es el acontecimiento nacional por excelencia, fecha cumbre del calendario emocional de un pueblo muy emocional.

Celícola

Los habitantes de la Tierra son terrícolas. ¿Y los del Cielo? Aunque no se sabe que hubiere muchos, ni algunos, el idioma tiene obligación de definirlos. Pues bien, celícolas (del latín *caelum*, cielo; *colere,* habitar), habitante del cielo.

No se refiere a Dios, que no es un habitante en sentido estricto. Aunque el cielo conocido es sólo un infinito manto celeste reflejo de la luz del Sol sobre la Tierra y por eso de noche el cielo es infinitamente oscuro, siempre es bueno tener a mano un término para definir lo indefinible. Porque todo lo relacionado con el cielo, naturalmente, es célico o célica, aunque los poetas se han encargado de extenderlo a celestial, perfecto, delicioso.

Demonio

Del latín, *daemonium*, diablo, genio o ser sobrenatural. La demonología es el estudio sobre la naturaleza y cualidades de los demonios. La demonomancia, la superstición de adivinar el porvenir mediante la inspiración de los demonios. La demonomanía es la manía que padece el que se cree poseído por el demonio. Demonolatría es el culto que se rinde al diablo. Demoníaco es relativo al demonio y un endemoniado es un poseído.

En el *Antiguo Testamento*, *Deuteronomio (32:17):* "Sacrificaron a demonios y no a Dios, a dioses desconocidos para ellos, a dioses nuevos, recién venidos, jamás venerados por sus padres".

Sus imágenes fueron creadas por artistas aficionados y profesionales que les otorgaron formas siempre siniestras, cuernos, largas colas, ojos encendidos en sangre, largas uñas, babas y pelos.

La Real Academia reconoce *diaño*, eufemismo por diablo y algunos asignan a la palabra origen asturiano, porque sus habitantes hablan de un personaje llamado *diaño* o *diañu burlón*, un provocador que hace befa grosera, se burla de la gente, aunque sin causar mayores daños. La tradición popular en cambio le ha ido quitando horror a la palabra demonio, incorporándola al lenguaje cotidiano con menos cargas negativas.

¡Cómo demonios! ¡Qué diablos!

Estudiar con el demonio: Dar prueba de ingenio y agudeza para lo malo o travieso.

Ponerse como un demonio: Encolerizarse.

El mismísimo demonio: Travieso, hábil o perverso.

Tener el demonio en el cuerpo: Excesivamente inquieto.

Es interesante revisar la cantidad de palabras que el idioma español ha destacado como sinónimos de diablo, quizá porque es mejor no mentar al diablo: ángel caído, ángel del abismo, ángel de las tinieblas, diantre, demonche, mengue, tentador, el pecado, pateta, patillas, serpiente, el malo, el enemigo, el supremo malechor, espíritu inmundo y como nombre propio Luzbel, Belcebú, Lucifer, Satán, Satanás, Mefistófeles, Leviatán, Legión.

La palabra diablo, deriva del latín *diabolus*, el que divide, calumnia y desune.

Para infierno también abundan los sinónimos: morada de Luzbel, mansión del dolor, báratro, averno, abismo insondable, fuego eterno, reino de Plutón.

Judas

Por alusión a Judas Iscariote, hombre alevoso, traidor. Figurativamente, gusano de seda que se engancha al subir a las ramas y muere colgado antes de hacer su capullo. También, muñecos de paja que se ponen en la calle durante Semana Santa para ser quemados. *Estar hecho un Judas* es tener roto y maltratado el vestido, ser desaseado.

En un abrir y cerrar de ojos

Expresión popular usada en diversos idiomas que pareciera pertenecer al acervo cultural ciudadano. Tiene, sin embargo, una luenga tradición, pues se ha venido repitiendo por siglos. San Pablo llegó a Corinto, capital de Acaya, una de las principales ciudades de Grecia, renombrada por su comercio y la inmoralidad de sus costumbres, con el propósito de evangelizarla. Luego de varios conflictos, nació "Primera carta a los corintos", escrita por el Apóstol. En el capítulo *De la resurrección*, dijo:

"No todos moriremos, pero todos seremos transformados. En un momento, *en un abrir y cerrar de ojos*, al son de la última trompeta, los muertos resucitarán y nosotros seremos transformados".

En el prólogo de *El ingenioso hidalgo don Quijote de la Mancha*, Cervantes escribió:

¿Queréis ver si es verdad lo que digo?
Pues estad atentos y veréis cómo
en un abrir y cerrar de ojos
confundo todas vuestras dificultades
y remedio todas las faltas.

Jeremíaco/ca

Que gime y se lamenta con exceso. Derivado del nombre del profeta Jeremías que da nombre a uno de los libros del *Antiguo Testamento*. Sus lamentaciones se llamaron trenos, cantos fúnebres y angustiosos.

Júnior

Del latín, *iunior*, más joven. Religioso joven que después de haber profesado sigue sujeto a la obediencia del maestro de novicios. En algunos países sudamericanos, se ha tomado la versión inglesa del término que indica hijo de persona del mismo nombre o simplemente joven. Por este último, se formaron los Argentinos Juniors, los Boca Juniors, los Chacarita Juniors, que tienen poco de obedientes y mucho de profesantes aglomerados.

Salamanca y Lázaro

Capital de la provincia del mismo nombre en León, a orillas del río Tormes. Su famosa universidad fue fundada en 1220. Ya en el siglo XVI contaba con seis mil alumnos que cursaban setenta y cinco cátedras. Su edificio principal fue construido en épocas de los Reyes Católicos y es una de las joyas más preciadas del arte escultórico. A sus naturales se los llama salmanticenses o salmantinos.

La ciudad exhibe dos monumentales catedrales: la Vieja del siglo XII y XIII, en cuya capilla mayor surge espléndido el impresionante retablo pintado por el florentino Dello Delli en el siglo XV. La Catedral Nueva es del siglo XV y se necesitaron dos siglos para concluir la majestuosa obra.

Salamanca fue el primitivo asentamiento ibérico y enclave romano en la Vía de la Plata, de lo que quedan vestigios en Toro Vetón y el Puente Romano sobre el río Tormes, inmortalizado en *El lazarillo de Tormes*, una novela picaresca publicada en 1554. Aunque apareció simultáneamente en varias ciudades de España, no figuraba su autor y ha permanecido anónima desde entonces. El nombre completo de la obra es *La vida del lazarillo de Tormes y de sus fortunas y adversidades* y constituye una de las cumbres de la prosa clásica hispana. Relata las vicisitudes del joven Lázaro que sirve de lazarillo a un ciego, de monaguillo a un clérigo y de paje a un escudero. La palabra lazarillo nace por Lázaro y por la novela que comentamos y vino a ser sinónimo de acompañante, guía del ciego. En esas andanzas literarias, Lázaro conoce la miseria y el hambre, las angustias y asechanzas de la vida y esa experiencia termina siendo un fresco de la sociedad española y una amarga filosofía de la vida.

Hubo otra obra de Alonso Carrió de la Vandera, llamado *Concolorcorvo*, escritor peruano del siglo XVIII, titulada *El lazarillo de ciegos caminantes*, un picaresco relato de un viaje de Montevideo, Uruguay, a Lima, Perú, que es una descripción de la sociedad americana de aquellos tiempos.

San Lázaro es el hermano de Marta y María Magdalena, resucitado por Jesús cuatro días después de la muerte de aquél.

La famosa frase *Lázaro, levántate y anda*, nunca fue dicha por Jesús a Lázaro, sino a un leproso paralítico y por designios populares ha quedado fijada como dirigida a Lázaro. Se lo recuerda el 17 de diciembre.

En el folklore americano, la Salamanca figura como uno de los mitos básicos. Para algunos se trata de un enorme salón al que sólo entran brujos y brujas. La entrada es secreta y antes de llegar a la sala principal habrá de salvarse un complicado laberinto plagado de peligros. Bichos horripilantes pululan por sus senderos y cuelgan de los techos alimañas repugnantes.

La Real Academia reconoce la palabra como cueva natural (Chile) y la salamanca también es una salamandra, batracio de cabeza chata que vive en cuevas y que los nativos consideran como espíritu del mal. La salamanca de entonces es un batracio de la orden de los urodelos (cola larga y cuatro extremidades), el cuerpo mide unos veinte centímetros. La mitad es la cola. También es definido como un ser fantástico, espíritu elemental del fuego. Y de allí nació el calorífero de combustión lenta que lleva su nombre.

La salamanquesa es otro saurio pequeño que vive en las grietas de edificios o entre las piedras del campo, se alimenta de insectos y suele ser equivocadamente considerada venenosa.

Santa Cueva

Covadonga es una aldea de la provincia de Oviedo, Asturias, cerca de Canga de Onís, en un agreste paraje junto a la alta garganta del Deva. Allí se concreta el primer episodio de la reconquista de España contra los moros. En 718, don Pelayo, noble visigodo, venció a los invasores y fue proclamado rey de Asturias. Murió en 737.

Cuando el visitante va llegando a Covadonga, sus ojos se dilatan y el corazón palpita aceleradamente. Allá arriba, en el filo de una sierra pétrea, como si estuviese a punto de lanzarse al aire, aparece fenomenal la Basílica de Covadonga, dedicada a la Virgen que, según la historia asturiana, ayudó y decidió la victoria.

Cuando los locales estaban sitiados por los moros, éstos comenzaron a arrojar piedras con sus enormes catapultas. Apareció entonces la Virgen, se interpuso cambiando la dirección de las rocas y devolviéndolas a los atacantes, provocándoles bajas, terror y retirada, en lo que habría de ser el principio de la recuperación del suelo hispano de manos de los invasores.

La Basílica aparece con sus dos torres elevadas en aguja hacia el cielo en medio de la bruma habitual como un himno inmóvil y perenne. Por dentro es de una impresionante y serena belleza y trasmite al visitante un sensación de abrigo y humildad indescriptibles. Uno de los senderos lleva a una gruta, donde los fieles ingresan por un camino empedrado a lo largo de un túnel, al altar donde se adora a la Señora.

Covadonga significa la cueva de la señora *(cova donna)*.

La Santa Cueva es para los españoles origen de la independencia y nacionalidad. Su aspecto es de grandiosa belleza. Como pórtico, dos esculturas de leones yacentes, majestuosos y mansurrones.

En el Museo de Bellas Artes de Asturias, en Oviedo, se conserva un lienzo de Jenaro Pérez Villamil, con una pintura que exhibe la roca que abre sus fauces como una boca monstruosa, que, sin embargo, es sólo un pasaje hacia el altar de *La Santina*, como el pueblo llama a la Virgencita erguida sobre un pedestal de piedra, coronada de reina, con capa, manta y rostrillo (adorno que se pone a las imágenes santas) en una talla policromada del siglo XVI.

El himno canta:

> *Ella es el cielo y la patria,*
> *el heroísmo y la fe*
> *y besa el alma de España*
> *quien llega a besar su pie.*
> *(...)*
> *La Virgen de Covadonga*
> *tiene una fuente muy clara;*
> *la niña que de ella bebe*
> *dentro de un año se casa.*

El lago Enol, privilegiado paisaje de la comarca, guarda otra leyenda popular que cuenta que la Virgen dejó rodar una lágrima por su mejilla y de ella nació la superficie esmeralda del Enol, espejo de agua de inmensa belleza rodeado de montes de piedra.

En esa región se dice que las *Moras*, seres míticos femeninos de gran belleza, eran guardianas de cuevas donde se guardaban los tesoros que dejaron los invasores tras la batalla de Covadonga. Cuando huyeron de Asturias, ocultaron entonces las riquezas en castillos y castros (alturas con fortificaciones antiguas).

Las leyendas tradicionales hablan de tesoros escondidos custodiados por enanos, osos que poseían espejos de oro, objetos preciosos que sólo ellos atesoraban.

Cuarenta mártires

Corría el año 320 de nuestra era. El emperador romano Licinius ordenó a todos los cristianos renunciar a su fe. Por decreto. Se rompía así la política de tolerancia que había impuesto Constantino en 313. La orden fue presentada al ejército formado marcialmente. Cuarenta soldados se rehusaron cumplirla. El general encargado insistió y enloqueció de furia porque sería él quien pagaría el desplante ante el emperador. Así que ideó un plan para doblegarlos. Llevó a los cuarenta renuentes a las afueras de la ciudad, les ordenó desnudarse y acostarse sobre el lago helado. Puso en la orilla del manto de hielo, una bañera con agua caliente, humeante y perfumada. Creyó que con el sufrimiento y la tentación, abdicarían. Los soldados tenían sus cuerpos amoratados y temblorosos, cuando uno de ellos dejó el grupo y se lanzó a la tina humeante. El contraste produjo el espasmo y la muerte. Otro de los soldados uniformados que marcialmente contemplaba la escena, se quitó su uniforme y desnudo corrió a unirse a los treinta y nueve restantes. Otra vez cuarenta. Finalmente, murieron todos. El último en perder la vida fue el más joven, Melito.

El terrible sacrificio de los cuarenta mártires se recuerda el 10 de marzo.

Restauración

En el II Congreso Internacional de la Lengua Española, se contó la historia menuda ocurrida en un pueblo de Colombia. Cerca de la Catedral, había una santería que exhibía en su vidriera un cartel que indicaba: *"Se restauran vírgenes"*.

Entusiasmo

Del griego, *en*, dentro y *theos*, Dios, poseído por Dios. Estar inspirado por los dioses, lo que emparenta la palabra con inspiración, *inspirare*, infundir, insuflar la esencia de Dios. Para los griegos, las sibilas eran mujeres sabias con poderes proféticos. Precisamente, el furor o arrobamiento de las sibilas al ofrecer sus oráculos, dio origen a la palabra entusiasmo, inspiración divina. La más celebre de las sibilas fue Eitra que entonaba sus profecías en verso y vivió nueve vidas humanas… ¡de ciento diez años cada una! No se ha podido registrar crónica alguna que asegure que haya mantenido su entusiasmo tanto tiempo.

También se calificó de entusiasmo a la inspiración de los profetas que estaban impulsados por Dios. Luego se extendió a la fogosidad y arrebato del escritor o artista, especialmente del orador y poeta. Y como siempre ocurre, la original palabra vino a perder jerarquía y sólo define la exaltación del ánimo excitado por la admiración o la adhesión fervorosa que empuja a ciertas causas o personas.

Cábala

Según la Real Academia, cábala, del hebreo, *qabalah*, tradición. Tradición oral que entre los judíos explicaba y fijaba el sentido de los libros del *Antiguo Testamento*, ya en lo moral y práctico, ya en lo místico y especulativo. La segunda acepción explica que es arte practicado por los judíos que consiste en valerse de anagramas, transposiciones y combinaciones de las letras y palabras de las Sagradas Escrituras, con el fin de descubrir su sentido. La cábala servía de fundamento a la astrología, nigromancia y otras ciencias ocultas.

Para los místicos, cada letra, cada número, cada palabra, cada acento de los textos sagrados debe ser interpretado.

El más añejo texto de la cábala conocido y existente es el *Sefir Yezirah*, Libro de la Creación, del siglo III de nuestra era. Esta obra contiene diálogos atribuidos a Abraham.

El cabalismo se extendió por Europa en el siglo XIII y aún es practicado por algunos grupos hasídicos.

Una de las historias de la cábala refiere al Golem, palabra hebrea que podría traducirse como *sin forma*. En el folklore judío, figuras artificiales creadas para servir a su amo, el constructor. La leyenda explica que muchas veces se resistían y rebelaban y debían ser destruidas.

La idea central reapareció en *El robot universal de Rossum*, obra del escritor checo Karel Capek (1890-1938) en la que por primera vez aparece la palabra *robot*.

La escritora inglesa Mary Wollstonecraft Shelley (1797-1851) crea en 1818 *Frankestein*, una obra que adquiriría gran fama.

El estadounidense nacido en Polonia, Isaac Bashevis Singer (1904-1991), uno de los grandes escritores judíos, galardonado con el Nobel de Literatura en 1978, es autor de un libro cuyo título es *Golem*. En una leyenda medieval ocurrida en Praga, República Checa, un rabino logra crear un ser robótico, casi humano, sin habla, de extraordinaria fuerza, cuya existencia se procuraba dándole forma a la arcilla, el barro o la arena y pronunciando palabras mágicas o el propio nombre de Dios. La figura tomó cuerpo, forma y altura desmesurada y actuaba en defensa de los débiles y perseguidos.

Jorge Luis Borges escribió en 1958 un poema dedicado al Golem:

Si como afirma el griego en el Cratilo,
el nombre es arquetipo de la cosa,
en las letras de "rosa" está la rosa
y todo el Nilo en la palabra "Nilo".
Y, hecho de consonantes y vocales,
habrá un terrible Nombre, que la esencia
cifre de Dios y que la Omnipotencia
guarde en letras y sílabas cabales.
(…)
Sediento de saber lo que Dios sabe,
Judá León se dio a permutaciones
de letras y a complejas variaciones
y al fin pronunció el Nombre que es la Clave.
El cabalista que ofició de numen
a la vasta criatura apodó Golem.
Estas verdades las refiere Scholem
en un docto lugar de su volumen.
Tal vez hubo un error en la grafía
en la articulación del Sacro Nombre;
a pesar de tan alta hechicería,
no aprendió a hablar el aprendiz de hombre.
En la hora de angustia y de luz vaga,
en su Golem los ojos detenía.
¿Quién nos dirá las cosas que sentía
Dios, al mirar a su rabino en Praga?

(*Cratilo* es el nombre de una obra de Platón y el de uno de los personajes del diálogo entre él, Hermógenes y Sócrates).

294

Países fundados, países creados, obras y mitos viajeros

La Ilíada

De *Ilion*, Troya. La primera tragedia griega, la obra que echó las bases de la cultura occidental, una epopeya extraordinaria donde héroes y dioses se confunden en guerras, pasiones y conflictos. Aunque no se duda de una antigua tradición literaria previa, *La Ilíada* y *La Odisea* son las más antiguas obras encontradas. Ambas adjudicadas a Homero. Aunque nada se conoce de Homero, se estima que vivió entre 1159 y 865 a. de C. Muchas ciudades reclaman haber sido su cuna: Argos, Atenas, Rodas, Salamis, Chipre y Smirna y algunos suponen imposible que un solo autor haya podido con semejantes obras. Desde el punto de vista lingüístico e histórico, los relatos pueden situarse en las ocupaciones griegas en Asia Menor en el siglo IX a. de C. Homero es considerado el más grande poeta del pasado y según la tradición era ciego y posiblemente haya relatado ante audiencias cultas lo que sería luego recogido en textos inmortales.

Los reyes de Troya, Príamo y Hécuba, tuvieron un hijo al que llamaron Paris. Los adivinos presagiaron que ese niño sería el causante de la destrucción de Troya. El rey ordenó a uno de sus servidores que diera muerte al bebé. La madre lo escondió y lo dio en crianza a unos pastores. Paris creció como el más bello ser humano, hábil, fuerte y solitario. Su fama recorrió el mundo conocido y llegó hasta los dioses del Olimpo. En una fiesta que celebraban los superiores, fueron invitados todos los dioses y diosas, menos Eris (Discordia). Zeus (Júpiter) la excluyó porque siempre creaba problemas y alteraba la armonía indispensable. Era una divinidad maléfica, hija de la Noche, hermana de Marte. Los antiguos artistas la representaban con la cabeza erizada de serpientes, rostro pálido, destilando veneno por la boca, ataviada con harapos y con una antorcha o puñal en la mano. Discordia enfureció y vengativa arrojó una manzana de oro con la inscripción "para la más hermosa". La dorada fruta cayó entre Hera (Juno), Atenea (Minerva) y Afrodita (Venus), diosas que se consideraban cada una la más bella. Para resolver el entuerto creado por la perversa, se decidió que Paris, el más bello y por lo tanto el más entendido en belleza, decidiera con su fallo inapelable. Cada diosa prometió maravillas para comprar la voluntad del juez, pero Afrodita (Venus) le ofreció amor y la esposa más bella del mundo. Paris la señaló como la ganadora del certamen.

La mujer prometida era Helena, la más encantadora, hermosa y seductora mujer de la Tierra. Pero, Helena era la esposa de Menelao, rey de Esparta, Grecia. Paris fue al encuentro de Helena que cuando estuvo frente al joven perdió sus fuerzas, su marido y su hijita. Huyó con Paris.

Este singular episodio inicia la que sería guerra de Troya. Paris y Helena en Troya. Menelao y sus fuerzas en Grecia. Las naves de la flota griega ponen sitio a Troya y una serie de batallas sangrientas comienzan a disputarse con suertes diversas para ambos bandos. Entre los humanos notables, aparecen Agamenón; Eneas; el gigante Ayax; Néstor, el anciano consejero; el médico Macaón; el mensajero Antíloco; Diómedes; Odiseo (Ulises); Héctor, hermano de Paris; Dolón, Reso; Sarpedón y los entrañables amigos Patroclo y Aquiles.

Entre los dioses: Apolo, Atenea (Minerva), Zeus (Júpiter), Afrodita (Venus), Hera (Juno), Ares (Marte), Hefesto (Vulcano) y algunos dioses menores como Sueño, Terror, Fuga, Discordia. Los dioses intervienen apoyando a unos u otros, decidiendo batallas, creando nubes de rocío, soplando vientos, rompiendo lanzas. Hombres y dioses deciden cada batalla y no falta hasta un dios herido de muerte.

Paris es la figura desencadenante. Aquiles es la figura culminante de la tragedia. Era el más valeroso de los héroes griegos, el más fuerte y decisivo en la batalla. Hijo de Peleo y Tetis. Al nacer, su madre lo bañaba en fuego para hacerlo inmortal o lo zambullía en el río Éstige cuyas aguas concedían total inmunidad física. Pero la mujer olvidó que en ambos casos tomaba a su hijo por el talón y allí no llegaron ni el fuego ni el agua y ése sería el "talón de Aquiles", el punto débil y final. Aquiles deserta de las fuerzas griegas por una disputa con Agamenón. Con él, su entrañable amigo Patroclo. Los campos cercanos son testigos horripilantes de peleas sangrientas, cuerpo a cuerpo, escudo contra escudo, lanzas hirientes y cadáveres amontonados.

Cuando las tropas troyanas acosan a las naves griegas, Patroclo se bate a duelo con Héctor, el hermano de Paris. La muerte de Patroclo es un momento dramático porque había ido a la batalla vestido con la armadura de Aquiles y blandiendo su espada, lo que confiere a su muerte un elemento simbólico fundamental.

Los troyanos suponen que están a punto de arrojar a los griegos de sus tierras. Pero Aquiles siente en carne propia la muerte de su amigo y reingresa a la lucha. Enfrenta al hasta entonces victorioso Héctor y tras un feroz encuentro, Aquiles mata a Héctor, lo ata a la cola de su caballo y lo arrastra ominosamente frente a las murallas de Troya. El padre de Héctor ruega para que Aquiles le entregue el cadáver de su hijo y así se hace.

Luego, se produce un momento clave y doliente: Paris acertaría su flecha fatal en el talón del héroe Aquiles. La muerte del héroe desalienta, embarga de dolor y pena. Los griegos simulan regresar a sus barcos, levan anclas y parten. Los troyanos celebran el aparente triunfo. Entonces, un enorme caballo de madera ha sido dejado a las puertas de la ciudad amurallada. Los troyanos aceptan el "regalo de los griegos" que se han marchado en derrota. Entran el caballo a la ciudad y festejan hasta muy tarde. Cuando los vence el sueño y el alcohol, el caballo hueco se abre y deja salir de su interior un pequeño escuadrón griego que abre las portones para que ingrese el grueso de los soldados que ya habían regresado a puerto. Los troyanos son ejecutados en masa. El triunfo griego ha sido total.

En la tierra negra y la sangre, quedan los cadáveres de los jóvenes griegos y troyanos, héroes, cobardes, valerosos, tibios, aguerridos, temerosos, como testimonio grotesco y horrible de las guerras crueles que matan a los jóvenes y dejan intactos a los poderosos que conducen las garras del ajedrez de la muerte desde lejanas torres inalcanzables.

La tremenda tragedia griega termina con Helena regresando junto a Menelao para reinar durante mucho tiempo juntos. Sus conciencias intactas.

La Odisea

Viaje largo en el cual abundan las aventuras. Por extensión, peripecias por lo general desagradables, que le ocurren a una persona.

Largo, ciertamente, ha sido el viaje de esta palabra que se origina en el nombre de uno de los héroes de *La Ilíada*, Odiseo (Ulises, para los romanos). Obra del excelso rapsoda griego Homero, que se estima vivió mil doscientos años antes de Cristo, *La Odisea* es un imponente relato épico con las hazañas de Odiseo tras su participación en la guerra de Troya.

Odiseo inicia el regreso a Ítaca, isla al oeste de Grecia, donde era rey y vivía con su mujer Penélope y su hijo Telémaco. Lo acompañan en la travesía de regreso un escuadrón de hombres fuertes, valientes y decididos que, uno por uno, van muriendo en las distintas peripecias dramáticas que les toca enfrentar. Odiseo regresa solo y en harapos apenas sostenido por los restos de un naufragio. Su figura anticipa en milenios a los súper héroes modernos. Odiseo es un Superman indestructible que siempre lucha por el bien y tiene invariablemente la razón de su lado, aunque no le tiembla la mano ejecutora a la hora de castigar iniquidades o peligros atroces.

La épica comienza con la llegada del barco a la Isla de los Cícones, donde Odiseo ordena la captura de un rico botín, para luego soportar una terrible contienda con los pobladores, en la que mueren varios de sus acompañantes. Surcan el mar y arriban a la Isla de los Lotófagos, cuyo habitantes sólo se alimentan con la flor de loto, dulce como la miel, pero que borra toda huella del pasado, toda visión del presente y toda idea del futuro. Los Lotófagos recibieron a las huestes de Odiseo afectuosamente y mientras el jefe quedaba en el barco, alimentaron a sus soldados con flores de loto y allí se echaron a dormir olvidando Troya, Ítaca, Odiseo y el motivo de su viaje.

Finalmente, el comandante los recuperó y reembarcó. Pero sólo para dar con la Isla de los Cíclopes, gigantes monumentales con un solo ojo en la frente, cuyo representante más cabal era Polifemo, hijo del dios del mar, Poseidón (Neptuno). Este gigante colosal vivía en una cueva, cuidaba rebaños, hacía queso, levantaba y arrojaba piedras como montañas sin el menor esfuerzo. Polifemo se comió a va-

298

rios de los tripulantes de Odiseo quien, una vez más, debió bajar a tierra para salvar a sus hombres sobrevivientes. Mientras Polifemo dormía, le hizo tragar tanto vino como tenía en sus bodegas y cuando lo declaró borracho y tieso, clavó en su único ojo una estaca de madera puntiaguda. Los que el hombrón aún no se había comido, huyeron con Odiseo y debieron soportar la furia ciega en forma de rocas arrojadas por Polifemo y la indignación de Poseidón por el desastre que habían hecho de su hijo, el monstruo. La nave superó la tormenta y el granizo inmenso y partió. Ahora hacia la Isla de la Muralla de Bronce, el reino de Eolo, dios de los vientos. Él y su mujer agasajaron a los navegantes y, finalmente, les regalaron una gran bolsa de cuero que contenía todos los vientos de manera que ellos pudieran navegar sin problemas. Pero la avaricia de algunos les hizo abrir la bolsa, creyéndola repleta de tesoros líquidos, pues en aquellos tiempos, así se conservaba el vino fresco. Entonces se desataron todas las tormentas.

Nuevamente a la deriva fueron a dar a la Isla de Eea donde vivía Circe, la maga de cabellos dorados. La mujer agasajó a algunos de los marinos, mientras Odiseo (siempre atento a las sorpresas) permanecía a bordo. La rubia embriagó a los muchachos y les dio un menjunje que los convirtió en cerdos. Nuevamente debió Odiseo rescatar a los suyos, ahora con la asistencia de Hermes (Mercurio).

Partieron otra vez. Fueron advertidos del peligro cercano que representaba la Isla de las Sirenas, mujeres bellísimas con cuerpo de pez, que con su maravillosos cantos atraían los barcos a sus rocosos arrecifes donde se estrellaban. Odiseo tapó los oídos de la tripulación con cera y ordenó que lo ataran al mástil fuertemente y que bajo ninguna presión o circunstancia lo desataran. Al pasar frente a la isla rodeada de cadáveres y barcos despedazados, las sirenas entonaron una y otra vez sus melodías irresistibles, pero las precauciones fueron suficientes y los hombres resistieron sin saber a qué y Odiseo no pudo romper las ataduras que lo ligaban al mástil, pese a que el canto de las Sirenas lo enloqueció.

La Odisea continúa presentando remolinos, trombas, rocas voladoras, monstruos de seis cabezas, noches negras tormentosas, rayos y temporales inacabables. Cuando la nave era presa de los designios de la noche, surgió la Isla de Calipso donde el héroe pudo descansar, reparar la nave, recuperar a sus hombres y recibir los encantos y delicias de la diosa de bellas trenzas y ropaje de oro. Quiso Calipso retener a Odiseo colmándolo de comodidades y deleites, pero el hombre sólo soñaba con su patria y su familia. Condolida, Calipso le entregó un hacha mágica de dos filos con la que podría derribar los más altos y mejores árboles del bosque de la diosa, con los que talló su nueva nave. Ella mientras tanto, tejió las telas que serían velas. Partieron hacia Ítaca mientras Calipso lloraba angustiada sentada en las arenas de la costa, viendo partir a Odiseo y su tripulación. Ella sabía que nunca más los vería.

Surcó Odiseo las aguas bajo la protección de la diosa Atenea hasta finalmente arribar a Ítaca, donde su hijo Telémaco se batía duramente contra los nobles de la corte que asediaban a Penélope, su mujer. Ella había prometido que terminaría casándose con uno de sus pesados cortejantes cuando terminara la tela que durante el día hilaba. Pero a la noche, la fiel esposa, deshacía lo hecho y amanecía con el telar a nuevo. Así por diez años.

Odiseo debió disfrazarse de mendigo para evitar a los nobles que podrían matarlo si lo detectaban y sólo su perro de siempre lo descubrió entre sus andrajos. Pero el pobre animal murió de la emoción.

Cuando Penélope y Telémaco supieron de la llegada del amante padre y esposo, desafiaron a los nobles a lanzar flechas de bronce con el inmenso arco de Odiseo. Los bribones supusieron que la prueba era muy simple e intentaron, pero ninguno pudo siquiera doblar el arco. Ingresó entonces un anciano decrépito y vestido en harapos. Penélope anunció que él también haría la prueba. Los nobles rieron a carcajadas. El mendigo tomó el arco y disparó doce flechas como rayos, quitó sus ropajes y se apareció como quien era. Dueño y señor de Ítaca. Alguna flecha aún voló hacia los cuerpos temblorosos de los pretendientes fallidos. Los demás huyeron. La familia ahora reunida se aprestaba a escuchar las narraciones de las aventuras prodigiosas de un héroe que sería inmortal y sus dioses protectores. *La Odisea* ahora sería historia. Por los siglos de los siglos.

Griegos

Pocos registros quedan de la real historia de los pueblos que dieron origen a los griegos. Las tribus que ocuparon la región hablaban el idioma que sería base del futuro griego y la arqueología demostraría su presencia tres mil años antes de Cristo. Ignoraban la escritura. Su elemento aglutinante era la lengua. Una madeja común que enlazaba a los iguales. Los que no hablaban su idioma eran mudos. Sólo se les oía decir *bar... bar... bar.* Eran los *barbaroi*, extranjeros mudos. Su sistema de perduración y mantenimiento de tradiciones fue el relato. La historia contada y cantada.

En *La Odisea*, Ulises/Odiseo, el héroe de Homero, describe la isla de Creta, al sudeste de Grecia en el mar Mediterráneo, como muy poblada y con noventa ciudades donde vivían los aqueos, los cidones, los dorios, los cretenses indígenas y los pelasgos. Estos grupos se fusionaron, unieron lenguas y ritos y formaron el pueblo que echaría las bases de la cultura occidental. Les llevó mil años asumir un nombre pues ellos eran Helenos y su tierra Hélade. De Heleno, hijo de Deucalión y Pirra, los legendarios recreadores de la raza humana después del diluvio. Lo hicieron arrojando piedras sobre sus hombros. Las que arrojaba Deucalión se convirtieron en hombres. Las que arrojaba Pira, en mujeres. A Heleno no lo trajo la cigüeña ni nació en un repollo: fue hecho con una de esas piedras.

Graeci fue como los llamaron los romanos y luego el mundo. También fueron conocidos como *jonios*, los hijos de Javán, personaje del *Antiguo Testamento*. Quizás hayan comenzado a escribir cuando adoptaron el alfabeto fenicio y convirtieron *alpeh*, buey, en alfa. *Beth*, casa, en betha. *Gimel*, camello, en gamma. *Daleth*, puerta, en delta. El alfabeto.

Homero es la gran figura histórica, registro ineludible del pasado, poeta, bardo y cantor. Con su poesía hizo la historia.

Emil Ludwig, en su encantadora obra *Mediterráneo*, escribió:

> "La influencia griega en el Mediterráneo no fue obra de los tiranos y jefes de las pequeñas repúblicas: con toda seriedad debe decirse que fue obra de Homero, Hesíodo, Herodoto, Tucídides, Platón, entre otros.

La mente y el arte crearon una potencia en la historia.
En la imaginación de los griegos, los dioses, a quienes al final despojaron de sus cabezas de animales, tendrían formas humanas".

Las obras de Homero fueron posteriormente escritas a mano sobre papiros y luego sobre pergamino o vitela, piel de vaca o ternero muy pulida que sirve para pintar o escribir. El tiempo y las múltiples transcripciones fueron reduciendo los originales. En Egipto, por el contrario, las condiciones especiales de su clima, permitieron prolongar la vida de los papiros casi indefinidamente, especialmente luego de caer bajo el imperio griego. Los egipcios cultos hablaron griego durante un prolongado período de su historia.

Grecia hoy se llama oficialmente *Elliniki Democratia, República Helénica*. Superficie: 132 mil kilómetros cuadrados. Población de diez millones. Ocupa el sur de la península Balcánica y limita con el mar Mediterráneo, el mar Egeo, Bulgaria y Albania. Su capital: Atenas. Su punto más alto: el monte Olimpo, de 2917 metros.

Roma

La más grande de las ciudades de la antigüedad fundada en 753 a. de C. por Rómulo, de quien proviene su nombre. Otros estudiosos sostienen que en realidad el origen de Roma es *Ruma*, el antiguo nombre del río Tíber. Otros, del etrusco *rhome*, fortaleza. Esta última idea encuentra asidero ante el otro nombre primitivo de Roma, *Valentia*, del latín *valens*, fuerte, fuerza.

Según una antiquísima tradición, los fundadores de Roma, fueron Rómulo y Remo, hermanos mellizos, descendientes, según Virgilio, del troyano Eneas. Hijos de Marte y Rhea Silvia, hija de Numitor, rey de Alba Longa. Éste fue depuesto por su hermano Amulius quien obligó a Rhea a ser virgen de por vida para evitar que engendrara hijos que pudiesen reclamar alguna vez su trono mal habido.

Quizá resulta interesante para el lector repasar algunas líneas de la monumental obra de Tito Livio (59 a. de C.-17 de la era cristia-

302

na), que dedicó su vida a escribir la historia de Roma desde su fundación en el 753 a. de C. hasta una década posterior al nacimiento de Cristo. El original estaba formado por ciento cuarenta y dos libros, de los cuales sólo treinta y cinco han sobrevivido. Su estilo lo convirtió en autor popular, aunque no todos coinciden en la veracidad absoluta de la obra. Escribió con libertad, estilo maestro y notable ingenio.

La primera parte la dedica a la genealogía de los reyes y reinas. Luego dice:

"El rey Amulio se apoderó del trono, y añadiendo un crimen a otro, mató a todos los hijos varones de su hermano y so pretexto de honrar a su hija Rhea Silvia, la hizo vestal, obligándola a guardar perpetua virginidad y privándola de la esperanza de tener sucesión.

Mas los hados debían al mundo el nacimiento de ciudad tan grande y el establecimiento de este imperio, el más poderoso después del de los dioses.

Rhea Silvia quedó igualmente embarazada y dio a luz mellizos. Y el dios Marte apareció como el padre engendrador.

Pero ni los dioses ni los hombres pudieron librar a la madre ni a los hijos de la crueldad del rey: ella fue encadenada y presa y mandóse que arrojaran los niños al río Tíber.

Por maravilloso evento, el Tíber habíase desbordado, formando en las riberas charcas que impedían llegar hasta su cauce ordinario. Los ejecutores de las órdenes del rey creyeron que igualmente podrían ahogarse los niños. Quedaron en seco la cuna de los dos hermanitos. Una loba sedienta, atraída por el llanto, bajó de las montañas, acercóse a ellos y de tal manera se amansó, que empezó a lactarles. El pastor Faustulo encontró a la loba lamiendo cariñosamente a los abandonados. Los llevó a su casa y los recibió su mujer Laurencia. (Algunos crueles cronistas, que no creen en fantasías, sugieren que la mujer era una prostituta a quienes los pastores llamaban Loba). (…)

Rómulo y Remo comandaron una rebelión de los pastores que destronó y mató a Amulio y repuso a Numitor en el trono, el rey abuelo.

Los hermanos concibieron el deseo de fundar una ciudad en el paraje mismo donde habían sido arrojados y criados. Como eran gemelos y no podían decidir la primogenitura, encomendaron a las

303

divinidades tutelares el cuidado de designar por medio de augurios cuál de los dos había de dar nombre y regir la nueva ciudad.

Rómulo fue al Palatino.

Remo al Aventino.

Remo creyó recibir primero los augurios: seis buitres.

Pero Rómulo vio doce.

Cada hermano fue aclamado rey. Uno por la prioridad. Otro por la cantidad.

La ira convirtió en sangriento combate el altercado y en la acometida cayó muerto Remo.

Según la tradición, sin embargo, Remo habría saltado las nuevas murallas y Rómulo por semejante acto mandó matarle.

Indicando 'Así perezca quien se atreva a saltar mis murallas'.

(...)

Para dar alguna realidad a la grandeza de la ciudad, siguió Rómulo la antigua costumbre de los fundadores de ciudades que aseguraban que la tierra había producido los habitantes. Además, esclavos y hombres libres, todos aquellos a quienes movía el deseo de novedades, acudían en multitud a refugiarse allí y aquél fue el primer apoyo de nuestra naciente grandeza.

Rómulo nombró cien senadores, bien porque le pareciese suficiente el número, bien porque no encontrase más que mereciesen aquel honor. Lo cierto es que a ellos los llamó Padres y este nombre se convirtió en título y honor.

Sus descendientes se llamaron Patricios".

Roma creció y ya no temía a ninguna otra congregación cercana. Pero faltaban mujeres. El futuro se hacía incierto y todo podría perderse en una generación. Organizaron los romanos un gran festival e invitaron a todos los pueblos vecinos. Sigue el relato de Tito Livio:

"Acudió el pueblo entero de los sabinos, con sus mujeres e hijos. Cuando más absortos estaban los ojos y ánimos, todos los jóvenes romanos se lanzaron para apoderarse de las doncellas. La mayor parte de las mujeres fueron presas del que las tomó, pero las más hermosas se reservaron para los senadores".

El terror y la angustia envolvió a los sabinos que fueron obligados a dispersarse. Rómulo consoló a las mujeres apresadas, una por una, asegurándoles que iban a compartir la gloria de la futura Roma, con el privilegio de la maternidad. Protección, placeres, cuidados, privilegios y atenciones constantes fueron ablandando el corazón de las forzadas esposas que comenzaron a olvidar la ofensa. Pero los padres vestidos de constante luto, sublevaron a los pueblos y recorrían los caminos uniendo voluntarios. Finalmente, se organizaron para entablar combate a los romanos. Cuando las huestes estaban frente a frente, listas para la lucha, Hersilia, esposa de Rómulo, representando los llantos y temores de todas las mujeres, rogó el perdón. Pero el conflicto siguió su marcha inexorable. Los combatientes se plantaron armados listos para el combate y cuando ya comenzaba, las sabinas se lanzaron con sus cabellos al viento, sus vestidos desordenados y sus voces agudas, al centro de la lid. Y alzaron sus voces emocionadas:

"Si este parentesco, cuyo lazo somos nosotros, si nuestro matrimonio es odioso, vuelvan vuestras armas contra nuestros pechos. Somos la causa de esta guerra, de las heridas y muertes de nuestros esposos y nuestros padres y preferimos la muerte a vivir viudas o huérfanas".

La paz se había conseguido.

Roma fue levantada a orillas del río Tíber al pie de siete colinas. Los romanos fueron notables constructores. Rodearon la ciudad de bellos templos circulares, anfiteatros, arcos triunfales, teatros y baños públicos de grandes dimensiones y lujosas ambientaciones. Y el extraordinario *Forum*, Foro, plaza donde trataban los negocios públicos y el pretor celebraba los juicios.

Pero sucedió que la tierra se abrió en el centro mismo del Foro, como si un tremendo terremoto hubiese ocurrido en el corazón del centro romano. Un abismo negro e insondable mostró sus fauces cundiendo el terror entre los romanos. Quisieron tapar el fenomenal agujero con carradas de tierra, pero el hueco permanecía. Agotados los esfuerzos, recurrieron a un oráculo que respondió (como siempre de manera compleja) diciendo que la única forma de cubrir el hoyo era arrojar a sus entrañas lo más valioso de Roma. Comenzaron las deliberaciones para definir el asunto, cuando un joven soldado llamado

Curcio, creyó encontrar la solución: lo más valioso de Roma eran sus jóvenes soldados. Asumió la representación y el heroísmo de la juventud y en un despliegue de voluntad y abnegación, montó su caballo, se encomendó a los dioses y ante todo el pueblo, cabalgó a toda carrera y se lanzó al precipicio negro. Al instante, la tierra, como un suspiro de la eternidad, se cerró, dejando tan sólo un pequeño espacio cubierto de agua. Los romanos llamaron al espejo, *Lacus Curtius*, lago Curcio. A sus márgenes crecieron un olivo y una vid.

Después, los habitantes tomaron por costumbre arrojar monedas al lago como homenaje a Curcio y quizá tal ofrenda haya sido seguida por siglos y hasta el presente por moradores y visitantes que lanzan monedas a las fuentes romanas con la seguridad de que el destino les deparará mejores días.

Mielgos

Del latín, *gemellicus*, *gemellus*, gemelos. Cada hermano nacido a la vez de un parto; mellizo, como Rómulo y Remo.

Incas

En 2001, asumió como presidente del Perú, Alejandro Toledo, integrante de una familia indígena de Chimbote, quien, después de las ceremonias protocolares habituales, marchó hacia la ciudad perdida de los Incas, la ciudad de las nubes, Machu Picchu, donde agradeció a los dioses andinos, *Apus*. La ceremonia estuvo a cargo de dos pobladores de Cusco, personificando sacerdotes, quienes hicieron sus ofrendas a la Pachamama, la Madre Tierra. Bebieron chicha, bebida de maíz fermentado, y escupieron hacia los cerros tras encender un gran fuego destinado a los dioses. Toledo sería considerado el nuevo Pachacutec o Pachacuti. Desde su asunción, muchos medios de importancia del resto del mundo, revisaron con renovado interés la historia de los incas.

Una de las más notables civilizaciones precolombinas que se extendió 3200 kilómetros por la región andina, con centro en Cusco, con *ese*, porque los peruanos repudian la ortografía con *zeta* con que los españoles degradaron a su ciudad principal a perro pequeño o gozque. El imperio inca se extendía desde el río Maule al sur de la actual Santiago de Chile; al oeste hasta Santa Cruz, Bolivia y al norte hasta el río Angasmayo en Colombia, pasando por todo el Perú y Ecuador. Una red de carreteras, puentes y postas de 16 mil kilómetros de extensión y hasta ocho metros de ancho, cubría los dominios. Construyeron sistemas de irrigación que les permitieron cultivar en terrazas montañosas, usando las llamas y alpacas como animales de carga y tiro. Su idioma era el quechua. Utilizaban un elaborado y complicado sistema de cintas y nudos, *quipus*, para sus cuentas y palabras ya que carecían de alfabeto y números. El sistema era decimal y con él llevaban control de nacimientos, muertes, cosechas, a través de los distintos colores y formas de los nudos. La interpretación de los *quipus* era tarea de personajes destacados, los *quipu camayocs*, encargados de la contaduría y la memoria colectiva, quienes no trasmitieron a sus descendientes la magia implícita, lo que hace difícil o imposible su actual interpretación.

El primer inca fue Manco Capac, hijo del Sol, a quien se atribuye haber sacado a sus huestes de las cuevas montañosas y establecerlos en los fértiles valles en los alrededores del año 1200 (tanto los griegos como los posteriores cristianos, también manejaban historias con cuevas de inspiración divina, santuarios oscuros, propicios para relaciones celestiales). Rápidamente subyugaron a las tribus locales y comenzaron su expansión.

La leyenda cuenta que el primer inca nació en la Isla del Sol en el lago Titicaca. La raza humana había sido creada por Viracocha a su imagen. Después de la creación, Viracocha se aparecía a los seres como un anciano de largas barbas blancas. Exhibió su poder trayendo el fuego del cielo e incendiando un monte cercano (recuérdese a Moisés y el fuego en los matorrales con que se anuncia Dios en *Éxodo 3:1*).

La dinastía de los señores de Cusco continuó con sus descendientes: Sinchi Roca, Lloque Yupanqui, Mayta Capac, Capac Yupanqui, Inca Roca (el primero en usar la palabra Inca en su nombre), Yahuar Huacac y Viracocha, que usó el nombre del Gran Creador.

Las grandes conquistas se desarrollaron entre 1440 y 1493, primero con Pachacuti o Pachacutec, el más grande de la raza aborigen. Su nombre significaba cataclismo, formado por las palabras *pacha*, universo, mundo, y *kutiy*, restauración, lo que transformará la Tierra. Asumió la tarea de reconstruir Cusco cuyo plano original pareciera dibujar la cabeza de un puma, una divinidad felina. Ordenó la construcción de la fortaleza *Sacsahuaman*, de imponente belleza e inexplicable sistema constructivo, pues cuesta entender la técnica usada para unir bloques y dar forma a la ciudadela. Para Garcilaso de la Vega (1501-1536), era más grande que cualesquiera de las siete maravillas del mundo antiguo.

Durante mucho tiempo se fortaleció la leyenda de que sólo seres sobrenaturales podrían haber sido los arquitectos de semejante edificio. Algunos aseguraban que sólo con magia y otros con gigantes. No faltaron quienes asegurasen que los incas dominaban la técnica de derretir rocas y luego convertir las aguas en piedras, una vez que las trasladaban a sus sitiales finales. En el siglo XX se comenzó a desarrollar la teoría de los seres extraterrestres.

A Pachacuti le siguió su hijo Tupa Inca, uno de los más jóvenes de los sesenta hijos que tuvo. Su sucesor fue Huayna Capac, el joven, conquistador del actual Ecuador, el último de los grandes emperadores. A su muerte, sus hijos disputaron el imperio. Brevemente, ocupó el mandato Huascar, pero el triunfo fue de Atahualpa, coincidiendo con la llegada en 1532 de Francisco Pizarro (1476-1541), quien ejecutó a Atahualpa y derrotó la rebelión, truncando uno de los movimientos sociales, políticos y culturales más impresionantes de la historia.

Los incas adoraban al Sol y a la Luna. Al oro lo llamaban "el sudor del Sol" y a la plata "lágrimas de la Luna".

La dinastía inca que había comenzado con Manco Capac, siguió por uno de sus muchos hijos, Sinchi Roca, quien fue presentado por su madre cuando niño, vestido con ropajes multicolores y adornos dorados, saliendo en sus brazos de una cueva adonde en esos instantes iluminaba el Sol, lo que provocó destellos en el chiquitín.

El tercer Inca fue Loque Yupanqui, conocido como el Zurdo, condición considerada extraordinaria y distinguida. Lloque Yupanqui no lograba tener descendencia pese a sus varias esposas o *coyas*. Finalmente, un cacique vecino ofrendó su hija, quien le dio su primer hijo: Mayta Capac que tuvo un nacimiento prodigioso: nació a los tres meses de su concepción, robusto y con dientes. Al año era un niño fuerte y a los ocho derrotaba en combate a los jóvenes adolescentes.

Pedro Sarmiento de Gamboa (1530-1592), navegante e historiador español, que había sido designado por el rey de España como cosmógrafo del Perú y por el virrey para recoger y coleccionar la historia oral de los incas, desarrolló esa leyenda en su notable *Historia de los Incas*. De allí surge el fabuloso Mayta Capac que, sin embargo, no pudo derrotar al enemigo fatal: su propia muerte natural. Su hijo, Capac Yupanqui, fue elegido quinto Inca. Y a partir de entonces, la historia abandona la leyenda y se interna en documentación más prolija.

El Inca Garcilaso de la Vega (1539-1616), recién mencionado, fue también historiador y cronista peruano. Hijo de Sebastián y una princesa incaica, vivió en Cusco. Escribió *La Florida del Inca*, relato de la expedición de Hernando de Soto (1500-1542) quien estuvo en Nicaragua, participó con Pizarro de la conquista del Perú y luego fue nombrado gobernador de Cuba, desde donde salió a la conquista de la Florida. De Soto exploró el sudeste de los Estados Unidos y descubrió el río Misisipí, a cuyas orillas murió.

La obra maestra del Inca Garcilaso de la Vega fue *Comentarios reales*, historia del Imperio de los Incas. En su relato describe la escuela primaria para varones de la nobleza donde estudiaban quechua, religión, quipus e historia. Algunas niñas, llamadas las Novias del Sol, eran seleccionadas por su belleza y linaje y puestas bajo la vigilancia de la *Mamacuna*, mujeres mayores solteras que les enseñaban artes manuales. Según Garcilaso, las jovencitas vivían enclaustradas dedicadas a diseñar y producir mantos, capas, pulseras, ornamentos y pan sagrado con destino ritual. Si violaban el claustro eran enterradas vivas, sus parientes castigados y su poblado arrasado.

El imperio se fortaleció con la conquista incesante de nuevos territorios y el dominio cruel que ejercieron sobre los derrotados. Eran guerreros furiosos que cantaban frente al enemigo: "Tomaremos *chicha* en vuestros cráneos. Con los dientes haremos collares. De los huesos, flautas. De su piel, tambores. Y entonces danzaremos". Y lo hacían.

Mama Kilya, era la Madre Luna. *Ilyapa*, el dios del trueno. *Pacha Kuyuchik*, el dios de los terremotos. *Mama Cocha*, Madre Mar. La palabra que designa la Cordillera de los Andes, proviene de *Antisuyu*.

Tupa Amaru fue el tercer hijo de Manco Inca, continuó el mandato exiliado, pero fue capturado por los españoles y ejecutado en 1579.

Más adelante, los Tupa se convertirían en Túpac y en 1740 nació José Gabriel Condorcanqui, cacique peruano, descendiente de los incas, que cambió su nombre por el Tupac o Túpac Amaru y quien encabezó una gran revuelta contra los españoles. Fue capturado y sometido a tormento hasta su muerte en 1780. Su trágico final es uno de los momentos más dramáticos y horripilantes de la conquista, pues el indomable soportó las más espantosas mutilaciones. Incluso su mujer e hijos fueron sometidos a suplicio.

Ataron los brazos y piernas de Tupac Amaru a cuatro caballos procurando su descuartizamiento, pero su físico resistió o los caballos no insistieron por mandato indescriptible. Finalmente, fue decapitado y sus restos mutilados enviados a distintas partes del Perú, como si hubiesen tenido temores de que aquel ser especial pudiera recuperar, reunir y resucitar su cuerpo desecho por la maldad.

Su nombre fue usado por los integrantes del movimiento rebelde antimilitar del Uruguay, que se denominaron a sí mismos Tupamaros.

Amauta

Del quechua, sabio. Pensador y sabio en el Imperio Incaico. Persona anciana y experimentada que dispone de autoridad moral y de ciertas facultades de gobierno. ¿Dónde están los amautas de nuestros días?

Las Líneas de Nasca

Extraordinarios diseños armados con piedras. Formas de animales y figuras geométricas pero que sólo pueden advertirse desde muy alto. Fueron descubiertas en 1939 por el científico estadounidense

Paul Kosok, quien desde lo alto de una meseta creyó ver extraños dibujos en la tierra que llamaron *geoglifos*.

Kosok supuso que eran señales astronómicas, indicadores de la llegada de las distintas estaciones y otros sucesos relacionados con la actividad productiva de la tierra y su relación con los fenómenos naturales. Pero quien las estudió a fondo dedicando parte de su vida a la investigación, fue la doctora alemana María Reiche, quien nació en Dresden en 1903, estudió matemática, física y geografía y a sus 27 años emigró al Perú. Trabajó en el Museo Nacional de Lima. En una ocasión escuchó hablar de las "líneas de Nasca" y su vida cambió. Sin ayuda comenzó a estudiar los misterios de Nasca. Pasó quince años en la Pampa de Nasca. La empeñosa María contrataba pequeños aviones para hacer vuelos a diferentes alturas y alcanzar a descifrar los dibujos que sólo podían verse desde ciertas alturas. Escribió un libro titulado *Mystery in the desert* (Misterio en el desierto). Y gracias a su insistencia y perseverancia la zona fue puesta bajo protección oficial como monumento histórico. María Reiche recibió a los 90 años la ciudadanía peruana y murió a los 95.

La planicie de Nasca, al sur de Perú, es un desierto seco e inhóspito. Las misteriosas figuras, sólo visibles en exploraciones aéreas, aparecen diseminadas en una gran superficie y desde las alturas pueden divisarse: el colibrí de cincuenta metros de longitud, el elefante, la araña, la ballena, el mono de ciento treinta y cinco metros que muestra sólo nueve dedos en sus manos y su cola enroscada; el cóndor de ciento veinte metros de largo, un lagarto de ciento ochenta y ocho metros y muchas formas geométricas y líneas indescifrables. Recorridas a pie, el investigador sólo puede ver piedras y montículos dispersos sin forma alguna.

El misterio de las líneas no ha podido ser resuelto aunque las hipótesis lo estiman con una antigüedad de mil cuatrocientos años y otros de "sólo" seiscientos. Hay quienes arriesgaron teorías relacionadas con seres de otros planetas que disponían de vehículos voladores pues para divisar y dirigir la construcción de esas formas era indispensable una posición a gran altura y Nasca no tiene cerros ni elevaciones cercanas. Otros las adjudican a antiguas creencias de la cultura Nasca, vinculadas con su astronomía o rituales celestiales. Pero nada se dice sobre su construcción y sistema de control del armado. O por qué es un diseño completamente fuera de lugar y sin aparente destino racional.

¿Para qué o para quiénes se hicieron? ¿Con qué perspectiva se trabajó? ¿Por qué no hay registro que permita desentrañar su origen?

Agrega misterio la presencia de figuras de animales totalmente extraños a esas regiones que hace pensar en culturas extemporáneas o muy distintas o en la posibilidad de que pertenezcan a un tiempo donde América estaba unida a otros continentes o soportó un gran diluvio que acabó con muchas especies preexistentes.

Tampoco nadie ha podido explicar qué sentido tendría, aun para razas antiguas superiores, semejantes despliegues arquitectónicos y artísticos, sobre todo, cuando sólo pueden apreciarse desde considerable altura. Por supuesto, no faltan quienes arriesgan la existencia de civilizaciones muy anteriores que no dejaron otros registros que estas líneas, visitantes espaciales, dueños de culturas y tecnologías muy avanzadas incluso para la comprensión actual.

Perú se encuentra al oeste de América del Sur 81° de longitud oeste y desde 0° 01´ a 18° 21´ de latitud sur. La Cordillera de los Andes recorre su territorio de sur a norte configurando tres regiones: la Costa, estrecha franja; la Sierra, de grandes montañas y estrechos valles, y la Selva, parte del gran territorio amazónico.

Madagascar

Hay lugares reales con historias de fantasía. Madagascar, situada en el océano Índico, es la cuarta isla más grande del mundo. Las de mayor superficie son Groenlandia, Nueva Guinea y Borneo y tras Madagascar, Baffin, Sumatra, Honshu y Gran Bretaña.

Separada del continente africano por el canal de Mozambique, la capital de Madagascar es Tananarive. Su población es mayoritariamente originaria de Indonesia y África y habrían llegado hace dos mil años. Los primeros europeos en sus tierras, los portugueses, llegaron alrededor del 1500, pero fueron los franceses los que se asentaron y la dominaron estableciendo un protectorado. La independencia llegó en 1960.

Marco Polo (1254-1324), viajero veneciano que recorrió el Lejano Oriente, cuenta en una de sus narraciones que cuando los barcos llegaban a Madagascar no podían ir a ningún otro lado porque los vientos lo impedían. La isla estaba dominada por el pájaro grifón, una bestial criatura alada que Polo describe como un águila, pero inmensa, que cuando batía sus alas cubría kilómetros y desencadenaba tormentas. Levantaba a los elefantes con sus garras, los volaba un rato y los soltaba en los acantilados, donde los paquidermos se despedazaban. Sus restos hechos papilla, servían de alimento al pajarón y sus crías.

Los habitantes llamaban al engendro *Roc*, que luego se convertiría en el pájaro legendario de los árabes, participando de las aventuras de Simbad el marino, cuyo barco es levantado y transportado por el emplumado volador.

Ecuador

En 1862, sir Roderick Impey Murchison, anunciaba ante la Real Sociedad de Geología de Londres que en "el Ecuador hubo una civilización cuando Europa se encontraba en la Edad de Piedra". Para respaldar su afirmación, se remontó a la cultura de Valdivia del 3200 al 1800 antes de Cristo.

Originalmente conocido como el Reino de Quito, se llamó después de la conquista española, Real Audiencia de Quito.

En 1736 la Real Academia de Ciencias de Francia, destacó una misión para confirmar si la Tierra, a causa de su movimiento de rotación, se achataba en los polos, como sostenía Newton o en el ecuador como afirmaba el astrónomo francés Cassini. Ecuador deriva del latín *aequare*, igualar y tiene la misma raíz de ecuación o ecuanimidad.

Los científicos encontraron la línea equinoccial a unos veinte kilómetros al norte de Quito. Se llama equinoccio, *aequs*, igual, *nox*, noche, a la época del año en que, por hallarse el Sol sobre el Ecuador, los días son iguales a las noches en toda la Tierra y esto se verifica anualmente del 20 al 21 de marzo y del 22 al 23 de setiembre.

A partir de entonces, se comenzó a hablar de las "tierras del ecua-dor" y luego se adoptó Ecuador como nombre oficial del país.

La línea del Ecuador es un trazado imaginario en forma circular, equidistante de los polos, que divide a la Tierra en los hemisferios Sur y Norte. La latitud se mide norte o sur del Ecuador que es latitud 0°. La línea tiene una longitud de 40.075 kilómetros lo que significa que a esa altura, cada giro del globo terráqueo en veinticuatro horas, exi-ge una velocidad de 1669 kilómetros por hora.

Pudieron haberse llamado Ecuador muchas otras regiones o países como Colombia, Brasil, Gabón, Congo, Kenia, Somalia, Sumatra o In-donesia. De hecho y derecho, Guinea se llama oficialmente *República Ecuatorial de Guinea*. Es un pequeño estado al oeste de África sobre el gol-fo de Guinea, que comprende además varias islas como Bioko (antes Fernando Poo), Annabón, Corciso y Elobey. Tiene 28.051 kilómetros cuadrados de superficie y una población de 400 mil. Su idioma oficial es el español, aunque se hablan varios dialectos locales. Su capital es Malabo en la isla de Bioko. Es el único estado independiente de África donde se habla español. La Ley Fundamental de 1982 reconoció como lengua oficial el español, que es usado en documentos públicos, cere-monias oficiales, discursos y actos protocolares. Es la lengua de la educa-ción, televisión y radios nacionales. Es cierto que, además, se practican muchos dialectos: bubi, benga, baseke, balengue, bujeba, fang y anno-bonés. Hay mucha influencia del inglés, el francés, portugués y árabe.

En el II Congreso Internacional de la Lengua Española realizado en Valladolid, España, en octubre de 2001, organizado por la Real Academia Española y el Instituto Cervantes, estuvieron presentes los reyes de España, país anfitrión, el presidente de México, donde se rea-lizó el primer congreso; el presidente de la República Argentina, si-guiente anfitrión, el presidente de Colombia y el presidente de Gui-nea Ecuatorial que aspiraban a que sus países fuesen futuras sedes.

Brasil

La República Federativa de Brasil es uno de los territorios más ex-tensos de la Tierra: 8.511.965 kilómetros cuadrados, casi la mitad de

América del Sur. Aunque algunos navegantes españoles desembarcaron en sus costas, fueron los portugueses, encabezados por Pedro Álvarez Cabral (1460-1518), quienes se establecieron. Al mando de una flota de trece navíos tomó posesión de los territorios en nombre del rey de Portugal.

Respecto del origen de su nombre, hay una decena de teorías siendo la más firme la del "palo brasil", un árbol que no solamente ofrece su madera sino el colorante rojo que se extrae de ella, que se llamó *brazi* en genovés. El filólogo brasileño, Adelino da Silva Acevedo, en 1967, desarrolló la teoría de que la voz provenía de muy antiguo, de los fenicios, un pueblo semita que se remonta al 1300 antes de Cristo originarios de las costas de la actual Líbano. Navegantes prodigiosos, comerciantes excepcionales y grandes contribuyentes a la creación del primer alfabeto.

Entre la multitud de productos que traficaban, hubo un colorante mineral rojo que les proveían los celtas, a cuyas tierras en Iberia e Irlanda, llegaron los fenicios desplegando sus ansiosas velas.

Aunque durante un tiempo se supuso que la palabra fenicio, del griego *phoiniké*, provenía de *mercader* o simplemente *cananeo*, por su lugar de origen, Canáan, finalmente los estudiosos aseguran que para los griegos la palabra significaba "rojo y negro". Había en las costas de Canáan un caracol que hervido daba un líquido que permitía teñir las telas de color rojizo. Esa tintura fue un artículo de fuerza para los mercaderes fenicios y quizás otra de las raíces de la palabra fenicio.

Cuando los griegos tomaron control del mundo conocido, llamaron a aquel material *kinnabar*. Luego, en latín fue *cinnabaris*, en portugés *cinabrio* y en español cinabrio, mineral compuesto de azufre y mercurio muy pesado, de color rojo oscuro del cual se extrae el mercurio. Los celtas lo llamaban *kinnabar*, del cual derivó barcino, que para nuestra Real Academia en realidad, proviene del árabe *barsi*, o sea, de color cetrino (citrus) o negro y rojo. Esta palabra se usa en español para designar a los animales de pelo blanco y pardo, a veces rojizo.

El predominio del rojo acentuó la designación ya que era un tono apetecido y difícil de conseguir en la naturaleza.

En la Edad Media, los artesanos usaban un colorante rojo extraí-
do de la madera que ellos llamaban *verzino* y luego en Génova *brazi*.
El nombre se extendió al árbol y cuando los portugueses se afincaron
en "una isla de Brasil", asumieron el negocio que emanaba del palo
brasil, cuyas maderas abundaban en aquellas tierras sudamericanas.
Los primeros *brasileiros* fueron los traficantes madereros.

Brasil aparece hoy en los diccionarios españoles como árbol del
que se obtiene el palo brasil. Brasilado es de color encarnado, afeite
encarnado usado por las mujeres. Brasileño es el natural de Brasil y
brasilete es otro árbol de la misma familia, madera menos sólida y color más claro.

Esquimales

Esta palabra no debería figurar en los vocabularios modernos. Significa *comedores de carne cruda*, expresión que ellos consideraron insul-
tante. Ahora se llaman a sí mismos *Inuit*, gente de verdad. Viven en
regiones del Ártico. La historia relata que hace treinta mil años partieron o fueron deportados de algún lugar de Siberia, cruzaron el Polo
Norte y llegaron a Groenlandia. Hoy viven en la península Chukchi,
Alaska, Canadá y costa sudeste de Groenlandia. El lenguaje español
llama a los habitantes de las zonas polares periscios/as, del griego,
sombra alrededor, porque sus sombras giran cada veinticuatro horas,
siempre visibles, durante meses, en la época del año en que no se pone el Sol en dichas regiones y la Tierra no para de rotar.

El explorador danés, Knud Johan Victor Rasmussen (1879-
1933), cuya madre era inuit, dedicó su vida al estudio de sus ancestros y en 1910 estableció una base buscando pruebas del origen. Rasmussen fue el primero que atravesó el Pasaje Noroeste, una ruta
marítima que une los océanos Atlántico y Pacífico, vieja pasión marina que buscaba una ruta corta hacia India y China: el sueño nórdico de Colón o el Magallanes boreal. En ese intento, Martín Frobis-
her (1535-1594), marinero inglés, fue encomendado por su reina
para encontrar aquel pasaje. El avezado marino hizo tres expediciones y en uno de ellos llegó a la actual Bahía que lleva su nombre y

tocó la isla de Baffin. Él también creyó que había encontrado Catay, el destino oriental de Colón.

Otras expediciones terminaron en tragedias congeladas. Precisamente, William Baffin (1584-1622) fracasó en todos sus intentos por encontrar el anhelado pasaje, pero al menos descubrió la bahía que llevaría su nombre. Lamentablemente, informó que tal pasaje no existía. Las travesías se interrumpieron durante un largo período.

El entorno blanco, duro, solitario, alejado, desolado, ha moldeado las personalidades y creencias de los inuits. Como en otras circunstancias geográficas, los seres son apremiados por lo que los rodea y sus mitos reflejan esas angustias o ansias de superación. Es comprensible que para los inuits, carentes de toda alimentación vegetal, los animales sean sagrados aunque necesariamente comestibles. De ellos dependen para el transporte, vestimenta, iluminación, defensa frente a los más grandes y feroces y para el sustento familiar. La presa no es cazada: el animal se entrega a su cazador, dicen con vehemencia los humanos. Tras el encuentro, el cazador pide perdón y encomienda el alma del animal muerto a los dioses, implorando que sea recibido en el cielo de los animales y se le permita reencarnarse. En este caso, volverá a sus manos, una y otra vez. Los inuits realizan festivales en reconocimiento de la vida animal y en uno de ellos inflan vejigas que son arrojadas al mar o enterradas en suelo frío.

El Cazador Todopoderoso es la Luna, deidad macho, que influye en el tiempo y la fertilidad. El Espíritu del Mal, *Sedna* o *Nuliajuk*, controla las lluvias, la nieve, los vientos y el mar.

Una leyenda cuenta que un padre obligó a su hija a casarse con un perro, animal fiel y protector de la familia. La niña arrugó el ceño, pero no encontró lugares para ir a presentar queja. La curiosa historia relata que la joven dio a luz tres hijos y entonces el padre mató al perro. La madrecita con sus pequeños huyó en kayak con un pájaro convertido en hombre. El padre los persigue y hace naufragar la canoa. La mujer se ahoga, pero se instala en un trono submarino dando origen a los habitantes del mar y su perro marido se acurruca a su lado, protegiéndola. El padre es enviado a soportar los tormentos más inicuos.

El cuervo en los aires polares representa a un descendiente de los cielos: el creador de todos los seres, humanos y animales. Otra vez la mujer fue creada después, porque eran hombres los relatores. El primer hombre fue creado del brote de una vid.

Los tambores son instrumentos importantes porque envían mensajes y reciben respuestas de los ecos infinitos.

En estas comunidades habitualmente reducidas, la unidad grupal, el sentido comunitario y respeto estricto a las normas de vida establecidas, otorgan a su moral un lugar trascendente y entre ellos siempre surgen líderes, relatores o shamanes que tienen a su cargo la intermediación divina.

Los niños recién nacidos en ambientes tan naturales reciben nombres relacionados: *Pequeña gaviota*, *Nube inquieta*, *Piel de foca*. Luego del alumbramiento, la madre que ha hecho todo por su cuenta, saca al niño del recinto y lo enfrenta a la vida natural. Lo envuelve en plumas de cuervo porque son los animales más capaces para procurarse sustento donde fuere. Los mayores invocan a todos los muertos hasta que el niño llora. Ahora tendrá acompañante para siempre.

Hiperbóreo/a del latín, *hyperboreus*, más allá, norte. Regiones, plantas y pueblos del extremo norte. Remotas narraciones refieren que unos pueblos que vivían más allá de Boreas, el viento norte, eran gentes muy felices, no tenían conflictos, no conocían la envidia, ni la violencia, ni las reyertas y su cielo jamás tuvo una nube. Por esa forma de vida, vivían mil años, poco más o menos.

De manera que para una vida muy muy muy larga, regrese a la lista y practique. A lo mejor, en el sur también es posible.

Hespérides

Zeus, el máximo, registra varios matrimonios en su intensa vida en los más altos tronos. Cuando se unió a Hera (Juno), la diosa de la Tierra, Gea, celebró de tal manera el encuentro que no habiendo encontrado en la lista de casamiento regalo que le gustase, decidió hacer uno con sus propias endiosadas intenciones. Así fue como envió unas manzanas de oro, hermosas, doradas, macizas, concretas. Hera brincó con saltitos de emoción, aunque comprendiendo que no iban a integrar su merienda ni sus joyas personales. Entonces, mandó armar un jardín que las contuviera y, de paso, procurar su reproducción. El árbol de las manzanas de oro se alzó dorado y comenzó a dar frutos. Pero las hijas de los dioses vecinos planificaron un inocente asalto y se llevaron algunas doraditas. Hera contrató entonces servicios de protección, pero no cualquier cosa. Trajo al jardín a un dragón inmortal de cien cabezas. No satisfecha con semejante monstruo guardián, contrató los servicios de las ninfas del atardecer: Egle, la Resplandeciente; Eritia, la Roja, y Hesperaretusa, la del Poniente, conocidas como las Hespérides, las protectoras del Jardín de las Hespérides. Las tres hermanas Hespérides cantaban a coro junto a las fuentes y recordaban los matices del cielo según la posición del Sol.

Del otro lado del gran mar, se alzó Hesperia, del griego, Occidente. Así fue como los griegos llamaban a Italia que para ellos era la tierra del oeste. Luego, los romanos por idénticos motivos dieron ese nombre a España. Se conoce como hespérico o hespérica lo perteneciente a cualquiera de las dos penínsulas. Y hesperio a los naturales de Italia y España. Los griegos llamaban Héspero al planeta Venus cuando es estrella vespertina y Lucifer o Fósforo cuando es estrella de la mañana.

Los iberos o íberos son el pueblo más antiguo que menciona la historia de Europa occidental. Habitaban España, Galia e Italia del norte. Desde Andalucía, los iberos se dirigieron hacia Levante, el valle del Ebro y Aquitania y en el siglo VI antes de Cristo ocuparon la meseta. Hoy son los naturales de la Iberia europea, España y Portugal. Iberoamericanos son los pueblos de América que antes formaron parte de los reinos de España y Portugal.

Hispánico/ca es todo lo relativo a España, a la antigua Hispania y a los pueblos. Hispanohablante es la persona que tiene como lengua madre el español.

Papiro de Ebers

El papiro es una planta vivaz de Oriente con hojas largas y estrechas. Lámina sacada del tallo de la planta que era empleada por los

319

antiguos para escribir o dibujar. En las excavaciones, exploraciones y descubrimientos en Egipto, se encontraron miles de rollos de papiros que cuentan historias, fábulas, fantasías y documentan la vida de personalidades. Los egipcios se ocuparon de dejar documentada buena parte de su ciencia.

Uno de los registros más notables, extraordinaria pieza de arqueología, es el llamado Papiro de Ebers por el explorador alemán Georg Ebers. Se remonta a mil seiscientos años antes de Cristo. Mide unos veinte metros de largo y contiene el más completo resumen de la medicina egipcia con setecientas fórmulas y remedios caseros para atender todo tipo de enfermedades o accidentes, desde la mordedura de cocodrilo o escorpión, hasta malestares estomacales, intestinales o digestivos. Aunque plagado de supersticiones y la irremediable presencia de lo sobrenatural, parece un impresionante compendio de prácticas y observaciones empíricas. Es un tratado de oftalmología, dermatología, ginecología, obstetricia, diagnóstico del embarazo, contracepción, odontología y el tratamiento quirúrgico de tumores, fracturas y quemaduras.

En su texto se puede leer una notable y muy aproximada descripción del sistema circulatorio, vasos capilares, funciones cardíacas. Incluye una sección dedicada a la psiquiatría y, en otros malestares, hace una referencia a la supuestamente moderna depresión.

Para muchos investigadores, este papiro es sólo copia de los libros de Thoth, considerado el padre de la medicina, la farmacia y la alquimia, que vivió aproximadamente tres mil años antes de Cristo. Lo que haría aún más impresionante su contenido y antigüedad.

El papiro se exhibe hoy en la Biblioteca de la Universidad de Leipzig, al sudeste de Alemania, cuna de Richard Wagner, Juan Sebastián Bach, Robert Schumann, Félix Mendelsohn y lugar de trabajo de Göethe, cuando joven.

El papiro fue encontrado en la ciudad de Luxor, en el Egipto Central, junto al Nilo. El Templo de Luxor fue uno de los más grandes monumentos construidos en tiempos del faraón Amenhotep III. En los alrededores se encuentra también el Valle de la Tumba de los Reyes.

El papiro fue comprado por un explorador norteamericano llamado Edwin Smith, quien en 1862 aseguró que había sido encontrado entre las piernas de la momia de un faraón. En 1872, el egiptólogo Georg Ebers lo recompró y publicó una copia traducida al inglés con un vocabulario inglés/latín que permitió el conocimiento profundo de su contenido científico.

Esta singular pieza se ha sumado a otros papiros con referencias y tratados sobre tuberculosis, poliomielitis (con indicación de momias que demostrarían haberla sufrido en vida), enanismo y centenas de otros temas científicos que probarían lo avanzado de los estudios en Egipto y alienta la idea de que hubo una civilización previa a los cinco mil años que se atribuyen a este antiguo reino que parece haberse organizado en el 3200 a. de C. bajo el rey Menes, que estableció su capital en Menfis, extraordinario centro que llegó a tener setecientos mil habitantes. El desarrollo de la escritura mediante jeroglíficos facilitó el estudio y la transmisión de información, cultura, conocimientos y tradiciones.

Esta supuesta civilización anterior, de excepcional cultura y saber, se disipó a sí misma y desapareció en el espacio. ¿Será verdad?

Mecánica rodante y volante

Otros fierros. ¡Brrrrmmmm! Pasión y máquinas

El auto es el artefacto mecánico, de origen terrenal y diseño humano más parecido a su creador. En el auto, el ser humano no sólo encontró una forma de expresión para su libertad de movimientos, jamás conferida por otro instrumento de su intelecto, sino que concretó de manera intuitiva e inconsciente, un aparato "a su imagen y semejanza"... hasta donde le fue posible. No es contingente que los humanos se transfiguren al comando de sus rodados y haya momentos en que se valoren a sí mismos como auténticos reyes de la creación o, al menos, sus rectores. Como dioses del asfalto, se declaran con derecho a infligir castigos, dictar normas, actuar con poderes absolutos, ignorar a los más débiles, violar todas las leyes. Como se sienten dioses terrenos, superficiales, no se permiten gestos de caridad o prudencia. Y como suele haber concentraciones excesivas, los dioses se atascan, todos blandiendo cetros y bastones; vociferantes rayos y centellas, puños y antebrazos erguidos, a los que sólo les falta el garrote para ser fatales.

Pero como inevitablemente son humanos y frágiles, pequeños malestares los dejan doloridos, inmóviles, fuera de circulación.

Las computadoras vienen arrimándose a estos juegos de "ser humanos", pero aunque su poder permite millones de alternativas hasta hace poco inalcanzables, carecen de ruedas. Ya se han metido dentro de los autos y comandan, sugieren y proveen información caudalosa. Pueden incluso llegar a reemplazar a los conductores. Pero, entonces, ¿cuál sería la gracia?

El auto provoca fenómenos sociales, psicológicos, urbanos, fantasías eróticas, diferencias de sexo que el auto acentúa, comportamiento infantil o diabólico de los adultos y fenomenales demostraciones de soberbia que el auto exacerba en su torno, desde el primer plano que se traza, hasta sacar de proporciones al esmirriado y tímido para convertirlo en un salvaje, pasando por sus propias simbolizaciones.

Los japoneses, siempre tan prudentes, no vacilaron en llamar a una línea de vehículos: *Isuzu*, por el río Isuzu, la Casa del Dios del Sol. Casi nada para un simple vehículo. Toda la blasonería automotriz está plagada de caballos, toros, panteras, leones, todos rampantes, aguerridos, espeluznantes y vigorosos. Estrellas, flechas lanzadas hacia el firmamento, diosas aladas, dragones, cruces: heráldica viril, victoriosa, rugiente.

Algunos memoriosos equivocados, sostuvieron que la VW de Volkswagen (*volks*, pueblo; *wagen*, auto) era un símbolo gráficamente poco feliz, sin significado profundo, pero que al girar, dibujaba misteriosamente la esvástica. Como contrapartida, los primeros Dodge exhibían sobre los radiadores una figura que a primera vista parecía la Estrella de David, pero por la forma de estar entrelazados los triángulos y sus colores, indicaban un símbolo masón.

Cuando, en la década de los sesenta, se decidió fabricar el Torino en la Argentina derivado de un Rambler American, se recurrió a los auxilios de Pinin Farina para que le diera unos toques al diseño americano y le agregara cierta aureola itálica. Farina vivía en Torino, Italia. En la ciudad de Torino existe un monumento fundamental: un toro cuyos testículos son doradísimos, como si no hubiesen sufrido el paso del tiempo que ha ennegrecido el resto del cuerpo. La leyenda dice que las mujeres que acaricien esos regordetes atributos, serán felices y fértiles. Y las mujeres vienen acariciándolos, puliéndolos de paso, desde tiempos inmemoriales. El toro sería, pues, el símbolo del automóvil Torino.

La Dirección de la entonces Industrias Kaiser Argentina debatió durante días si el toro emblemático debía portar sus bolas o si el dibujo debía borrarlas. Privó la censura genital y el toro rugiente, rampante, furioso, desbocado, que representaría la velocidad, el furor machista de aquellos tiempos, fue prudentemente castrado. (Fiat, que encierra en su sigla la expresión *Fábrica Italiana de Automotores Torino*, nunca registró la marca Torino ni en la Argentina ni en los Estados Unidos y en los dos países tuvo que soportar vehículos con esa marca.) Quien se fije con cuidado, coincidirá que ni el felino del Jaguar ni el Cavallino de Ferrari ni el equino de Porsche ni el toro de Lamborghini ni el león de Peugeot muestran atributo alguno y sus formas fueron púdicamente estilizadas.

Las marcas de los artefactos rodantes han causado grandes dolores de cabeza a los sesudos diagramadores de futuros. Mitsubishi no titubeó en llamar Pajero a uno de sus vans, produciendo rubores en los conductores del Río de la Plata. Luego se volvió Montero. Alfa se formó con las primeras letras de la *Anónima Lombarda Fabbrica Automobili*, porque realmente querían ser Alfa, la primera letra del alfabeto griego, hasta que llegó Nicola Romeo que compró la empresa y se adjudicó para sí el número uno: Alfa Romeo. Los norteamericanos, tan *western* para todo, se refugiaron en lo latino en muchos de sus vehículos agregándoles tintes de refinamiento, diseño dicen algunos, pero muy probablemente de descaradas implicaciones sexuales, desde que para ellos los "latinos" o los "hispanos" siempre simbolizaron arrebatos pasionales, ropas rasgadas previo al acto de amor, pasiones desbordadas.

Durante décadas llamaron a sus modelos Monte Carlo, Riviera, Seville, Eldorado, Toronado, LeBaron, Corsica, Granada, Sierra y siguen aún hoy apelando a Paseo, Taurus, Tempo, Aurora y hasta un Fiero. Los japoneses no se quedaron cortos y aparecieron sus Corona, Vitara, Imprezza, Corolla, Lexus, Infiniti, Eclipse, Cuore, Feroza, Forza, Capucino o Escudone.

Los alemanes de Volkswagen mantenían en sus registros de marcas para uso internacional "Diego" y "Pelota". El primero, sin duda, por Maradona. Y el segundo, quizá, por Maradona. Nunca los usaron. Seguramente por Maradona. O porque alguien les avisó que no sería bueno "andar en pelota". Los ingleses cayeron en Bamba Copacabana y los franceses no temieron al "Fuego", una de las connotaciones negativas más terribles del auto, seguramente porque en francés *fuegó* no es "fuego".

También se buscaron otras avenidas. La marca De Soto proviene de Hernando, el conquistador español que llegó hasta Georgia, las Carolinas, Tennessee y Oklahoma muriendo en el Misisipí en 1541. Su símbolo obviamente fue una embarcación, como un navío lo fue de Plymouth, el último puerto que tocó el *Mayflower* de los pioneros en 1620 y su primera colonia en América.

Pontiac fue un cacique, probablemente el único indígena homenajeado por la industria. Cadillac se originó en el marqués Antoine de la Mothe Cadillac, fundador de la ciudad de Detroit en 1701.

Los poseedores de BMW se salvaron cuando los productores decidieron usar una sigla, de lo contrario debieron haber ido al comando de un *Bayesriche Motor Werk*, Fábrica de Motores de Baviera, región de Alemania cuya capital es Munich, que suele ser llamada "Mónaco de Baviera". El famoso círculo con divisiones en celeste y blanco imitando una hélice de avión en pleno giro, es porque la original actividad de BMW estaba relacionada con los motores de avión.

El mentadísimo De Tomaso, diseñador del famoso Pantera, fue un mellizo nacido argentino. Audi no es nada más que la latinización del alemán apellido de August Horsch. Horsch significa escuchar. El tradicional, británico e individualista MG, sueño perenne de los jóvenes de hace unas décadas, deriva del nada elegante ni sofisticado Morris Garages, los garages (talleres) de Morris. SAAB es *Svenska Aeroplan AB*.

Toda la nomenclatura automotor abunda nombres propios para autos y sus partes, que el público no asocia con personas, aunque algunos, como Henry Ford, son sinónimos de automóvil. He aquí una lista para entrenamiento de los lectores:

Rudolph Diesel, Louis Renault, Soichiro Honda, Armand Peugeot, John y Horace Dodge, Walter Percy Chrysler, Vincent Bendix, David Buick, Carl Benz, Gottlieb Daimler, John Deere, Charles Goodyear, Henry J. Kaiser, John M. Mack, Henry Timken, Charles Rolls, Henry Royce, Harvey Firestone, Félix Wankel, George Westinghouse.

Los dos más grandes, sin embargo, Toyota y General Motors, tuvieron problemas con sus nombres. El primero proviene de la familia Toyoda que debía escribirse con cuatro signos, siendo el cuatro un número de mala suerte. Se cambió por Toyota que necesita cinco signos y ya se sabe qué buena fortuna tuvieron. GM reconoce a la empresa más grande del mundo, resultó de no saber cómo denominar a un conglomerado de varias marcas y optar por la más simple: motores en general.

En tiempos en que los incautos tropiezan con champagnes falsificados, Rolex tramposos, marcas violadas, una industria mundial de la copia fraudulenta de perfumes, carteras, accesorios y joyas y que son necesarios expertos para asegurar la autenticidad de los grandes pintores por la abundancia de copias, se puede estar seguro de que un auto es incopiable, infalsificable. Se podrán manipular papeles y documentos para reproducir ficticiamente un vehículo, pero jamás nadie, nunca, pudo ni quiso falsificar un auto.

Aunque fabricados en línea repetitiva, cada auto es irreproducible, único, original, individual, impar, unitario. Como los seres humanos. Los automóviles son la más perfecta máquina *casi* humana.

Y como tal puede producir sublimes encuentros con el placer, la placidez, las pasiones, el paroxismo o el afiebrado desenfreno, la crueldad, el atropello a mansalva. Puede ser amado, soñado, ambicionado. Se lo puede sentir en las entrañas. Se lo puede abandonar sin sentimientos. Casi humano.

El ser humano es el único del reino de la Creación que ansió y logró entrometerse en los ámbitos que no le fueron conferidos: trepó las cordilleras hasta las máximas alturas, a veces sin motivo utilitario alguno. Viajó a las profundidades marinas y conquistó el espacio, porque su curiosidad lo atenaceaba o porque imaginaba nuevas vidas y fronteras. Casi siempre necesitó un medio para alcanzar esos fines.

El automóvil es el único que siempre es absoluta y totalmente controlado por el ser que lo guía tanto en la llanura como en el barro, la arena, en las cuestas y pendientes, en el placer y los viajes, en la paz o en la guerra. El avión no puede aterrizar en cualquier parte y no puede volar en toda circunstancia; en realidad, son más los tiempos y lugares que le están vedados que los proclives. Los sistemas colectivos tienen rutas fijas o rieles y no son sus usuarios quienes los conducen, reciben órdenes superiores. Van sólo a donde se les manda.

En las motos llueve copiosamente cuando llueve y las bicicletas son peligrosas en las ciudades vertiginosas a menos que sus propietarios resuelvan circular por las veredas, en cuyo caso el peligro pasa a complicar a los transeúntes. Los biciclos tampoco son los mejores transportes para la familia unida.

El niño se asocia al auto de una manera intensa y siente extraña adoración por el vehículo. Hubo tiempos en que los padres se extasiaban demostrando la inteligencia de los párvulos que podían identificar las marcas de los autos. Esos mismos niños no podrían explicitar la marca del aparato de televisión frente al cual pasan horas. Los niños adquieren dentro del auto una extraña y paciente placidez. Piden salir a pasear y pronto, duermen. El ambiente, la temperatura interior, el movimiento, las voces familiares confieren similitud con las hermosas jornadas en el vientre materno. Una memoria prenatal remite a la concavidez protectora que provee todo: aire acondicionado, alimento sin esfuerzo, hamaca, seguridad, protección, paz. En los primeros años de vida, el niño se relaciona profundamente con el movimiento asistido: el andador lo tiene a él como motor impulsor. Luego, hacen su aparición las ruedas: el cochecito, el triciclo, el autito a pedal o pilas. Hubo tiempos en que, con un cartón adherido a las ruedas de la bicicleta transversalmente a los rayos, se producía el ruidito indispensable para que pareciera el "rateo" de un motor. Los niños aprenden sus primeras palabras guiados por los padres y los brrrrmmmm guiados por sus instintos.

Juan Manuel Fangio nunca ocultó que hablaba con sus autos. Los jockeys hacen lo mismo con sus caballos. Pero lo segundo es más comprensible que lo primero: los caballos están dotados para escuchar. Cuando los conductores hablan con sus autos —y esto no lo hacen sólo los corredores— hablan con su subconsciente mecánico. Con su propio yo. De allí que la gente se personifique con su rodado: "Me quedé sin nafta". "Me chocaron". "Me quedé en llanta". "Pinché".

El automóvil es una máquina compleja en la que actúan con sincronismo miles de elementos diversos, todos sujetos a dura tarea: golpes, baches, portazos, aceleradas bruscas, sacudones, frenadas violentas. Los metales son sometidos a temperaturas extremas mientras se frotan unos contra otros. Los cables, las mangueras, los resortes y los plásticos van y vienen estirándose, soportando calores, polvos y fricciones. Muchos humanos no toleran el menor fallo en sus coches. Se indignan con cualquier tropiezo de salud que sufra su auto.

¿Por qué el ser humano, la máquina más perfecta de la Creación comprende y admite sus propias fallas y no así las de su vehículo de transporte? ¿Por qué, por el contrario, le presta a su automóvil cuidados diarios, mimos y protecciones que no otorga a su propio cuerpo?

¿Qué misteriosa relación se ha establecido entre estos dos organismos: el humano y el mecánico? ¿El del súbdito que somete y el del rey que se entrega dominado, a las fauces del sometido? ¿El amo y el esclavo? ¿Pero quién es el Genio y quién Aladino? ¿O ambos son la misma persona? ¿Acaso quienes crearon los autos comprendieron la magia del cuerpo humano y decidieron otorgarle los mismos principios, menos el hálito humano? ¿Copiaron instintivamente a Dios replicando lo más cerca posible, con lo cual asumieron ser dios? ¿O es que la duplicación de funciones resultó de la casualidad intuitiva?

¿Qué es el corazón? ¿No es acaso un carburador o una bomba inyectora desde donde se impulsa a todo el organismo la mezcla indispensable para que el resto de los elementos se ponga a trabajar (combustible / aire / sangre / oxígeno)? Y las mangueras, ¿no cumplen la misma misión que las venas y las arterias y como éstas se taponan, se cortan, dejan de llevar mezcla a buen destino? Y los cables ¿no trasmiten a las terminales nerviosas los impulsos eléctricos que desde allí se distribuyen? ¿Qué son los párpados, si no limpiaparabrisas? Y la piel, el tapizado. Y la osamenta, la carrocería. La voz es la bocina. El block de motor es el estómago donde se tritura y digiere para dar fuerza al resto del organismo. El abastecimiento de combustible se hace a través de las arterias. La boca es por donde los seres humanos cargan agua, como el radiador. Luego, los líquidos innecesarios serán arrojados fuera del cuerpo, cuando sobren. La nariz es un filtro de aire. Los autos pueden tener tos y algunos roncan. Todos guiñan. Autos y humanos requieren periódicos chequeos. Deben ser sometidos a rayos equis, trasplantes, ajustes y operaciones.

Hay que estar atentos a su temperatura, porque cuando sube, indica síntomas que deben ser corregidos. El esqueleto del automóvil se desacomoda, debe ser equilibrado y reajustado de tanto en tanto y a veces sus partes deben soldarse cuando se quiebran. Y las bisagras —¡oh!, las bisagras— son las articulaciones que perturban y dan dolores diversos, particularmente con el tiempo y la falta de lubricación y lo suelen indicar con ruidos esqueléticos.

¿Qué son los anillos, colgantes, collares, corbatas, aritos de los humanos si no accesorios en los autos? ¿Acaso no se parecían ciertas pulseras a las colitas ruteras en la supuesta función que cumplían?

Finalmente, autos y seres, disponen de caños de escape prontos a disipar gases y toda materia convertida en detritus; en uno y otro, esta misión deleznable puede detener la marcha si se obtura y tapona.

¿Podrán estos mínimos ejemplos explicar la extraña relación que hace que un camionero escriba pensamientos y aforismos en su vehículo, tarea poética que no se conoce cumpla secretaria alguna con su computadora o persona alguna con su heladera? ¿Cuántos "adornan" su ámbito de trabajo como un conductor de camión o colectivo? ¿Cuántos realmente creen estar en su living, como ellos lo creen? Retratos, escarpines, muñecos, banderines, conforman una reserva de ternura que obviamente no se trasmite al exterior, de la misma manera que quienes llevan colgado un rosario de sus espejos retrovisores no aseguran conductas intachables en ocasiones convergentes con el conflicto.

¿Cuántas veces se lava el televisor, la heladera, la bicicleta o la computadora como se lava el auto con prolija periodicidad?

En su seno, los esmirriados se convierten en trogloditas. Las señoras prudentes en vociferantes cataratas de insultos cuando los irremediables machistas las mandan a lavar los platos. Personas que jamás han levantado sus manos para enfrentar rivales, pierden los estribos y se lanzan a la caza del contendiente ocasional porque han sido encerrados y no titubean en molestarlo con las luces altas, provocarlo con la bocina insistente y batir el puño en señal de probable asesinato.

El conductor afiebrado, después de rebasar todas las líneas, violar todas las normas, agraviar a cuanto prójimo, denigrar a todos los conductores que lo rodean, ya no necesita calmantes. Se ha calmado arrojando los excrementos espirituales por sus fauces. Casi no conoce los manuales de los vehículos que conduce y, mucho menos, las reglas de tránsito por las que debería conducirse.

El auto es la mejor cura para los complejos de inferioridad. Es el único lugar donde cada cual se perdona todo: la suciedad, la grosería, la asunción absurda de riesgos propios y familiares sin resquemor alguno. Los seres que manejan se abstraen de tal manera que suponen, sin razonarlo, que están solos en medio de la ciudad poblada. Sólo así puede entenderse que una persona educada pueda burlar una larga fila de vehículos que, por ejemplo, espera frente a una barrera, y sorteándola, cruce primero. O lanzarse por una banquina o un parque público porque no está dispuesto a mantenerse en fila. ¿Se imaginan a alguien haciendo lo mismo en un cine o en un banco? ¿Cuánto tiempo tardaría en ser linchado socialmente? En el auto no sólo se hace, sino que inmediatamente de haberlo consumado, el infractor social, si es insultado o llamado a la atención por bocinas enemigas, recupera su mecanismo de protección y desmesura, replica con agravios, brazos quebrados o señales insultantes de sus dedos, a quienes acaba de violar. Ni siquiera después de haber cometido tamaños estropicios, es capaz el sujeto de adjudicarse culpa, sensación que, si llegase a aparecer, sería rápidamente reemplazada por los fervores del "triunfo" recién conquistado: al superar a los que esperaban, se ha ganado una contienda, se ha derrotado a los anónimos.

El ser social se ha convertido en un déspota, en un miembro de barra brava, protegido por la impunidad supuesta que otorgan ya no los otros miembros desaforados sino su coraza mecánica, aisladora y permisiva. ¿Quién puede imaginar a un compuesto señor vaciando y limpiando su maletín gerencial en las veredas de la ciudad? Un caballero puede vaciar su cenicero automotor sobre el pavimento con total impunidad sin que su vergüenza se resienta; damas elegantes tiran por las ventanillas cáscaras, cigarrillos, bolsas de polietileno o abandonan presurosas pañales descartables previa y copiosamente usados. Las madres y padres que llevan chicos propios y ajenos a los colegios, ensartados en vehículos de pasajeros, viajan siempre con el tiempo justo. Diariamente escriben la enciclopedia de las infracciones. La salida de los colegios es otro pandemónium (la capital imaginaria del infierno que John Milton describió en su *Paraíso perdido*) aceptado socialmente. Todos quieren recoger a sus niños en la propia puerta aunque haya que estacionar en triple fila. Así se contribuye a la educación de las generaciones venideras de conductores: con ejemplo de violaciones, conductas desaforadas, palabrotas, desprecio chistoso de la ley. ¿Podría acaso el propio Demonio cumplir mejor semejante función disociadora, perturbadora y dislocante de las relaciones humanas?

Cuando abandonan su conducido y se convierten en peatones, recuperan la personalidad previa y odian con igual fervor a los automovilistas que hacen lo que ellos hacían unos minutos antes. Si los conductores alterados pudiesen verse a sí mismos en los momentos en que pierden sus frenos morales seguramente se aterrorizarían como el personaje de Stevenson, el doctor Jekyll, cuya peligrosa personalidad tomaba el nombre de Mr. Hyde para despuntar sus instintos perversos.

Los rodados que hoy circulan, tienen muchas de las cualidades humanas. Y al mismo tiempo, son simétricamente opuestos. Por un lado, su adaptabilidad a las circunstancias más variables; un desgaste natural orgánico que, sin embargo, no cambia su fin último, aunque su performance global no pueda ser la misma.

El cuerpo humano en sus primeras décadas de vida, no se gasta, pero cambia.

El auto se desgasta, pero no cambia.

Algunos autos pueden recorrer decenas de miles de kilómetros sin asistencia mecánica y otros requieren cataplasmas todo el tiempo.

Unos seres humanos no necesitan ni un mínimo analgésico y otros se pasan todo el tiempo en los talleres médicos y adoran abotagarse con pastillas y suplementos.

Los autos no engordan pero se achanchan.

Los seres humanos toman color expuestos al sol y los autos lo pierden.

Los autos no duermen. Ni sueñan.

Sus dolores no los sufre: los comunica, los transfiere. Un reventón, un raspón, un choque, un tapizado destruido, le duelen al conductor. Los seres humanos suelen quedar postrados por el dolor que les provoca una uña encarnada o un cuerpito extraño en un ojo. El auto es más sufrido: puede soportar un clavo metido en sus gomas o el desprendimiento de una bujía sin detenerse a llorar en las esquinas. Sólo enviará mensajes de sus penas y muy excepcionalmente, se detendrá.

Los autos nunca mueren, son matados.

Nunca escapan, son robados.

No traicionan, son abandonados.

No agravian, son insultados.

No contestan. No levantan la voz.

Son testigos y encubridores infranqueables de secretos de negocios, de juegos de alcoba, de engaños y miserias. Jamás lo contarán a nadie. El auto y el ser humano son el uno para el otro. Dos mecanismos complejos, llenos de vericuetos y miles de alternativas sincronizadas, unísonas, complementarias. Uno, creado para servir. El otro, para ser servido. Aunque a veces, éste se sienta esclavo de aquél.

El automovilista es Aladino, su lámpara y su genio. Es el Principito y el Barón Rampante; Mary Poppins y Julio Verne; es Peter Pan, Fangio y el Capitán Maravilla; Savinien Cyrano de Bergerac, Pulgarcito y el Gato con Botas. Es Superman o Superwoman. Es un ser mutante. Pero no como Cenicienta que, al perder su zapatito, quedó sin carroza. Éste es hombre/mujer/lobo. Tan pronto baje de la carroza que conduce, perderá sus colmillos y pelambres, recuperará su piel de cordero, será tímido y sufriente como el más perseguido de sus congéneres. Un fláccido, laxo, Clark Kent retomará su lugar en el enjambre, hasta que una nueva aventura lo reclame.

O hasta la próxima luna llena, que en estas ciudades trajinadas, son impunemente diarias.

> *Dios hizo el primer Jardín.*
> *La primera ciudad, la hizo Caín.*
>
> (William Cowper, 1731-1800, poeta inglés).

Betún

Del latín, *bitumen*, es el nombre genérico de varias sustancias compuestas por carbono e hidrógeno que se encuentran en la naturaleza y arden con llama, humo espeso y particular olor. Antiguo como el mundo, aparecía por los pliegues de la tierra arrugada y solía encenderse espantando a seres humanos y animales por igual. Si se revisa el artículo sobre Noé, se advertirá la importancia indispensable para la fabricación del Arca, recomendado por Dios para impermeabilizar la nave, tal como luego se haría con la cuna de Moisés, porque si hubiese sido un canasto como hoy gusta llamarse a los *moisés*, no hubiera llegado lejos aquella cuna flotante.

Cientos de años más atrás, Sargón, rey de Asiria, que vivió dos mil años antes de Cristo, cuenta que su madre lo dio a luz en secreto y para ocultarlo lo acostó en una cesta de cañas recubiertas de betún y lo dejó a la deriva en el río. Sargón sería encontrado por un campesino llamado Akki que lo cuidó como a un hijo. El afortunado flotante creció y logró el amor de la diosa Ishtar, quien lo ayudó a ser rey durante cincuenta años.

Quizá los muros de Babilonia y Jericó y las grandes ciudades bíblicas fueron unidos por el negro material bituminoso.

El betún gelatinoso y negro se desplazaba con pesada lentitud, misterio y oscuridad entre grietas y fisuras. La madre Tierra de todas las historias, eructaba esos grumos y los echaba a rodar cargados de milagros. En la Mesopotamia, tres mil años antes de Cristo, existía un yacimiento de betún cerca de la actual ciudad de Bagdad, capital de Irak. Junto con los gases que lo acompañaban en sus exteriorizaciones, se encendían extrañas lumbres que desarrollaron en su torno el eterno culto al fuego: el bailarín ígneo, quemante, incontrolable.

El asfalto que de allí se derivaba, sirvió para hacer precarias carreteras, unir ladrillos y levantar muros. Otros relatos indican que para los asirios, los escapes de gas marcaban "el sitio donde salía de las rocas la voz de los dioses". Los babilonios lo llamaron *nafta*, cosa que arde. Esta sustancia maleable, al encenderse con facilidad, produjo un arma peligrosa y temida: *oleum incendiarum*. Homero, el primer poeta de la historia de Occidente, lo presenta en *La Ilíada*, durante la guerra de Troya, como fuego inextinguible.

La palabra *nafta* pasó al árabe como *naft* y al latín, *naphta*. Sería primero indispensable para la iluminación y finalmente consagrado oro negro, el petróleo de los imperios, las guerras, las fortunas interminables, la llave del poder. Su matrimonio con el motor a explosión modificó el siglo XX y el mapa del mundo económico, pues la naturaleza aposentó las mayores reservas donde circulan menos vehículos y la mayor cantidad de rodados donde menos petróleo duerme en las entrañas de la Tierra. Estados Unidos tiene el 25% del parque rodante mundial y el 8% de la población global. Y casi nada de petróleo.

El naturalista romano, Plinio el Viejo (23-79) aseguraba las dotes curativas múltiples del betún, pues tanto servía para aliviar la gota, como para cortar la diarrea, calmar el dolor de cabeza, la fiebre y muchas otras penurias.

Los científicos de antaño también le otorgaron propiedades curativas múltiples y milenios después, la leyenda continuó. En las primeras décadas del siglo, en las calles de las modernas ciudades, cuando comenzaba la pavimentación y aparecían los grandes montículos de bitumen, los niños corrían a masticar un trocito de alquitrán (del árabe *al-quitran*) porque —era sabido— limpiaba los dientes, aunque la brea fuera negra, oscura y dura.

La vieja expresión *catramina*, deriva de *catrame* que en italiano significa alquitrán. José Gobello cuenta en su *Diccionario lunfardo* que la expresión local alude a los envases de hojalata de ciertas populares pastillas para la garganta que se vendían con el rótulo *Catramina Betelli*. Por extensión se usó popularmente para definir a los autos cacharros, viejos, *pura lata*, como el envase mentado.

Los primeros caminos fueron afirmados con betún y las carreteras romanas necesitaron pavimentarse o empedrarse amalgamando con esa materia.

Los baches son los grandes enemigos de los autos. Y agujeros negros en la imagen de los intendentes. Los baches son hoyos que se hacen en el pavimento y son habituales en las ciudades reinas. Bache, también significa interrupción en una actividad continua, precisamente, la que deberían desarrollar los poderes públicos encargados de tapar los baches, sin caer en baches. Bache es también abatimiento, postración súbita, que se supone pasajera, en la salud, ánimo o negocios. Fenómeno también habitual en las ciudades ajetreadas.

Elaiómetro

Simplemente, la varilla para medir el aceite del motor u otros re-cipientes de oleaginosos. De *elaion*, aceite y *metro*, medir.

Anagramas y laberintos

Anagramas

Es la trasposición de las letras de una palabra o sentencia que resulta en otra palabra o sentencia. Divertido ejercicio del idioma que puede ofrecer resultados curiosos y competencia amable. Y algún pequeño desliz deliberado (*).

Abril	Libra
Alados	Salado
Alberto	Tablero
Alfredo	Faldero
Ajos	Soja
Amar	Rama/Arma
Amor	Roma
Argentino	Ignorante
Asado	Osada
Astringencia	Transigencia
Avila	La vía
Azar	Raza
Bielsa	Basile
Boca	Cabo
Brasil	Silbar
Bruma	Rumba
Circuncisión	Incircunciso
Corte	Terco/Recto/Cetro
Cuchara	Chúcara
Diplomático	Di mal tópico
Duro	Rudo

Enamoramientos	Armoniosamente
Enrique	Quieren
Esposa	Posesa/Sopesa
Febrero	Orfebre
Hembra	Hambre
Hombre	Hembro (*)
Honor	Horno
Huérfano	Fue honra
Imponderable	Imperdonable
Itsmo de Panamá	Tío Sam me da pan
Lapicera	Piel cara
Lucía	Licua
Magallanes	Sé mal galán
Mago	Goma
Malísimo	Mal simio
Maradona	Drama ona
Marido	Admiro
Martes	Termas
Miedo	Medio
Nacionalista	Altisonancia
Nicolás	Colinas
Noel	León
Oír	Río
Paraíso	Soi arpa (*)
Parto	Tropa
Patria	Pirata
Perla	Pelar
Prelado	Perlado
Presidente de la Rúa	Presiente real duda
Rambo	Broma
Ramón	Norma
Rectificable	Certificable
Riman	Marin
Salvadora	Lavadoras
Samuel	Muelas
Sebastián	Ebanistas

Seria	Ríase
Serpiente	Presiente
Sopa	Sapo
Tanti	Tinta
Toga	Gato
Toro	Roto
Tropa	Potra

El francés François Rabelais (1490-1553), uno de los genios de la literatura cómica, ingresó a la orden de los franciscanos y estudió griego, latín, ciencias, leyes, filología y letras. Luego se incorporó a los monjes benedictinos y se recibió de médico en 1530. Ejerció en la ciudad de Lyon. Allí escribió la obra maestra del género satírico *Gargantúa y Pantagruel*, donde aprovechando el amplio panorama de la ironía, la crítica, la mordacidad y el ingenio, provoca discusiones sobre educación, política y religión.

La Sorbona enfureció con la obra y Rabelais fue perseguido por hereje y apenas salvado por la intervención del cardenal Jean du Belay. Figura en este artículo porque los dos primeros libros de su genial ingenio, fueron firmados con el anagrama de su nombre: Alcofribas Nasier.

Laberinto de Sor Juana

Sor Juana Inés de la Cruz (1651-1695), nacida Juana Inés Asbaje y Ramírez de Cantillana, nació en San Miguel de Nepantlan, México. Fue una niña prodigio que a los tres años leía y escribía. Uno de sus profesores la convenció para entrar a un convento de carmelitas descalzas y finalmente, en 1669, profesó en el Convento de San Jerónimo en la ciudad de México, donde permaneció hasta su muerte. La llamaron la Décima Musa y el Fénix de México.

Escribió decenas de sonetos, glosas, obras religiosas, filosóficas y satíricas; obras de teatro, romance y villancicos. Después de su muerte aparecieron algunos manuscritos póstumos, parte de su enorme producción literaria. Entre sus piezas más celebradas figuran *El mártir del sacramento*, *El divino Narciso*, *Crisis de un sermón*.

Una de las obras más curiosas es su *Laberinto endecasílabo*, que escribió para la condesa de Galve quien lo había pedido como regalo para su esposo. Puede leerse empezando desde el principio o desde cualesquiera de las órdenes de rayas o leyendo renglón por medio. Se puede intentar leyendo la primera palabra de cada verso y luego saltando al tercer grupo. O empezando por los segundos versos y olvidando los primeros. Pruébelo:

Amante	*caro*	*dulce esposo mío*
festivo y	*pronto*	*tus felices años*
alegre	*canta*	*sólo mi cariño,*
dichoso	*porque*	*puedes celebrarlos.*
Ofrendas	*finas*	*a tu obsequio sea*
amantes	*señas*	*de fino holocausto,*
al pecho	*rica*	*mi corazón, joya,*
al cuello	*dulces*	*cadenas mis brazos.*
Te enlacen	*firmes*	*pues mi amor no ignora,*
ufano	*siempre*	*que son a tu agrado,*
voluntad	*y ojos*	*las mejores joyas*
aceptas	*solo*	*de mí halagos.*
No altivas	*sirvan*	*no en demostraciones*
de ilustres	*fiestas*	*de altos aparatos*
lucidas	*danzas*	*célebres festines,*
costosas	*galas*	*de regios saraos.*
Las cortas	*muestras*	*de cariño acepta,*
víctimas	*puras del*	*afecto casto*
de mi amor	*puesto*	*que te ofrezco, esposo*
dichoso	*de la que*	*dueño te consagro.*
Ansiosa	*quiere*	*con mi propia vida*
fino mi	*amor*	*acrecentar tus años*
felices	*y yo*	*quiero, pero es una,*
unidad	*sola*	*la que anima a entrambos.*

Eterno	*vive*	*vive y yo en ti viva*
eterna	*para que*	*identificados*
parados	*calmen*	*el amor y el tiempo*
suspensos	*de que*	*nos miren milagros.*

Parasanga

Un poeta árabe contó en un tiempo escondido de la historia, que cierto día una delegación de embajadores francos pidió una entrevista protocolar con Abd al-Rahman II, el califa que había hecho construir al norte de Córdoba, España, la ciudad Madinat al Zahra, un prodigio arquitectónico de cuatro mil columnas de mármol, fuentes, jardines, paredes con incrustaciones de piedras preciosas y otras muchas maravillas. El cronista relata que el califa había hecho tender una alfombra de una parasanga, del persa *farsang*, del árabe, *farsaj*, medida equivalente a la marcha lenta a caballo de una hora o 5250 metros. A cada costado se apostaron hombres lujosamente uniformados que a derecha e izquierda levantaban sus bruñidas espadas formando un techo falso o bóveda de plata.

Se dio la orden a los embajadores de marchar bajo esos filos. Los habitualmente serenos diplomáticos temblaban de miedo ante el presentimiento que esas espadas no estaban alzadas en vano. Llegaron sin embargo hasta la puerta de la ciudad y luego hasta el trono. A todo lo ancho y largo de su cortejo, personas vestidas con las más exquisitas ropas los miraban seriamente. Los visitantes inclinaban sus cabezas a cada rato creyendo ver en cada cual al Sultán, pues todos lucían como tal. Los honrados sonreían levemente y les indicaban: "Continuad. Nosotros sólo somos esclavos".

Llegaron a un patio cubierto. En el medio, sentado en una simple banqueta, vestido con ropajes raídos, insignificantes y oscuros, estaba el Califa.

"He aquí al Sultán", bramó una voz perentoria.

El poderoso apenas alzó su cabeza. Tenía consigo el Corán, una espada y una pequeña hoguera. Los embajadores se arrodillaron sumisos. El Sultán habló: "Dios me ha ordenado que os invitemos a honrar este libro (el Corán). Si os negareis, conocerán esto (la espada) y entonces vuestro destino será esto (el fuego)".

Los diplomáticos aterrorizados movieron sus cabezas para todos lados sin decir palabra, queriendo decir por supuesto, claro está, a sus órdenes, como usted diga. Minutos después firmaban los pactos con las condiciones que el Sultán quiso imponerles.

Y hasta la próxima parasanga.

Papel

Se trata de un papel valorado en muchas partes del mundo, en donde suele pagarse por él más de lo que es su valor real. Pasa de mano en mano y en ciertas comarcas es atesorado, guardado, reservado, acumulado por ciudadanos y gobiernos como si fuera propio. Sólo se lo imprime en un lugar, pero anda por casi todo el planeta. Sin embargo, pese a haber recorrido millones de veces los ojos humanos, muy pocos han advertido que en una de sus caras se ha utilizado una afirmación religiosa, acompañada por un sello con una inscripción en latín y un emblema masónico que exhibe una pirámide trunca rematada por un misterioso ojo radiante como un sol y apoyada en el número romano MDCCLXXVI.

La base piramidal está orlada por un banderín que inscribe *Novus Ordo Seclorum* y en el cielo del sello se puede leer *Annuit Coeptus*. Sobre el margen derecho un águila apresa con su pico otra faja que dice *In God we trust*. Con su garra derecha sostiene unos laureles y con su garra izquierda, flechas. El dorso es totalmente verde. El frente sólo muestra dos detalles en ese color. Sin embargo, el sobrenombre de este papel es "verde".

Caro lector, ¿usted alguna vez vio un dólar?

Biblia de los naipes

Durante la Primera Guerra Mundial, los soldados norteamericanos debían concurrir a los oficios religiosos y tener una pequeña Biblia con ellos. Cierto día, durante la misa, el sacerdote solicitó que sacaran las biblias de sus bolsillos. Un oficial advirtió que uno de los soldados sacaba un mazo de naipes. Creyendo que cometía una ofensa sacrílega, le mandó presentarse detenido. El soldado explicó que había perdido su Biblia, pero en los naipes había encontrado un camino para tenerla presente:

Cuando veía el As, recordaba a Dios, el único.

El 2, las divisiones de la Biblia, Antiguo y Nuevo Testamento.

El 3, la Santísima Trinidad.

El 4, los Evangelios: San Mateo, San Marcos, San Lucas, San Juan.

El 5, los dedos de la mano que bendice.

El 6, los días que utilizó Dios para crear el universo.

El 7, el día del descanso del Señor.

El 8, los sobrevivientes humanos del diluvio: Noé, su esposa, sus tres hijos (Sem, Cam y Jafet) y las tres esposas de los hijos.

El 9, los leprosos que Jesús curó (eran diez, pero sólo nueve le agradecieron).

El 10, los Mandamientos.

El 11, el jinete del Apocalipsis.

El 12, la reina, Virgen María.

El 13, el Rey, nuevamente su Dios Supremo.

El oficial quedó patitieso. La boca abierta sin decir ni mu. El soldado entonces agarró fuerzas y siguió.

El mazo tenía otros símbolos. La suma de los valores de todas las cartas de los cuatro palos, da 365, los días del año. Hay doce valores en cada palo: los meses del año. Cuatro palos: las semanas del mes. Y cincuenta y dos cartas: las semanas del año.

Fue perdonado. El oficial siguió boquiabierto por unas horas más.

Expresiones - *Martín Fierro*

Algunos proverbios del *Martín Fierro* se repiten en la conversación cotidiana, en obras de teatro y tangos, muchos de los cuales están enlazados a viejos dichos españoles:

Compruebe ahora su larga relación con los versos de José Hernández.

"Yo soy toro en mi rodeo y torazo en rodeo ajeno".

"Aunque vengan degollando".

"Hacer pata ancha".

"No hay tiempo que no se acabe ni tiento que no se corte".

"A donde bala este toro, no bala ningún ternero".

"Nunca faltan encontrones, cuando un pobre se divierte".

"Hacen como los teros para esconder sus niditos: en un lado pegan los gritos y en otro tienen los huevos".

"Pero yo canto opinando, que es mi modo de cantar".

"No pinta quien tiene gana, sino quien sabe pintar".

"Hasta el pelo más delgado hace su sombra en el suelo".

"Todo bicho que camina va a parar al asador".

"Hacerse el chancho rengo".

"Revolver el avispero".

"El diablo sabe por diablo, pero más sabe por viejo".

"Hacete amigo del juez (...) pues siempre es bueno tener palenque a donde ir a rascarse".

"Hasta la hacienda baguala, cae al jagüel con la seca".

"Vaca que cambia de querencia, se atrasa en la parición".

"El hombre no debe creer en lágrimas de mujer ni la renguera del perro".

"Cada lechón en su teta, es el modo de mamar".

"Al que nace barrigón, es al ñudo que lo fajen".

"Como bola sin manija".

"Verle las patas a la sota".

"Más cuesta aprender un vicio que aprender a trabajar".

"El que menos corre, vuela".

"Hasta que las velas no ardan".

"Aprende el que es ignorante y el que es sabio, aprende más".

"La ley es como el cuchillo: no ofende a quien lo maneja".

"Las contiendas no me gustan: pero ni sombras me asustan ni bultos que se menean".

"Roncar a pierna suelta".

"Siempre el amigo más fiel es una conducta honrada".

"Si la vergüenza se pierde, jamás se vuelve a encontrar".

"Ningún vicio acaba donde comienza".

"Sepan que olvidar lo malo, también es tener memoria".

De amores, honores y espejos

Besos

El beso es una de las formas más antiguas y conocidas de salutación, mencionado repetidas veces en la Biblia como expresión de respeto, reverencia, adoración. Tanto para recibir como para despedir.

El primer beso del *Antiguo Testamento* está en *Génesis (33:4)*, Jacob se encuentra con Esaú:

"Él pasó delante de ellos y se postró siete veces en tierra antes de abordar a su hermano. Mas Esaú, corriendo a su encuentro, lo abrazó, se echó a su cuello y lo besó y los dos lloraron".

El acto se reitera muchas veces en los relatos en distintos Libros y reaparece en el *Nuevo Testamento*, cuando los cristianos se saludan entre sí estrechándose y besándose.

Las palabras beso y besar, vienen del latín *basium, basiare*. "Tocar alguna cosa con los labios contrayéndolos y dilatándolos suavemente en señal de amistad, amor o reverencia", describe con cuidado la Real Academia.

También se llama beso al golpe que se dan dos personas en la cara o cabeza cuando tropiezan y chocan. Suele ocurrir en las canchas de fútbol que dos jugadores se "besen" las cabezas y queden tendidos por largos segundos. Con el ósculo en los labios puede producirse el mismo efecto, por la pasión que provoca o por el cachetazo que rechaza. O porque los actores habrán de quedar igualmente tendidos.

En el boxeo esos besos están prohibidos, no sólo por ser infracción sino por lo que podría llegar a producirse en las tribunas si los contendores se fruncieran los cachetes con los tradicionales besos enamorados.

El beso de Judas es el que se da con mala intención y engaño.

Comerse a besos es besar con repetición y vehemencia.

Besadme y abrazaros he, es cuando alguien pide más que lo que promete.

Azahar

Del árabe *al-azhar*, flor blanca, la flor del naranjo, el limonero y el cidro. Una antigua leyenda cuenta que el rey Alfonso el Sabio, rey de Castilla y León (1221-1284), monarca venerado, fue un historiador consagrado a quien se deben *Crónica general de España* y *La grande y general historia*. Varios ensayos científicos, tratados de astronomía y astrología fueron escritos por Alfonso en gallego y allí se muestra como poeta.

Su vida está rodeada de leyendas encantadoras. Una de ellas relata que Alfonso amaba las flores y tenía hermosos jardines. Una de las muestras más bellas eran unos naranjos que florecieron de manera única y excepcional exhibiendo sus blancas flores de las que emanaban perfumes exóticos y amables.

La hija del jardinero, una joven de extraordinaria belleza, ansiosa por casarse, convenció a su novio de tomar dos macetas de naranjos y venderlas en el mercado, pues ellos dos eran tan pobres que de otra manera jamás podrían tener una casa para abrigar su amor. Cuando huían presurosos con su botín floreado, fueron detenidos por los guardias que cuidaban el jardín como a los tesoros reales. Llevados ante el rey, Alfonso el Sabio mostró su enojo amenazante y los novios temblorosos confesaron la verdad de su audacia: "Somos tan pobres que no podíamos casarnos. Vendiendo los rosales obtendríamos lo que ansiábamos".

El rey ablandó su rostro y, sonriendo, les anunció que él correría con todos los gastos, que les regalaría una casa y organizaría la fiesta. Los novios se miraron exaltados.

"Pero —dijo el rey— con una condición".

Temblaron los enamorados.

"Que lleves tu cabeza cubierta con azahares el día de tu boda".

345

Así fue. Las flores de fascinante belleza ciñeron la cabeza de la niña encantadora. Todos los invitados quedaron embelesados. Y desde entonces, las novias del mundo, llevan sobre la frente una corona de flores de azahar.

La reina del amor y la reina de las flores. Ambas blancas.

Elixir o elíxir

Medicamento o remedio maravilloso, del árabe, *al-iksir*, medicamento seco, polvo que trasmuta los metales, piedra filosofal. El idioma griego lo convirtió en *xerion*, seco, nombre que se daba a un polvo para cicatrizar heridas y que en tiempos modernos serviría, por lo seco, para denominar a la compañía Xerox.

También es un licor compuesto de diferentes sustancias medicinales, disueltas por lo general en alcohol y otras veces, en polvo. Para lograr el objetivo de la vida eterna daba lo mismo. Los tragones de elixires no han dejado documento alguno de sus vidas notablemente prolongadas.

La piedra filosofal era la materia con que los antiguos alquimistas pretendían convertir cualquier cosa en oro. En tiempos recientes, se ha notado la posibilidad de que algunos dirigentes gubernamentales conviertan el oro, los tesoros públicos, las reservas, las arcas del Estado y el ahorro de los ciudadanos, en piedras o papeles sin valor alguno. O sea, el elixir filosofal, pero al revés.

La panacea es un medicamento al que se atribuye capacidad para remediar varias enfermedades. La panacea universal era el remedio total que buscan los alquimistas, una piedra filosofal de la salud. Panacea originalmente era una diosa griega que simbolizaba la curación utilizando sólo plantas. Era nada menos que hija de Esculapio, dios de la medicina, y desde chiquita se las sabía todas. Ni siquiera tuvo que ir a la facultad, pues nació sabiendo. De paso, su mamá era hija del Sol que también es bueno para la salud cuando no se lo consume con exceso. Una de las hermanas de Panacea era Yaso, llamada la curadora. La familia formaba el sanatorio mitológico.

Una poción, del latín, *potionis*, *potare*, beber, se asocia en la tradición literaria con brujas, personajes malditos y envenenadores, personajes malignos que ofrecían mezclas ponzoñosas a criaturas indefensas. Aunque en realidad, poción es cualquier líquido que se bebe. Pero pócima, derivado de apócima, del griego *apócema*, cocimiento, es cualquier bebida medicinal, algo desagradable de beber.

Potaje es el caldo de olla o guisado. Bebida o brebaje en que entran muchos ingredientes. Por extensión, bebida desagradable al paladar. Potable es que se puede beber, pero si se bebe mucho alcohol, uno queda potado.

Imagen

Del latín, *imago*, figura, representación, semejanza y apariencia de una cosa. Fuertemente relacionada con la religión, imagen es la estatua, efigie o pintura de Jesucristo, de la Santísima Virgen o de un santo. Los musulmanes y judíos no aceptan imágenes.

La sociedad moderna ha convertido el término en uno de los objetivos esenciales de las empresas que procuran tener determinada imagen y dotar a sus productos de imágenes específicas. Imagen de marca, imagen de calidad, imagen de transparencia son muchas de las imágenes perseguidas y no siempre alcanzadas.

Por extraño que parezca, Jesús jamás fue retratado por ningún contemporáneo. No existen imágenes suyas de su tiempo. Y sólo se adivina su apariencia por el Manto Sagrado y el pañuelo que pasó por su rostro una mujer desconocida cuando Jesús cargaba la cruz hacia el calvario. En esa tela quedó impresa la imagen de Jesús, la *vera icona*, la imagen real, de donde nació el nombre Verónica, como fue llamada aquella buena mujer.

En los Estados Unidos se organizó una exposición de retratos de Colón y se exhibieron setenta y seis obras distintas. Cristóbal nunca fue retratado en vida y nadie se tomó el trabajo de describir su imagen real en una tela.

Aunque el *Antiguo Testamento* refiere relatos en donde la presencia Divina es casi constante, nunca queda clara ninguna descripción de la apariencia de Dios, aunque los autores de los libros sagrados dan sentido antropomorfo a Dios, desde que en los distintos relatos Dios tiene oídos, ojos, manos, camina en el Jardín del Edén y usa el sentido del olfato cuando Noé le hace ofrendas encendidas. Judíos y musulmanes consideran toda imagen de Dios como una forma de idolatría y en *Éxodo (20:4)* la advertencia es:

> "No te harás ninguna escultura y ninguna imagen de lo que hay arriba en el cielo…"

Sin embargo, en el *Libro de Daniel (7:9)* hay una descripción que sin duda influyó decisivamente en las futuras generaciones con respecto a la imagen familiar y de abuelo de Dios:

> "Yo estuve mirando hasta que fueron colocados unos tronos y un anciano se sentó. Su vestidura era blanca como la nieve y los cabellos de su cabeza como la lana pura…"

Otros personajes de la Biblia asumen algunas descripciones pero todas ellas parciales e incompletas. Moisés vio la espalda de Dios en *Éxodo (33:23)*:

> "Después retiraré mi mano y tú verás mis espaldas. Pero nadie puede ver mi rostro".

En *Génesis (28:12)* lo ve pero no lo describe:

> "Jacobo tuvo un sueño. Vio una escalinata que estaba apoyada en la Tierra y cuyo extremo superior tocaba el cielo. Por ella, subían y bajaban los ángeles de Dios. Y el Señor, de pie, junto a él, le decía: Yo soy el Señor…"

Miqueas también dice haber visto al Señor sentado en su trono, pero tampoco lo describe *(2 Crónicas 18:18)*. Isaías dice haber visto el trono. Ezequiel también, pero agrega en su libro, refiriéndose a su encuentro con Dios *(1:16)*:

"Encima de la plataforma que estaba sobre sus cabezas, había como una piedra de zafiro, con figura de trono y en lo más alto, una figura con aspecto de hombre".

En todas las palabras de Jesús, nunca aparece la descripción de Su Padre. Aunque en diversas partes de la Biblia hay metáforas relacionadas con Dios, ninguna es descriptiva: Pastor, Escudo, Luz, Sol, Padre, Sombra Protectora, Redentor, Guerrero y Héroe *(Isaías 42:13)*, y hasta se lo describe alado, como en *Salmos (91:4)*:

"Dios te librará de la red del cazador y de la peste perniciosa; te cubrirá con Sus plumas y hallarás refugio bajo Sus alas".

Espejos

Del latín, *speculum*, que refleja. La definición es obvia para todos, aunque conviene ir por asociaciones interesantes.

Especular es relativo al espejo y además, transparente, diáfano. Por lo tanto, permite ver más allá y hacer cosas relacionadas con esa visión, o sea, especular, operar comercialmente con el afán de obtener lucro. A raíz de que muchos han exagerado estas operaciones de forma muy grosera y atentatoria contra el más débil del circuito, el cliente, la palabra especular, se ha convertido en una expresión torva.

Espéculo es un instrumento que se utiliza para examinar ciertas cavidades del cuerpo humano.

El espejo es el instrumento de la imagen, aunque los seres humanos nunca terminan de conocer exactamente cuál es su imagen, pues el espejo la muestra invertida y caprichosa. Cuando alguien levanta su mano derecha, el espejo levanta la izquierda. Aunque no falta quien asegura que los espejos nunca mienten, aunque engañen.

Los más antiguos espejos eran hechos de metal pulido, generalmente cobre, oro, plata o bronce. Los espejos de cristal aparecen en el siglo I de nuestra era. Excavaciones hechas en Palestina permitieron desenterrar espejos circulares con agarraderas de madera, metal o marfil.

En *Éxodo (38:8)* se habla de los espejos de las mujeres que prestaban servicio a la entrada de la Carpa del Encuentro.

En *Job (37:18)*: "¿Puede extender con él la bóveda del cielo, sólida como un *espejo* de metal fundido?"

En *Sabiduría (7:26)*: "Ella es el resplandor de la luz eterna, un *espejo* sin mancha de la actividad de Dios y una imagen de su bondad".

En el *Nuevo Testamento (Corintios 13:12)*: "Cuando me hice hombre, dejé de lado las cosas de niño. Ahora vemos como en un *espejo*, confusamente. Después conoceré como Dios me conoce a mí. Ahora existen tres cosas: la esperanza, la fe y el amor, pero la más grande de todas, es el amor".

En el idioma español:

Espejo: Tabla de cristal azogada por la parte posterior y que refleja los objetos que tiene delante. Aquello en que se ve una cosa como retratada (*El teatro es espejo de la vida*). Modelo o dechado digno de estudio e imitación. Transparencia de los vinos dorados. Remolino de pelos en la parte anterior del pecho del caballo. Espejo de los Incas: espejo de obsidiana. Espejo cóncavo: espejo que puesto frente al sol, refleja sus rayos y los reúne en un punto llamado foco, produciendo un calor capaz de quemar, fundir y hasta volatilizar los cuerpos allí colocados.

Mírate en ese espejo: Sírvate de escarmiento.

No te verás en ese espejo: No lograrás lo que intentas.

Espejuelo: Entre colmeneros, borra la suciedad que se cría en los panales durante el invierno. Callosidad que contrae el feto del animal en el vientre de la madre. Excrecencia de la córnea que tienen los caballos.

El espejismo es una ilusión óptica debida a la reflexión total de la luz que atraviesa distintas capas de aire con lo cual los objetos lejanos dan una imagen invertida, ocurriendo habitualmente en superficies planas, llanuras, desiertas o el mar. Una imagen puede rebotar sucesivas e infinitas veces contra nubes e ir viajando por el éter durante tiempos incontables. Aunque ésta es una definición teórica, lo cierto es que se han registrado visiones o espejismos de sucesos reales muy antiguos en distintas partes de la tierra.

Y algo similar puede ocurrir con las ondas radiales desde que viajan por el aire en distintas direcciones y suelen encontrar elementos propicios para continuar sin detenerse. Hay informes de personas que han escuchado en galpones o lugares con mucho metal, trasmisiones radiales ocurridas décadas atrás.

En la antigüedad, los espejos se vinculaban a fantasmas, almas, muertos y múltiples supersticiones. Para muchos, el espejo era reflejo del alma, por lo que deben cuidarse muy celosamente, pues nadie querría perder nada menos que su alma. De allí que la rotura de un espejo siempre haya significado dramas por venir y angustias prematuras.

Cuando alguien moría, en algunas prácticas religiosas, se obligaba a las familias a cubrir los espejos para evitar que las almas de los vivos fuesen atrapadas por el muerto quizás en su afán de una última despedida. Se retiraban de los cuartos donde reposaban los enfermos, porque era mejor evitar cualquier acontecimiento perturbador mientras la gente intentaba sanar de sus males.

La catoptromancia es el arte supuesto de adivinar por medio de espejos. Y la catoptroscopia (del griego examinar con espejo) es el examen del cuerpo humano con aparatos catóptricos que muestran por medio de la luz reflejada.

Si uno mira al espejo en la oscuridad, sosteniendo una vela, se verán fantasmas e incluso al propio diablo, pues ya se sabe lo que puede hacer la llama con sus mágicos movimientos cuando su luz es la que manda… sobre todo, frente a un espejo.

Deben pues, los humanos cuidarse de los espejos y no andar embobándose con la propia imagen pues ya se sabe que Narciso de tanto amarse a sí mismo, se volvió una flor. Y su nombre dio origen a narcótico. *Espejo, amor propio, imagen, narcótico.*

Duendes

Probablemente del árabe, *diguen, guen,* señor de la casa, dueño de casa. Espíritu que habita algunas casas y que travesea, causando ruidos, estruendos y trastornos. Dueño de casa. En España también se los llama trasgos y martinicos. Son seres inmateriales, no tienen cuerpo ni forma, no son malignos y poseen gran agilidad para desplazarse de un lugar a otro como si fuesen suspiros. Pueden ser confundidos con los fantasmas, aunque éstos parecieran más inclinados a asustar o provocar terrores. Los duendes, en cambio, son buenitos.

Pedro Calderón de la Barca (1600-1681), uno de los grandes poetas dramáticos españoles, es autor de cien obras como *Autos sacramentales*, *El alcade de Zalamea* y su tarea maestra *La vida es sueño*. En otra de sus comedias, *La dama duende*, relata las peripecias de Ángela, una viuda muy hermosa a la que sus hermanos no dejan salir para proteger su viudez. La joven ingeniosa y encendida de pasiones, escapa del encierro por una alacena y como si fuera un duende, va en busca de los brazos de don Manuel, quien procura solventar las angustias de la dama.

Otro de los grandes de la literatura española, Félix Lope de Vega y Carpio, en *Comedias de las burlas de amor*, canta: "¿No ha llegado a su noticia que hay un duende en esta casa?" Y luego: "Lo que me das mujer es viento, tesoros de duende son".

La expresión española, *tesoro de duende* es riqueza imaginaria o que se disipa rápidamente.

Duende es además un encanto misterioso y casi indescriptible, como cuando se usa en la expresión *el duende del cante flamenco*.

Federico García Lorca (1898-1936), el gran poeta lírico español, asesinado vilmente durante la guerra civil, aseguraba que tener duende no es cuestión de habilidad sino de sangre, cultura, creatividad, imaginación. Es el espíritu de la tierra, de la música, de la danza, la poesía, la voz cascada y rugosa que canta por soleares (*soleá*, forma popular de soledad, tonada, copla y danza andaluzas).

Ese duende es como una herida, una cicatriz marcada a fuego, pero que no lastima. Enriquece.

Genios

Seres inmanentes o inherentes, unidos inseparablemente a un ser, lugar, sociedad o grupo. Son deidades tutelares, parte de la existencia de las personas o cosas con las que nacen, teniendo como principal misión protegerlas y asegurar su existencia plena.

Los genios son tan poderosos e indispensables que hasta los reyes, emperadores y otros principescos dignatarios procuran tener el suyo propio. A veces lo consiguen y prolongan sus existencias. Lo que les cuesta mucho más, según aprecia la historia, es adquirir *el otro genio*, la capacidad especial, sobresaliente, el genio creador para las ciencias, el arte, la administración, indispensable para atender sus funciones y procurar bienestar a sus pueblos. Porque como se sabe, *lo que natura no da, Salamanca no presta.* Y a estos personas ni hablar de Salamanca.

Fetiche

Para asistir a la ciencia hay quienes apelan a medallas, amuletos, figuras o cualquier objeto portátil al que supersticiosamente se atribuye la virtud de alejar peligros, accidentes, enfermedades, maldiciones, malos espíritus y otorgar, en cambio, buena suerte y salud. Se conocen desde muy antiguo con formas de media luna, soles, figurines, dientes de animales, conchillas marinas, huesos, dijes, gargantillas, marfiles, plata, figuras fálicas, piedras brillantes, pequeños discos, puntas de flechas, patas de animalitos.

El fetiche, del latín, *facticius*, es un objeto de culto supersticioso e idolatría. Representa el espíritu de quien lo posee y supuestamente lo rodea de protección contra los males sobrenaturales. Suelen ser también muñecos, imágenes, dientes de animales, vértebras de víboras, piedras y otros objetos erigidos en protectores.

Los árabes llamaban *tilasm*, conjuro, encantamiento, al talismán o amuleto con forma de figura o imagen grabada o formada con relación a los signos celestes.

Hadas

Del latín, *fata*, *fatum*, hado. Seres fantásticos que se representan como mujeres etéreas, volátiles, diminutas, con poderes sobrenaturales y mágicos. Fata es hada, maga, hechicera. La creencia en las hadas se remonta a los primeros tiempos, aunque cada folklore le haya dado distintos nombres y apariencias: hadas, *leprechaun* irlandeses, reina Mab y *pixies* ingleses, Lorelei o *elf* alemanes, *Jinni* árabes, *trolls* escandinavos. No siempre son buenas y tiernas y en ocasiones hasta se comportan maliciosamente o pueden ser come hombres.

Los autores poetas como Perrault, los hermanos Grimm y Andersen las convirtieron en seres endebles y portadores del bien.

La etimología remite irremediablemente a hado, divinidad o fuerza desconocida que actúa irresistiblemente sobre las personas y los sucesos, como dirigiendo el destino. Para otros, hado es lo que conforme a lo dispuesto por Dios desde la eternidad, nos sucede con el curso del tiempo. Para los filósofos paganos, serie y orden de causas tan encadenadas que necesariamente producen su efecto.

Hada es también cada una de las tres parcas: Cloto, Láquesis y Átropos, tres viejas encargadas de la vida de los seres humanos. La primera, hilaba; la segunda, devanaba, y la tercera cortaba el hilo de la vida. La parca es la muerte.

Hada y hado provienen de *fatum* que dio origen a la palabra francesa *fay*. De allí nacieron la *fairy* inglesa y un antiguo galicismo que aún figura en algunos diccionarios españoles: feérico, todo lo que tiene que ver con las hadas.

Morgan le Fay era un hada encantada de la leyenda del rey Arturo y los Caballeros de la Mesa Redonda, reina de Avalón, la isla maravillosa donde Arturo cura sus heridas. Ella aparece como hermana del legendario rey. Sus filtros, encantamientos, pociones, ritos milagrosos y curas sorprendentes, les fueron enseñados por el mago Merlín, el enigmático, fluctuante y exótico personaje medieval.

Sátiro

Mordaz, propenso a zaherir o motejar, o sea, censurar las acciones de otros con burlas y apodos. También es hombre lascivo. Y finalmente, una composición escénica lasciva y desvergonzada.

La sátira es, precisamente, composición poética destinada a censurar duramente o poner en ridículo personas o cosas. También, discurso o dicho agudo, picante. Cerquita anda satiriasis, estado de exaltación morbosa de las funciones genitales masculinas. Y así llegamos a los sátiros griegos, pequeños monstruos que tenían la parte superior de hombre, cuerpo de caballo y de ahí para abajo, como los machos cabríos. Largas crines y miembro viril enorme y habitualmente erecto.

Los sátiros se la pasaban bailando y tomando bebidas fuertes servidas por Dioniso/Baco y perseguían, alcanzaban y atormentaban a las ninfas cercanas. Con una vida tan ajetreada, el sátiro envejecía con rapidez y entonces se lo llamaba *Sileno*, o sea sátiro viejo que por efectos del tiempo y del uso perdía todos sus atributos, incluidas las crines. La mitología registra un personaje Sileno que era muy feo, arrugado, tembleque y borracho.

Hubo otro llamado Príapo, un hijo de Zeus y Afrodita. Cuando ésta quedó embarazada, Hera sintió terribles celos con sólo imaginar que el recién nacido tuviese la belleza de la madre y el poder del padre. Sigilosamente tocó el vientre de la mamá en espera y cuando nació Príapo desarrolló un enorme miembro viril. Afrodita sintió que semejante descendiente provocaría su descrédito y lo abandonó. Unos pastores lo criaron y lo convirtieron en dios de la virilidad. En su torno creció un culto fálico relacionado con la procreación animal y vegetal. La Real Academia define priapismo, como erección continua y dolorosa del miembro viril sin apetito carnal.

Esta historia sí que es una sátira.

Guante y honor

La dama era bella, elegante, famosa por sus ojos verdes profundos. La corte de varones la rodeaba y llenaba de requiebros. Ella se lucía inalcanzable y misteriosa. Paseando por el jardín real junto a otras damas nobles, vio la bella acercarse a uno de los caballeros más apuestos: Manuel de la Capa. Caminaba él con serenidad y fortaleza cuando ella decidió desafiarlo. Corriendo grácilmente hacia la jaula de los leones del zoológico del rey, arrojó uno de sus guantes en la guarida y con voz trémula susurró: "Quién será el caballero valiente y esforzado que recupere mi guante tan preciado?"

Sin dudarlo, Manuel entró sigilosamente en la jaula, desenvainó con suavidad su espada, miró a los leones cara a cara y se dirigió hacia el guante. Los leones mosquearon, amagaron, recelaron. Manuel ya había alcanzado el guante y levantando con extrema delicadeza su espada, con un gesto amendrentó a los felinos, quizá cansados, quizás atemorizados o quizás ignorantes de que tras las botas, sombrero ancho, capa bordada y metal brillante se ocultaba un buen manjar.

Manuel salió con el guante en mano. La joven orgullosa revoloteaba excitada entre sus compañeras, hinchando sus pechos de orgullo y relamiendo sus labios más que los propios leones. Manuel se acercó. Tomó el guante. Y con él aplicó un inmenso guantazo a la cara principesca de las muchacha bella. ¡Ohhhh…! Hidalgos y damas consternados y ahítos negaban lo que habían visto. Lo que nunca jamás habían visto.

Manuel, apuesto y sereno, se dirigió entonces a la joven diciéndole con voz varonil:

"Tú que habéis puesto en riesgo la honra de un hidalgo tan sólo para endulzar tu vanidad, recibe de vuelta el guante no en la mano que lo calza sino en la mejilla que se enciende y aprended, que soy un buen caballero y tengo en alto mi honor; cumplido he con mis deberes y tras ello, con mi corazón. Me retiro. Y perdón".

Lo trajo la cigüeña

Ave zancuda de cuerpo blanco y patas largas. Es ave de paso a la que se adjudica de antaño ser la encargada de traer a los niños recién nacidos a los regazos maternos, como una metáfora que evitaba a los padres tener que explicar el proceso del embarazo y nacimiento.

Para los antiguos era emblema de los viajeros por ser migratoria, de largos y sostenidos desplazamientos. Se suponía que las cigüeñas cuidaban y alimentaban a sus padres durante la vejez. Los romanos la consideraron representación del amor filial y el Cristianismo la asoció con piedad, castidad y pureza y luego con la Anunciación de la

Virgen María porque la cigüeña anunciaba la llegada de la primavera que es cuando todo nace de nuevo.

Cigüeñal o cigoñal es el doble codo en el eje de motores, pero también el macho de la cigüeña.

La cigüeñela es también ave zancuda, pero más pequeña, blanca y negra, de patas muy largas que vive cerca de lagunas y es muy popular en Gibraltar.

El cigoniño es el pollito de la cigüeña. Aquí la ficción se torna realidad, porque a las aves progenitoras, sus hijitos, los trae una cigüeña. Aunque es dable suponer que los papis cuenten a sus pichones que en realidad nacieron en un repollo.

Reflexiones al crepúsculo

No se trata del final. El crepúsculo es esa luz tenue que enciende el cielo desde que raya el día hasta que sale el Sol.

Es también ese brillo misterioso que ha encendido la pasión de artistas y enamorados, que se produce cuando el encendido Sol —decimos— se marcha o se pone, cuando en realidad somos nosotros los que nos marchamos y lo dejamos iluminar el otro lado del mundo.

Cuando nuestra Tierra se entrega a los brazos de la noche, incesante en su marcha giratoria.

Crepúsculo es ese estado intermedio entre la conciencia y la inconsciencia que se manifiesta inmediatamente antes o después del sueño natural.

Lo maravilloso del crepúsculo es la seguridad que nos da, pase lo que pasare, que después vendrá el día y después vendrá el crepúsculo y después y después.

Los abuelos somos crepúsculos. Los hijos son el día. Los nietos son el amanecer.

Hasta aquí llegamos.

Índice